日本建築学会

火災性状予測計算ハンドブック

Handbook on Design Calculation Methods of Fire Behavior

日本建築学会

本書のご利用にあたって

本書は，作成時点での最新の学術的知見をもとに，技術者の判断に資する技術の考え方や可能性を示したものであり，法令等の補完や根拠を示すものではありません．また，本書の数値は推奨値であり，それを満足しないことが直ちに建築物の安全性を脅かすものでもありません．ご利用に際しては，本書が最新版であることをご確認ください．本会は，本書に起因する損害に対しては一切の責任を有しません．

ご案内

本書の著作権・出版権は(一社)日本建築学会にあります．本書より著書・論文等への引用・転載にあたっては必ず本会の許諾を得てください．

Ⓡ〈学術著作権協会委託出版物〉

本書の無断複写は，著作権法上での例外を除き禁じられています．本書を複写される場合は，(一社)学術著作権協会（03-3475-5618）の許諾を受けてください．

一般社団法人　日本建築学会

序

　防火設計は，古くは仕様書的な基準に従って各部の構造，材料，設備の仕様を定めることが設計の主たる作業であったが，今世紀初頭に性能的火災安全設計法が導入され，想定される火災の実況に応じて，過不足なく対策を組み合わせて合理的に安全を組み立てる考え方が示された．それ以来，避難安全，消防活動，防火区画，構造耐火などの分野毎に性能的な考えに基づいた指針類が次第に整備されてきた．本会の刊行物に限っても「火災安全設計の原則」，「建築物の火災荷重および設計火災性状指針（案）」，「火災安全上の区画の設計・施工の考え方」，「建築物の煙制御計画指針」，「火災時のエレベータを利用した避難計画指針（案）」，「建物の火害診断および補修・補強方法指針・同解説」，「構造材料の耐火性ガイドブック」，「火災安全性能維持管理の手引き」などがある．火災安全設計の個別の分野において，これらの指針が実務設計者の拠り所として使われてきた．

　しかし，防火設計の各分野を網羅して火災性状計算を行うための指針は存在せず，専門技術者が各分野の指針を熟読して検討を進めるしか方法がなかった．本書はこれに応えるため，建築物の火災安全設計で通常必要となる基本的な火災性状計算を網羅的に解説し，設計実務者の助けとなるように作成された．その構成と趣旨は，本会近畿支部防災計画部会により作成された「関数電卓による火災性状予測計算(2001 年 3 月)」をベースとしている．同書では，火災安全設計実務における利便性を考慮して，関数電卓程度で計算可能な火災性状予測手法の検討・整理を行ったものであったが，本書もその考え方を引き継ぎ，対象とする範囲を今日に合わせて拡張したものである．そのため，火災性状を正確に予測することよりは，安全側の予測を迅速に行うことに重きを置いている．実務設計者が複数の設計案の比較検討を行う場合などに，思考が途切れることなく設計を進めるための一助となることを目指している．

2018 年 3 月

日本建築学会

本書作成関係委員
― （敬称略・五十音順） ―

防火委員会
　委員長　　萩　原　一　郎
　幹　事　　尾　崎　文　宣　　山　田　　　茂
　委　員　　　　　　（略）

火災安全設計小委員会
　主　査　　松　山　　　賢
　幹　事　　城　　　明　秀　　山　口　純　一
　委　員　　大　宮　喜　文　　北　堀　　　純　　許　　　　　雷　　田　村　祐　介
　　　　　　土　屋　伸　一　　中　村　三智之　　野　竹　宏　彰　　萩　原　一　郎
　　　　　　原　田　和　典　　福　井　　　潔　　北　後　明　彦　　峯　岸　良　和

火災性状予測計算ハンドブックWG（2015年4月～2017年3月）
　主　査　　山　田　　　茂
　幹　事　　峯　岸　良　和
　委　員　　大　宮　喜　文　　岸　上　昌　史　　北　堀　　　純　　新　谷　祐　介
　　　　　　鈴　木　圭　一　　仁　井　大　策　　野　秋　政　希　　原　田　和　典
　　　　　　平　田　裕　信　　水　上　点　晴　　山　口　純　一

火災性状予測計算ハンドブックWG（2017年4月～）
　主　査　　原　田　和　典
　幹　事　　山　田　　　茂
　委　員　　大　宮　喜　文　　岸　上　昌　史　　北　堀　　　純　　新　谷　祐　介
　　　　　　鈴　木　圭　一　　仁　井　大　策　　野　秋　政　希　　平　田　裕　信
　　　　　　水　上　点　晴　　峯　岸　良　和　　山　口　純　一

各章執筆主担当
　第1章　野秋政希，北堀　純　　　　　　　第5章　水上点晴，鈴木圭一，田中哮義
　第2章　新谷祐介　　　　　　　　　　　　第6章　北堀　純，田中哮義
　第3章　新谷祐介，田中哮義　　　　　　　第7章　野秋政希，岸上昌史
　第4章　平田裕信，岸上昌史，田中哮義，　第8章　峯岸良和，平田裕信，田中哮義
　　　　　山田茂　　　　　　　　　　　　　第9章　峯岸良和，山口純一，田中哮義

執筆協力者
　　　　　角谷三夫，久次米真美子，中道明子

火災性状予測計算ハンドブック　目次

第1章　燃焼，火災荷重

1.1　可燃物の燃焼熱 1

1.2　散水設備の作動および燃焼抑制 3

　1.2.1　熱により感知する散水設備の作動時間 3

　1.2.2　散水で発熱速度が減少し消火に至る場合の可燃物の発熱速度 6

　1.2.3　散水開始以降も燃焼が継続する場合の可燃物の発熱速度 7

1.3　固体可燃物の着火 11

　1.3.1　表面で一定の加熱を吸収する場合の着火時間 11

　1.3.2　外部から一定の加熱を受けて一部を周囲に放熱する条件における着火時間 12

1.4　火災荷重 15

　1.4.1　可燃物密度 15

　　1.4.1.1　固定可燃物の発熱量（固定什器） 15

　　1.4.1.2　固定可燃物の発熱量（内装仕上げ材） 16

　　1.4.1.3　積載可燃物の発熱量 17

　1.4.2　可燃物表面積 20

　1.4.3　火災成長率 21

　1.4.4　火災統計から求めた火災成長率 23

第2章　乱流拡散火炎の高さ

2.1　乱流拡散火炎の連続火炎高さおよび平均火炎高さ 25

2.2　天井に衝突する火炎の広がり 30

2.3　線火源の平均火炎高さ 33

第3章　火災プルーム

3.1　火炎から十分離れた領域での火災気流性状 35

3.2　正方形または円形火源の火炎軸上温度 39

3.3　線火源の火炎軸上温度とプルーム流量 42

3.4　水平天井に沿った天井流 44

3.5　傾斜天井に沿った天井流 46

3.6　煙層が形成される空間での天井流温度 48

3.7　煙層が形成される空間での天井流煙濃度 51

3.8　天井下に形成された高温層への火災プルームの貫入 54

3.9　ボイド空間内の火災気流性状 56

3.10　火災プルーム先端の到達時間 58

第4章　開口流量

4.1　温度差がない場合の開口流量 60

　4.1.1　単一開口における流速 60

　4.1.2　単一開口における流量 61

　4.1.3　並列開口における流量 62

　4.1.4　直列開口における流量 64

　4.1.5　扉の開放角度と有効開口面積 66

4.2 温度差がある場合の開口流量 68
  4.2.1 単一開口における流量 68
  4.2.2 平均圧力差による開口流量 70
  4.2.3 直列開口を通る流れ（平均圧力差を用いる場合） 73

第5章　熱移動

5.1 放射熱伝達 76
  5.1.1 固体表面からの放射熱 76
  5.1.2 気体塊からの放射熱 77
  5.1.3 形態係数 79
    5.1.3.1 立体角投射の法則による形態係数の算出 79
    5.1.3.2 長方形放射面に並行または垂直な微小面積要素への形態係数 82
    5.1.3.3 向かい合う楕円に平行な微小面への形態係数 83
    5.1.3.4 分割した放射面からの形態係数 85
  5.1.4 放射シールドによる放射熱の遮蔽 87
  5.1.5 放射を受ける薄板の温度 89
  5.1.6 火炎からの放射熱流束 91
5.2 周壁への対流熱伝達 94
  5.2.1 周壁表面温度が既知の場合の対流熱伝達 94
  5.2.2 風速が既知の場合の対流熱伝達 95
  5.2.3 放射と対流を合算した熱伝達 96
  5.2.4 実効熱伝達率による熱伝達 97
  5.2.5 火源近傍の天井流から天井面への熱伝達 98
5.3 壁の温度上昇 101
  5.3.1 単層壁の定常状態における温度上昇 101
  5.3.2 多層壁の定常状態における温度分布 102
  5.3.3 表面温度が瞬間的に上昇した時の熱的厚壁における温度分布 104
  5.3.4 表面で一定の熱流束を受ける熱的厚壁における温度分布 105
  5.3.5 一定温度の気体から対流熱を受ける熱的厚壁における温度分布 106
  5.3.6 放射熱流束を受けて対流熱損失がある熱的厚壁における表面温度 108

第6章　盛期火災

6.1 フラッシュオーバー 110
6.2 火盛り期の区画火災性状 114
  6.2.1 燃焼速度と火災継続時間 114
  6.2.2 開口部を通る空気の質量流量 117
  6.2.3 火災室内における発熱速度 118
6.3 盛期火災の火災室温度 120
  6.3.1 燃料支配型火災の温度 120
  6.3.2 換気支配型火災の温度 122
  6.3.3 換気支配時の隣接室の区画火災温度 124

第7章　開口噴出熱気流

7.1 開口噴出熱気流の中心軸の軌跡 126
  7.1.1 開口上方が自由空間の場合の熱気流の中心軸 126

7.1.2　開口の上方が壁となっている場合の熱気流の中心軸 128
　　7.1.3　開口噴出熱気流の温度が十分低くなるまでの水平距離 130
　7.2　噴出熱気流の中心軸温度 133
　　7.2.1　任意の温度となる高さ 133
　　7.2.2　任意の高さにおける温度上昇 137
　　7.2.3　横長開口における壁面近傍温度 141
　7.3　開口噴出熱気流の無次元温度の相似性 144
　7.4　開口噴出火炎の高さ 146
　7.5　開口噴出熱気流の質量流量 149
　　7.5.1　単純開口の場合 149
　　7.5.2　開口上端に庇が設置された場合 151

第8章　煙の流動と制御

　8.1　煙層の降下時間と温度 154
　　8.1.1　水平断面が同一の室の煙層の降下 154
　　8.1.2　高さにより水平断面が異なる室の煙層の降下 156
　　8.1.3　隣接室の煙降下時間 158
　8.2　煙層降下の制御 162
　　8.2.1　機械排煙による煙層降下の制御 162
　　8.2.2　自然排煙による煙層降下の制御 164
　　8.2.3　側面開口による煙層降下の制御 167
　　8.2.4　自然排煙と下方部加圧給気による煙層降下の制御 169
　8.3　煙突効果 172
　　8.3.1　シャフト内の温度が既知の場合 172
　　　8.3.1.1　開口が高さ方向に一様分布する場合 172
　　　8.3.1.2　頂部と底部に開口を有する場合 173
　　8.3.2　内部発熱が既知の場合 175
　　　8.3.2.1　開口が高さ方向に一様分布する場合 175
　　　8.3.2.2　頂部と底部に開口を有する場合 177
　8.4　外部風 179
　8.5　遮煙条件 181
　　8.5.1　遮煙に必要な圧力差 181
　　8.5.2　遮煙に必要な開口流量 182
　　8.5.3　開口での平均圧力差による遮煙条件 183
　8.6　　閉鎖的空間における長時間排煙 185

第9章　避難

　9.1　室からの避難 188
　　9.1.1　細長い室の端部の出口からの避難行動時間と滞留人数 188
　　9.1.2　室の辺上にある出口からの避難時間と滞留人数 189
　9.2　出口が連続した場合の通過時間と滞留人数 191
　　9.2.1　連続した複数の出口を通過する場合の避難時間と滞留人数 191
　　9.2.2　廊下等の滞留面積が不足している居室の出口通過時間 192
　　9.2.3　火災階における付室の必要滞留面積 195
　　9.2.4　屋外に通じる出口の通過時間 196

【主な記号】

記号	名称	単位
A	開口面積	[m²]
A_r	室の床面積	[m²]
A_T	室の内表面積	[m²]
B	開口の幅，避難出口幅	[m]
c	（固体材料の）比熱	[kJ/(kg·K)]
c_p	空気（または煙）の定圧比熱	[kJ/(kg·K)]
C_w	風圧係数	[-]
D	円形火源の直径，線火源の幅	[m]
E	放射熱流	[kW/m²]
F	形態係数	[-]
g	重力加速度	[m/s²]
h	熱伝達率	[kW/(m²·K)]
h_c	対流熱伝達率	[kW/(m²·K)]
h_e	実効熱伝達率	[kW/(m²·K)]
h_k	**MQH** 式における実効熱伝達率	[kW/(m²·K)]
h_r	放射熱伝達率	[kW/(m²·K)]
H	開口高さ	[m]
H_c	天井高さ	[m]
H_e	開口高さの差	[m]
ΔH	単位質量あたりの発熱量	[MJ/kg]
ΔH_m	単位面積あたり単位厚さあたりの発熱量	[MJ/m²·mm]
k	熱伝導率	[kW/(m·K)]
l	歩行距離	[m]
L_c	連続火炎高さ	[m]
L_f	間欠火炎高さ	[m]
L_m	平均火炎高さ	[m]
m	質量流量	[kg/s]
m_a	空気の流入量	[kg/s]
m_e	排煙風量（質量流量）	[kg/s]
m_s	煙の流出量	[kg/s]
m_p	火災プルーム流量	[kg/s]
N	流動係数	[人/(m·s)]
P	滞留密度	[人/m²]
P	避難者数	[人]
P	圧力（絶対圧）	[Pa]
ΔP	圧力差	[Pa]
$\overline{\Delta P}$	平均圧力差	[Pa]
P_w	風圧力	[Pa]
q	熱流束	[kW/m²]

q_c	対流熱流束	[kW/m²]
q_r	放射熱流束	[kW/m²]
q_{cr}	着火限界熱流束	[kW/m²]
Q	発熱速度	[kW]
Q_{FO}	フラッシュオーバー限界発熱速度	[kW]
Q''	単位面積あたりの発熱速度	[kW/m²]
Q^*	無次元発熱速度	[-]
R	流出速度	[人/s]
RTI	応答時間指数	[m¹ᐟ² s¹ᐟ²]
r	半径方向距離	[m]
T	時間	[s]
t_{act}	作動時間	[s]
t_{ig}	着火時間	[s]
t_{queue}	滞留時間	[s]
T	温度	[K]または[℃]
T_{ax}	気流軸上温度	[K]または[℃]
T_f	盛期火災温度	[K]または[℃]
$T_{h,act}$	散水ヘッドの作動温度（標示温度）	[K]または[℃]
T_{ig}	着火温度	[K]または[℃]
T_p	熱気流温度	[K]または[℃]
TRP	熱応答パラメータ	[kW・s¹ᐟ²/m²]
T_s	煙層温度	[K]または[℃]
T_w	周壁の表面温度	[K]または[℃]
T_0	基準温度（周辺空気温度、外気温、初期温度など）	[K]または[℃]
v	歩行速度	[m/s]
v_0	外気風速	[m/s]
V_e	排煙風量(体積流量)	[m³/s]または[CMH]
W_x	成分 x の質量分率	[kg/kg]
w	単位床面積当たりの可燃物の発熱量	[MJ/m²]
z	火源面からの高さ	[m]
z_s	煙層下端高さ	[m]
z_n	中性帯高さ	[m]
Δz	仮想点熱源深さ	[m]
α	火災成長率	[kW/s²]
α	流量係数	[m²/s]
α_h	熱拡散率	[-]
αA	有効開口面積	[m²]
δ	周壁の厚さ	[m]
ε	放射率	[-]
κ	放射吸収係数	[m⁻¹]
θ	扉の開度	[°]
ρ	密度	[kg/m³]

ρ_a	空気の気体密度	[kg/m³]
ρ_s	煙の気体密度	[kg/m³]
ρ_0	基準温度 T_0 における空気の気体密度	[kg/m³]
σ	ステファン・ボルツマン定数	[kW/(m²·K⁴)]

本ハンドブックの使い方

　本ガイドブックは，火災性状予測に用いる計算式を集積し，必要な計算式を迅速に見つけられるように構成している．節ごとに完結しており，各節は，（１）〜（６）の６つの部分から構成される．

（１）計算式の対象
　計算式の対象を具体的に記述している．

（２）計算式
　求める値を計算する式を示している．

（３）入力値
　計算式に入力する値を，記号，単位とともに示している．

（４）計算例
　実際の利用を想定し，具体的な例を挙げ，計算式の使い方を例題により解説している．

（５）解説
　計算式の背景，式の導出過程などを記述している．ただし，必要最小限の内容に限定しているので，詳細を知りたい読者は参考文献を参照されたい．

（６）参考文献
　原則として式の原典および解説の根拠となった文献を記載している．

第1章 燃焼，火災荷重

1．1 可燃物の燃焼熱

（1）計算式の対象
C（炭素），H（水素），O（酸素）で構成される可燃物において，各元素の重量分率が既知である場合の可燃物の燃焼熱（単位量の可燃物が完全燃焼したときに発生する熱量）を計算する．

（2）計算式
可燃物の燃焼熱：ΔH [MJ/kg]

$$\Delta H = \Delta H_{O_2} \times \left(\frac{W_C}{12} + \frac{W_H}{4} - \frac{W_O}{32} \right) \times 32 \tag{1.1-1}$$

（3）入力値
W_C	C の重量分率	[kg/kg]
W_H	H の重量分率	[kg/kg]
W_O	O の重量分率	[kg/kg]
ΔH_{O_2}	単位酸素消費量当たりの発熱量（＝13.1MJ/kg-O_2）	

（4）計算例
可燃物の重量分率 W_C, W_H, W_O をそれぞれ 0.495，0.064，0.442 とする．なお，これは木材相当である．

可燃物の燃焼熱：

$$\begin{aligned}
\Delta H &= \Delta H_{O_2} \times \left(\frac{W_C}{12} + \frac{W_H}{4} - \frac{W_O}{32} \right) \times 32 \\
&= 13100 \times \left(\frac{0.495}{12} + \frac{0.064}{4} - \frac{0.442}{32} \right) \times 32 \\
&= 18209 \, \text{kJ/kg}
\end{aligned} \tag{1.1-2}$$

従って，木材の単位重量当たりの熱量は約 18.2MJ/kg である．ちなみに，通常の大気中における酸素濃度下での燃焼熱は約 16MJ/kg となる．

（5）解説
燃焼によって発生する熱量は消費された酸素 1kg あたりに換算すると可燃物の種類に依らずほぼ一定（13100 kJ/kg）という性質を利用し，可燃物の構成元素から完全燃焼時の酸素消費量を求め，可燃物の単位重量当たりの発熱量を求めている．なお，可燃物の構成元素として N（窒素）が含まれる場合であっても，燃焼によって生じる NO，NO_2 の発生量は微量であり，酸化による発熱量も小さいため，式(1)が成立すると見なせる．

各種参考文献より，代表的な可燃物の化学元素組成（重量分率）から式(1.1-1)式を用いて燃焼熱を算出し，実験値を比較した結果を**表 1.1-1** に示す．表より，可燃物の固体・液体・気体の如何によらず，計算値と実験値は概ね一致する．

－2－　火災性状予測計算ハンドブック

表 1.1-1　代表的な可燃物の化学元素組成（重量分率）および燃焼熱[1.1-1)～6)]

材料名	W_C	W_H	W_O	W_N	燃焼熱 ΔH [MJ/kg]	
					計算値	実験値
木材	0.495	0.064	0.442	-	18.2	10.3～20.7
軟質ポリウレタンフォーム	0.613	0.092	0.241	0.038	27.9	17～25.4
押出し発泡ポリスチレン	0.898	0.076	0.027	-	39.0	46.6
ポリプロピレン	0.857	0.143	-	-	44.9	43.2
PMMA（アクリル）	0.600	0.080	0.320	-	25.2	24.0～27.7
メタン	0.750	0.250	-	-	52.4	50.0
プロパン	0.818	0.182	-	-	47.6	46.0
n－ヘプタン	0.840	0.160	-	-	46.1	44.4
メタノール	0.375	0.125	0.500	-	19.7	19.8
エタノール	0.522	0.130	0.348	-	27.3	26.8

（6）参考文献

1.1-1)　田中哮義：改訂版 建築火災安全工学入門，日本建築センター，pp.100-109，2002 年 1 月

1.1-2)　日本建築学会編：建築物の火災荷重および設計火災性状指針（案），丸善，2013 年 3 月

1.1-3)　国土開発技術センター：建築物の総合防火設計法　第 2 巻　出火拡大防止設計法，日本建築センター，1989 年

1.1-4)　Tewarson, A. and Pion, R. F.：Flammability of Plastics-I Burning Intensity, Combustion and Flame, vol.26, 1975

1.1-5)　原田寿朗：木材の燃焼性および耐火性能に関する研究，森林総研研究報告，No.378，2000 年

1.1-6)　野秋政希，山口純一，大宮喜文：可燃物表面への注水による発熱速度の低減効果－水膜が無い場合における注水時の発熱速度簡易推定モデルの構築とコーンカロリーメータ試験結果との比較－，日本建築学会環境系論文集，第 79 巻 第 696 号，pp.123-131，2014 年 2 月

1.2　散水設備の作動および燃焼抑制

散水設備がある場合の可燃物の発熱速度（単位時間あたりの燃焼による発生熱量）は，散水量や可燃物の種類等に応じて**図 1.2-1** に示す a)から d)の 4 パターンに分類される：
 a)散水設備の作動開始後，発熱速度が減少し続ける状態
 b)散水設備の作動開始後は，発熱速度の増加は抑えられるが燃焼が継続し続ける状態
 c)散水設備の作動以降も発熱速度が増加し続ける状態
 d)散水設備が不作動の場合

本節では，散水設備が作動し始める時間の計算式を 1.2.1，散水設備作動以降の発熱速度におけるパターン a)の計算式を 1.2.2，パターン b)，c)における発熱速度の最大値の計算式を 1.2.3 に示す．なお，散水設備作動以降の発熱速度がどのパターンになるかは，1.2.3 に示す方法で散水開始以降の最大発熱速度を計算し，これが 0 以下となればパターン a)，正値となればパターン b)，c)のいずれかになると判別すればよい．

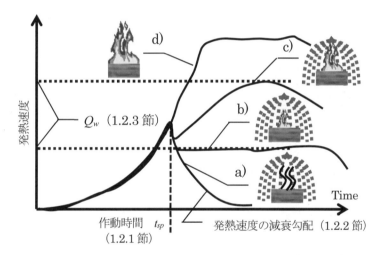

図 1.2-1　散水設備作動時の発熱速度の分類[1.2-1]

1.2.1　熱により感知する散水設備の作動時間

（1）計算式の対象

散水設備には様々な種類があるが，本節では，熱により感知する散水設備（例えば，**図 1.2-2** のような天井に設置された閉鎖型スプリンクラーヘッド）の作動時間を計算する．この計算式は散水ヘッド近傍の熱気流の温度および風速，散水ヘッドの応答特性（RTI や作動温度等）が既知であるとき，散水ヘッドの作動時間を検討するために用いることができる．なお，作動原理がスプリンクラーヘッドと同様の設備（例えば，定温式の熱感知器）の作動時間にも用いることができる．本節の計算式は次の条件下において適用できる．

　・熱気流の流速および温度は定常状態である．
　・散水ヘッドへの入射熱において対流熱伝達が支配的である．
　・熱による作動である（煙感知ではない）．

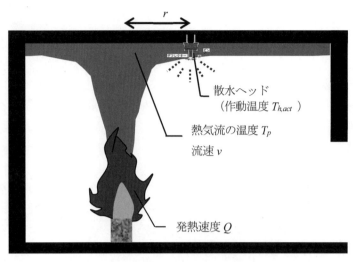

図 1.2-2 熱により作動する散水ヘッド

（2）計算式

散水設備の作動時間：t_{act} [s]

$$t_{act} = \frac{RTI}{\sqrt{v}} \cdot \ln\left(\frac{T_p - T_0}{T_p - T_{h,act}}\right) \tag{1.2-1}$$

（3）入力値

RTI	応答時間指数	[$m^{1/2}s^{1/2}$]
T_p	散水ヘッド近傍の熱気流の温度	[K]
$T_{h,act}$	散水ヘッドの作動温度（標示温度）	[K]
T_0	雰囲気温度	[K]
v	熱気流の速度	[m/s]

（4）計算例

RTI=67 $m^{1/2}s^{1/2}$, v=1.8 m/s, T_p=408K（135℃）, $T_{h,act}$=345K（72℃）, T_0=293K（20℃）とした場合の散水設備の作動時間 t_{act} を求める．

散水設備の作動時間：

$$t_{act} = \frac{RTI}{\sqrt{v}} \cdot \ln\left(\frac{T_p - T_0}{T_p - T_{h,act}}\right) = \frac{67}{\sqrt{1.8}} \times \ln\left(\frac{408 - 293}{408 - 345}\right) \approx 30 \text{ s}$$

（5）解説

感熱部（以降，散水ヘッドとする）が熱により作動する散水設備の場合，散水ヘッドの作動時間は散水ヘッドの熱収支をベースとした以下の方法で計算することが一般的である．その代表例であるスプリンクラー設備の閉鎖型散水ヘッドは一般的に天井に設けられることが多いため，火災の初期段階には散水ヘッドは火源から発生した高温の熱気流に曝される．散水ヘッドはこの熱気流から熱を受けて，配管内の水等へ熱を損失しながら感熱部の温度が上昇し，作動温度を超えたときに作動する．散水ヘッドの熱収支を**図 1.2-3** に示す．

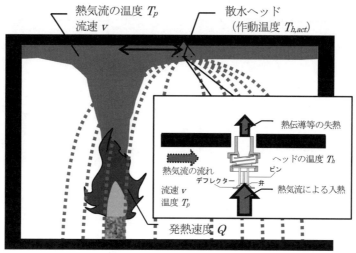

図1.2-3 散水ヘッドの熱収支

この熱収支に基づけば，散水ヘッドの温度 T_h の単位時間当たりの温度上昇は，

$$\frac{dT_h}{dt} = \frac{\sqrt{v}}{RTI} \cdot (T_p - T_h) - C' \cdot (T_h - T_b) \tag{1.2-2}$$

で表すことができる[1.2-2]．ここで，C' は配管内の水等への熱伝達係数[1/s]，T_b は配管内の水温[K]である．この式を用いて，散水ヘッドの初期温度から単位時間ごとの上昇温度を逐次計算し，累積することで散水ヘッドの温度時刻歴を計算し，作動温度（標示温度）に到達した時点を以って散水設備の作動時間とすることができる．なお，熱気流の温度や流速が時間により変化せず，熱気流からの入熱に比べ配管への失熱が相対的に無視できる場合には，式(1.2-2)右辺第2項を省略して積分した式として式(1.2-1)を利用可能である[1.2-3]．近傍気流温度 T_p が時間によって変化する場合や C' を考慮する場合の予測式については，文献1.2-4)にその例が示されている．なお，熱伝達係数 C' を C/RTI（C は配管の仕様や充水の有無等に決まる定数）とすることもある．

作動時間 t_{act} を式(1.2-2)を用いて求めた結果を図1.2-4に示す．計算条件は，$RTI=56\ m^{1/2}s^{1/2}$，$C'=0.045$，火災成長率 $\alpha=0.028\ kW/s^2$，天井高さ $H=2.8\ m$，散水ヘッドから火源までの水平距離 $r=2.6\ m$，$T_{h,act}=345K$（72 ℃），$T_0=T_b=293K$（20℃）である．なお，熱気流の速度 v，温度 T_p は火源の発熱速度，天井高さ，散水ヘッドと火源までの水平距離などによって変化するが（3.4節および3.5節を参照），ここでは，Delichatsios と Heskestad により提案された式[1.2-5]を用い，熱気流が火源から散水ヘッドに到達するまでの時間は無視した．散水ヘッドの温度が作動温度72℃を超えた時間は211秒である．文献1.2-6)では火源の発熱速度（火災成長率）を可変として一般的な閉鎖型スプリンクラーヘッドの作動時間を測定した．当該実験における作動時間の実験値と上記と同様の方法で散水ヘッドの温度が作動温度72℃を超えた時間を比較した結果が図1.2-5であり，両者は誤差1割程度の範囲内で一致している．ただし，実験で作動時間が長くなるケースでは計算値の方が小さくなっており，使用にあたっては注意が必要である．

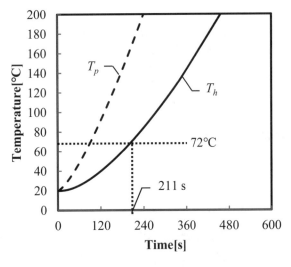

図 1.2-4　熱気流温度と散水ヘッドの温度　　図 1.2-5　作動時間の実測値と計算値 [1.2-6]

（6）参考文献

1.2-1)　大宮喜文：スプリンクラー設備を考慮した建築火災安全設計, 火災, 第52巻, 第3号, pp.9-13, 2002年6月

1.2-2)　山内幸雄, 万本敦, 土肥学：RTI-C モデルによる熱感知器の作動時間の予測, 消防研究所報, 第53号, pp.124-129, 2000年3月

1.2-3)　R. L. Alpert: Calculation of Response Time of Ceiling-Mounted Fire Detectors, Fire Technology, Vol.8, pp.181-195, 1972.8

1.2-4)　Society of Fire Protection Engineers: SFPE Handbook of Fire Protection Engineering, 5th edition, chapter 40, 2016.8

1.2-5)　Heskestad, G. and Delichatsios, M.A.: The Initial Convective Flow in Fire, 17th Symposium on Combustion, The Combustion Institute, pp.1113-1123, 1978

1.2-6)　総務省消防庁：防火対象物の総合防火安全評価基準のあり方検討会報告書, 2003年3月

1.2.2　散水で発熱速度が減少し消火に至る場合の可燃物の発熱速度

（1）計算式の対象

本節で示す計算式は図 1.2-1 に示す「a)散水設備作動開始後, 可燃物の発熱速度が減少し続ける状態」における発熱速度の減少傾向の推定を対象とする. ただし, 本計算式は散水障害等により可燃物に水が届かない場合には適用できない.

（2）計算式

散水設備作動開始以降の発熱速度：Q [kW]

$$Q = Q_{act} \exp\left(-k_{decay}\left(t - t_{act}\right)\right) \tag{1.2-3}$$

$$k_{decay} = \begin{cases} \left(w \times 10^{-3}\right)^{1.85}/3.0 & \text{木材クリブ} \\ 0.536 \cdot w \times 10^{-3} - 0.0042 & \text{段ボール(標準クラス II)}, 6 < w < 24 \\ 0.716 \cdot w \times 10^{-3} - 0.0132 & \text{段ボール(プラスチック物品)}, 12 < w < 41 \end{cases} \tag{1.2-4}$$

第1章 燃焼, 火災荷重 —7—

（3）入力値

k_{decay}	減衰係数	[s⁻¹]
Q_{act}	散水設備作動開始時の発熱速度	[kW]
t	時間	[s]
t_{act}	散水設備の作動時間	[s]
w	散水密度	[g/(m²·s)]

（4）計算例

w=63.0 g/(m²·s)，t_{act}=309 s，Q_{act}=1193 kW の条件で，t=660 s における木材クリブの発熱速度 Q を求める.

減衰係数 k_{decay}

$$
\begin{aligned}
k_{decay} &= \left(w \times 10^{-3}\right)^{1.85} \big/ 3.0 \\
&= \left(63 \times 10^{-3}\right)^{1.85} \big/ 3.0 \\
&= 0.0020
\end{aligned}
$$

散水設備作動開始以降の発熱速度：

$$
\begin{aligned}
Q &= Q_{act} \exp\left(-k_{decay}\left(t - t_{act}\right)\right) \\
&= 1193 \times \exp\left(-0.0020 \times \left(660 - 309\right)\right) \\
&= 590\,\text{kW}
\end{aligned}
$$

（5）解説

式(1.2-3)は主に散水開始以降，発熱速度が時間とともに減少し続ける（散水密度が比較的多い）場合における可燃物の発熱速度の減少勾配のデータから得た実験式である．この式における減衰係数 k_{decay} は対象とする可燃物の材質や形状によって異なるが，これまでの研究事例によって式(1.2-3)の上から木材クリブ，段ボール（標準クラス II: Standard Class II Commodity），段ボール（プラスチック物品: Plastic Commodity）について，散水密度の適用範囲とセットで値が提案されている.

（6）参考文献

1.2-7)　David D. Evans: Sprinkler Fire Suppression Algorithm for HAZARD, NISTIR 5254, National Institute of Standards and Technology, 1993

1.2-8)　Hong-Zeng Yu, James L. Lee, Hsiang-Cheng Kung: Suppression of Rack-Storage Fires by Water, Proceedings of the Fourth International Symposium, International Association for Fire Safety Science, pp.901-912, 1994

1.2.3　散水開始以降も燃焼が継続する場合の可燃物の発熱速度

（1）計算式の対象

図 1.2-1 における b)，c)の状態（散水開始以降も燃焼が継続する状態，図 1.2-6）を対象とし，可燃物に供給される散水量，可燃物の形状，材質等が既知である条件において，散水開始以降の発熱速度が到達しうる最大値を計算する．この計算式は次の条件下において適用できる.

・可燃物が固体である.
・散水障害が無く，水滴群が可燃物表面に到達する.

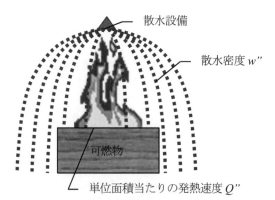

図 1.2-6　散水開始以降も燃焼が継続する状態

（2）計算式

散水中における水平投影面積当たりの可燃物の発熱速度：Q'' [kW/m²]

$$Q'' = Q''_{max} - w \cdot L_w \cdot \frac{\Delta H}{L} \tag{1.2-5}$$

（3）入力値

w	散水密度[g/(m²·s)]
L_w	水の単位重量当たりの蒸発潜熱[kJ/g]
ΔH	可燃物の燃焼熱[kJ/g]
L	可燃物の熱分解潜熱[kJ/g]
Q''_{max}	散水が無い場合の水平投影面積当たりの可燃物の発熱速度[kW/m²]

（4）計算例

w=63.0 g/(m²·s)，L_w=2.26 kJ/g，ΔH=13.1kJ/g，L=2.26 kJ/g，Q''_{max}=1550kW/m² とした場合の散水時の水平投影面積当たりの発熱速度 Q'' を求める．

$$Q'' = Q''_{max} - w \cdot L_w \cdot \frac{\Delta H}{L} = 1550 - 63.0 \times 2.26 \times \frac{13.1}{2.26} \approx 725 \text{kW/m}^2$$

この設定条件における Q''_{max} は木材クリブ12段，火災荷重密度約 50 kg/m² で物販店舗の可燃物相当である．この例題で示した w の設定値63.0 g/(m²·s) は高感度型スプリンクラー設備の放水量80L/minを有効散水半径 2.6m の円で除した平均的な散水密度である．この計算値は散水中における木材クリブの発熱速度の実測値と概ね一致する[1.2-9]．

（5）解説

文献[1.2-10]では，散水設備による燃焼抑制の主たる要因として水による可燃物表面の冷却効果を挙げており，本節ではこれによる発熱速度の低減量の計算方法を説明している．

図 1.2-7 左に示すように，一般的に非散水時における可燃物の単位面積当たりの発熱速度 Q_{max}'' は可燃物表面に入射する熱流束 q に可燃物の燃焼熱 ΔH と熱分解潜熱 L の比を乗じて計算される．一方，散水時に可燃物の燃焼が継続している場合，図 1.2-7 右のように散水された蒸発潜熱 q_w の分だけ，可燃物表面に到達する熱流束が減少するため，単位面積当たりの発熱速度が非散水時に比べ低くなる．

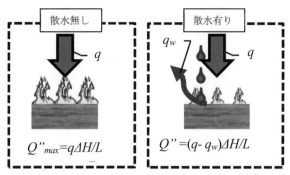

図 1.2-7 可燃物表面の熱収支の概念図

　この概念に基づき散水時の水平投影面積当たりの発熱速度を計算する式を導出した結果が式(1.2-5)である．この式の適用条件は冒頭に示した条件のほか，散水開始以降，発熱速度が減少し続ける場合には適用できない．また，ウォーターミストのように水滴径が小さい場合には，窒息効果が顕著となるので，本節の計算式で算出した発熱速度は実態よりも高めに見積もられる．

　各種参考文献において散水開始以降，発熱速度が図 1.2-1 の b)や c)になるパターンの実験値を対象として発熱速度の計算値と実験値を比較した結果が図 1.2-8(a)(b)である．各図は，それぞれ，(a)材料の異なる小規模試験片，(b)実大規模の木材クリブを対象とした実験であり，いずれも実験値と計算値は概ね一致している．

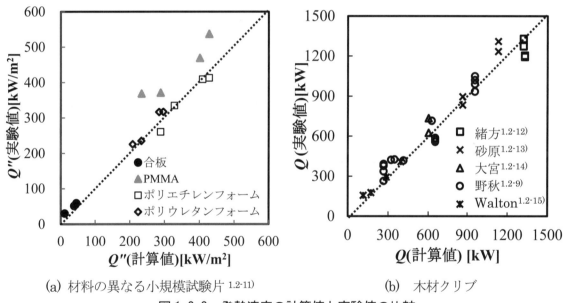

(a) 材料の異なる小規模試験片 [1.2-11)]　　　(b) 木材クリブ

図 1.2-8　発熱速度の計算値と実験値の比較

（6）参考文献

1.2-9)　野秋政希, 鈴木稔, 山口純一, 大宮喜文：散水時の木材クリブの発熱速度―水平投影面積に対する露出表面積の割合をパラメータとした検討―，日本建築学会環境系論文集, 第 80 巻　第 712 号, pp.481-489, 2015 年 6 月

1.2-10)　Society of Fire Protection Engineers, SFPE Handbook of Fire Protection Engineering, 5th edition, Section 39 Volume 2, pp.1289-1313, 2016.8

1.2-11)　野秋政希, 山口純一, 大宮喜文：可燃物表面への注水による発熱速度の低減効果―水膜が無い場合における注水時の発熱速度簡易推定モデルの構築とコーンカロリーメータ試験結果との比較―,日本建築学会環境系論文集, 第 79 巻　第 696 号, pp.123-131, 2014 年 2 月

1.2-12) 緒方貴憲，野秋政希，大宮喜文，鈴木稔，山口純一：燃焼中に散水された単体可燃物の発熱速度〜その1　散水設備を用いた実験〜，日本建築学会関東支部研究報告集，pp.601-604，2013年3月

1.2-13) 砂原弘幸，石原慶大，松山賢，菅原進一，森田昌宏：散水中の木材クリブ燃焼の発熱速度と放射熱流束の関係に関する研究，日本建築学会環境系論文集　第75巻　第658号，pp. 1009 – 1017, 2010年12月

1.2-14) 大宮喜文ほか：区画火災制御に関する研究　その1〜その8，日本火災学会研究発表会概要集，pp.4-35，2002年5月

1.2-15) William D. Walton: Suppression of wood crib fires with sprinkler sprays: test results, NBSIR 88-3696, 1988

1.3 固体可燃物の着火

　熱源から加熱を受ける可燃物の着火の有無若しくは着火時間を把握することは，出火拡大性状を検討する上で重要である.
　着火現象には，着火に要するエネルギーが口火や火の粉等によって外部から供給される引火（口火着火）と着火に要するエネルギーが外部から供給されない発火（自然着火）があるが，本節では，固体可燃物の口火着火の発生時間を対象とする.
　着火現象は複雑な物理化学過程であるが，通常の建築空間では，可燃物表面温度が着火温度になる時点を以って着火と見なす，いわゆる，熱着火理論を用いる. 伝熱計算による表面温度の求め方は第5章に詳細が述べられており，可燃物表面の熱収支（境界条件）に応じて熱伝導方程式を解くことで表面温度を計算することもできるが，本節では熱伝導問題を近似的に扱った手法や実験結果をベースとした手法について説明する. なお，次の条件は本節で示す計算式の適用対象外である.
- ・引火点が常温以下の可燃物
- ・無炎燃焼（炭化層表面の赤熱など）
- ・火薬等の水分と反応する可燃物

1.3.1 表面で一定の加熱を吸収する場合の着火時間

（1）計算式の対象
　表面で一定の熱流を吸収する熱的に厚い固体可燃物の着火時間を計算する. 実際には可燃物に対して一定の強度の加熱が加えられたとしても，可燃物表面では放射や対流により失熱し，可燃物表面が吸収する熱流束は加熱強度よりも低いが，加熱強度が全て可燃物に吸収されていると想定すれば，実態よりも急速に温度上昇し，早期に着火するように見積もることができる. 本節の計算式は，実態よりも早く着火すると見積られることを許容して，着火時間を簡便に求めるために活用できる.

（2）計算式
　　着火時間 : t_{ig} [s]

$$t_{ig} = \frac{\pi}{4} k \rho c \left(\frac{T_{ig} - T_0}{q} \right)^2 \tag{1.3-1}$$

（3）入力値
q	加熱強度	[kW/m²]
T_{ig}	着火温度	[K]
T_0	雰囲気温度	[K]
$k\rho c$	可燃物の熱慣性	[kW²·s/(m⁴·K²)]

（4）計算例
　$k\rho c$=0.28 kW²·s/(m⁴·K²)，T_{ig}=623 K（350 ℃），T_0=293 K（20 ℃）とする可燃物について，加熱強度 q=25 kW/m² における着火時間 t_{ig} を求める.

$$t_{ig} = \frac{\pi}{4} k \rho c \left(\frac{T_{ig} - T_\infty}{q} \right)^2 = \frac{\pi}{4} k \rho c \left(\frac{350 - 20}{25} \right)^2 \approx 38 \text{ s}$$

（5）解説
図 1.3-1 のように，可燃物表面で一定の加熱を吸収する半無限固体（熱的に厚い物体）と見なせる場合，可燃物の表面温度 T_s は熱伝導方程式の解析解より下式のように表される．

$$T_s = 2q\sqrt{\frac{t}{\pi k\rho c}} + T_0 \tag{1.3-2}$$

ここで，q は（加熱強度加熱源から受熱物の表面に入射する熱流束），t は時間，$k\rho c$ は熱慣性である．したがって，表面温度 T_s が着火温度 T_{ig} に至る時間を以って着火とすると，着火時間は式(1.3-1)のように計算することができる．ただし，一般には，可燃物の表面温度が上昇するほど表面から外部への失熱も増加するため，この式で計算した着火時間は実態よりも早く見積もられる．なお，加熱強度 q が時間的に変化する場合には式(1.3-1)の積分形の式(1.3-3)で近似することもある[1.3-2]．

$$\int_0^{t_{ig}} q^2 dt = \frac{\pi}{4} k\rho c \left(T_{ig} - T_0\right)^2 \tag{1.3-3}$$

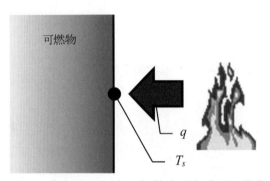

図 1.3-1　表面から一定の加熱を吸収する可燃物

（6）参考文献
1.3-1)　James G. Quintiere, Principles of fire behavior, Delmar, 1998（大宮喜文，若月薫　訳：基礎火災現象原論），共立出版，pp.64-65, 2009 年 4 月
1.3-2)　日本建築学会編：鋼構造耐火設計指針　第 3 版, 丸善, pp.66, 2017 年 6 月

１．３．２　外部から一定の加熱を受けて一部を周囲に放熱する条件における着火時間

（1）計算式の対象
表面に加熱を受けて温度が上昇し，周囲に放熱する条件における熱的に厚い固体可燃物の着火時間を計算する．この計算式は，火炎等から一定強度の加熱を受ける可燃物が着火する時間を求める際などに用いることができる．

（2）計算式
着火時間：t_{ig} [s]

$$t_{ig} = \begin{cases} \dfrac{TRP^2}{(q - 0.64 q_{cr})^2} & [q > 3q_{cr}] \\ \dfrac{4}{\pi^2} \dfrac{TRP^2}{(q - q_{cr})^2} & [1.1 q_{cr} < q] \end{cases} \tag{1.3-4}$$

（3）入力値

q 　　　　　加熱強度　[kW/m²]

q_{cr} 　　　　着火限界熱流束　[kW/m²]（表1.3-1による）

TRP 　　　　熱応答パラメータ　[kW·s$^{1/2}$/(m²·K)]　（表1.3-1による）

表1.3-1 主要な可燃物の着火限界熱流束および熱応答パラメータ [1.3-4], [1.3-5]

材質	着火限界熱流束 q_{cr} [kW/m²]	熱応答パラメータ TRP [kW·s$^{1/2}$/m²]
ポリプロピレン	8〜15	108〜417
ポリエステル	8〜18	94〜383
レーヨン	14〜17	161〜227
セルロース	15	264
PVC	15〜20	343〜640
木材	15.8	$\sqrt{0.436\rho(0.1953\rho+25.5)}$

ρ：材料の密度　[kg/m³]

（4）計算例

加熱強度 q=50kW/m² において，密度 $\rho = 350$ kg/m³ の木材が着火する時間 t_{ig} [s] を求める．

$q>3q_{cr}$ より，

$$t_{ig} = \frac{TRP^2}{\left(q - 0.64q_{cr}\right)^2} = \frac{\left(\sqrt{0.436 \times 350 \times (0.1953 \times 350 + 25.5)}\right)^2}{\left(50 - 0.64 \times 15.8\right)^2} = 9.0\,\text{s}$$

（5）解説

図1.3-2 のように外部から一定の加熱を受け，周囲に放熱する条件における可燃物表面の着火時間は，前節と同様に固体内の熱伝導を半無限体として近似的に扱い，表面温度が着火温度 T_{ig} に達する時間 t_{ig} を導出したものである．なお，図中の T_s は可燃物の表面温度[K]，h は総合熱伝達率[kW/(m²·K)] を表している．ここで，熱応答パラメータ TRP は熱慣性 $k\rho c$，着火温度 T_{ig}，初期温度 T_0 を用いて，

$$TRP = \sqrt{\frac{\pi}{4}k\rho c\left(T_{ig} - T_0\right)^2} \tag{1.3-5}$$

で定義される．ただし，式(1.3-5)の右辺に個々の値（$k\rho c$ や T_{ig}）を代入すると式(1.3-4)で得られる着火時間と実験値との一致が不十分となることがある．そのため，コーンカロリーメータ試験装置や着火性試験装置などを用いて測定した着火時間から TRP の実効値を求めることが推奨される．なお，式(1.3-4)の加熱強度 q は加熱源から受熱物の表面に入射する熱流束を表している．加熱源から受熱物の表面に入射する熱流束は加熱源の温度が同じであっても加熱源と受熱物の配置条件によっても変わるためである．詳細は第5章を参照されたい．

図1.3-3 は，合板の着火時間を種々の加熱強度において測定した結果である [1.3-6]．式(1.3-4)は実験データを良く表すことができる．

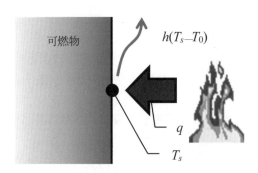

図 1.3-2 可燃物表面の熱収支

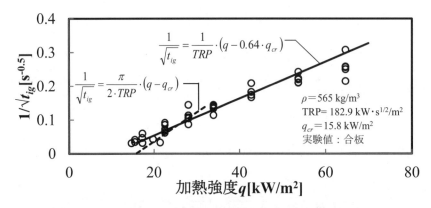

図 1.3-3 加熱強度と着火時間の実験値[1.3-6]と計算値の比較

（6）参考文献

1.3-3) Michael A. Delichatsios, TH. Panagiotou, F. Kiley: The use of time to ignition data for characterizing the thermal inertia and the minimum critical heat flux for ignition or pyrolysis, Combustion and Flame 84", pp.323-332, 1991.4

1.3-4) 長岡勉, 辻本誠, 古平章夫, 上原茂男, 菊地伸一：木材の密度と着火時間の関係, 日本建築学会構造系論文集, 第 559 号, pp. 233-236, 2002 年 9 月

1.3-5) Hurley M., et al. ed.: SFPE Handbook of Fire Protection Engineering, 5th edition, Volume 3, pp.3449-3459, Society of Fire Protection Engineers, 2016.8

1.3-6) 土橋常登：コーンカロリーメータと着火性試験装置による合板の着火および燃焼特性測定方法に関する実験的研究, 京都大学博士論文, 2016 年 3 月

1.4 火災荷重

1.4.1 可燃物密度

室内の可燃物は，間仕切壁や内装材などの固定可燃物と什器や持ち込まれる物品などの収納可燃物に分類できる．室の可燃物の発熱量は，これら室内に設置された可燃物発熱量の総和とする．

1.4.1.1 固定可燃物の発熱量（固定什器）

（1）計算式の対象

造作家具・カウンターなどの固定された什器の発熱量 W_{fix_f}[MJ]を求める．

（2）計算式

固定什器の発熱量：W_{fix_f}[MJ]

$$W_{fix\_f} = \sum (\Delta H_i G_i) \tag{1.4-1}$$

ただし，$G_i = \rho_i V_i$ である．なお，単一材料であれば，質量 G_i は測定した値を用いても良い．

（3）入力値

G_i	材料 i の質量	[kg]
V_i	材料 i の体積	[m³]
ΔH_i	材料 i の単位質量当たりの発熱量	[MJ/kg]
ρ_i	材料 i の密度	[kg/m³]

（4）計算例

図 1.4-1 に示す固定什器の発熱量 W_{fix_f} を求める．杉材を想定し，単位質量当たりの発熱量 ΔH=18.9MJ/kg，材料の密度ρ=338kg/m³ とする．

$$G_i = \rho_i V_i = 338 \times (3.0 \times 0.3 \times 0.01 + 0.03 \times (0.2 \times 1.19 \times 2 + 2.74 \times 1.19)) = 40.93 \text{ kg}$$

$$W_{fix\_f} = \sum (\Delta H_i G_i) = 18.9 \times 40.93 = 773.6 \text{MJ}$$

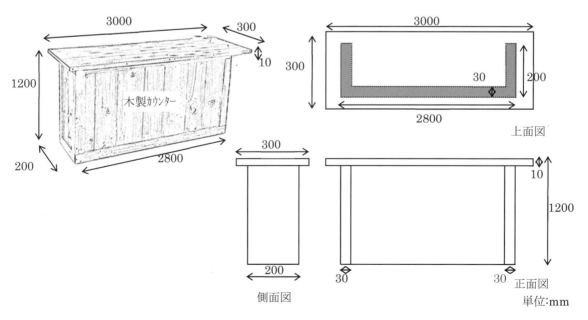

図 1.4-1　木製カウンターの形状

（5）解説

固定可燃物には，容易に動かせない造作家具・カウンターなどの固定された什器・機器などが該当する．これらの可燃物量は，材料種類毎に単位質量当たりの発熱量ΔH_i[MJ/kg]と質量G_i[kg]（=密度ρ_i [kg/m^3]×体積V_i[m^3]）を用いて算出することができる[1.4-1]．また，可燃性の壁・腰壁及び仕上げ材および下地材は，次項に従って計算できるが，本項に従って発熱量を求めても良い．

（6）参考文献

1.4-1) 日本建築学会編：建築物の火災荷重および設計火災性状指針（案），pp.49-51, 2013年3月

1.4.1.2 固定可燃物の発熱量（内装仕上げ材）

（1）計算式の対象

室内の内装材の発熱量 W_{fix_i}[MJ]を求める．

（2）計算式

内装材料の発熱量：W_{fix_i}[MJ]

$$W_{fix\_i} = \sum (\Delta H_m d_m A_m) \tag{1.4-2}$$

（3）入力値

- A_m　　　材料の設置面積　[m^2]
- d_m　　　材料の厚さ　[mm]
- ΔH_m　　材料の設置面積1m^{2}当たり，厚さ1mm当たりの発熱量　[MJ/(m^2・mm)]

（4）計算例

図1.4-2の空間の内装材量の発熱量W_{fix_i}を求める．なお，材料の設置面積1m^{2}当たり，厚さ1mm当たりの発熱量ΔH_mは，床材8MJ/(m^2・mm)，壁・天井1.6MJ/(m^2・mm)とする．

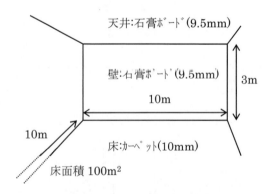

図1.4-2　内装材料の設定

$$W_{fix\_i} = (8 \times 10 \times 100) + (1.6 \times 9.5 \times (10 \times 4 \times 3)) + (1.6 \times 10 \times 100)$$
$$= 8000 + 1824 + 1600 = 11424 \text{ MJ}$$

第1章　燃焼，火災荷重　－17－

（5）解説
　内装仕上げ材のように一定の厚みのある材料では，材料の設置面積 1m² 当たり，厚さ 1mm 当たりの発熱量ΔH_mを式(1.4-2)に用いて発熱量を算出する [1.4-2].

（6）参考文献
1.4-2) 日本建築学会編：建築物の火災荷重および設計火災性状指針（案），pp49-51,2013 年 3 月

1.4.1.3　積載可燃物の発熱量

（1）計算式の対象
　室内の可動の什器・機器や，室内に持ち込まれる書類・物品などによる積載可燃物の発熱量W_{load}[MJ]を求める.

（2）計算式
　　積載可燃物の発熱量：W_{load}[MJ]

$$W_{load} = \sum w_{load} A_r \tag{1.4-3}$$

（3）入力値
　　w_{load}　　積載可燃物の単位床面積当たりの発熱量　[MJ/m²]（**表 1.4-1** による）
　　A_r　　　室の床面積　[m²]

表 1.4-1　いくつかの用途の単位床面積当たりの積載可燃物の発熱量 [1.4-3)]

建物用途	室用途		積載可燃物の発熱量密度(MJ/m²)				調査数	
			平均	標準偏差	最大	最小	棟数	室数
事務所	事務室	事務系執務室	482	181	867	230	8	10
		（収納状態を考慮）	274	122	555	158		
		事務系執務室	550	23	573	526	2	2
		（収納状態を考慮）	299	35	334	264		
		事務系執務室 （収納状態を考慮）	390	108	506	96	5	16
		技術系執務室	570	80	678	493	5	6
		（収納状態を考慮）	357	75	482	272		
		技術系執務室 （収納状態を考慮）	747	168	954	466	5	11
		行政事務室	1198	67	1258	1093	1	5
		（収納状態を考慮）	725	74	808	626		
	設計室		886	106	982	712	4	5
		（収納状態を考慮）	584	66	653	518		
	OA 教室		189	-	-	-	2	1
	コンピューター器具室		239	58	297	181	1	2
	会議室，応接室，役員室等		125	74	248	40	6	13
		（収納状態を考慮）	112	66	230	38		
	会議室　　（収納状態を考慮）		266	239	735	110	2	5
	準備室		57.5	11.5	69	46	1	2
	資料室，図書室		1848	613	1069	2973	7	10
		（収納状態を考慮）	1330	478	2203	726		
	書庫		3066	550	3616	2517	2	2
	食堂　　　（収納状態を考慮）		55.1	2.6	57.6	52.5	2	2
	休憩室		291	172	543	69	-	5
	宿直室		182	-	-	-	1	1
	湯沸室		219	-	-	-	1	1
	トイレ		18.3	-	-	-	1	1
	倉庫		4563	1282	5904	3352	2	3
		（収納状態を考慮）	2963	870	3746	2026		
	通路等	エントランス	21.1	21.1	62.4	0.8	-	15
		廊下	36.9	31.7	94.5	0.2	-	15
		階段（外階段）	115	-	-	-	-	1
		ロビー・ラウンジ	96.5	67.9	220	35.7	-	7
		ロビー	197	106	310	67	4	4
		（収納状態を考慮）	173	101	306	67		
		イベントスペース	64.0	15.2	81.5	44.5	-	3
物販	百貨店	売場	307	138	496	149	1	6
		（収納状態を考慮）	227	112	376	101		
	大型書店	書籍売場	2515	343	3007	1994	-	7
	催事場（アトリウム底部）		355	-	-	-	1	1
	ショッピングセンター（カナダ）	衣料品店	393	164	755	142	-	14
		全ての店舗	750	832	5305	56	-	168
		ファーストフード	526	215	1630	160	-	-
		レストラン	298	172	700	92	-	-
		倉庫	1196	1875	4280	42	-	-
ホテル	客室		168	24	213	126	2	15
	宴会場		70	24	109	46	1	6
		（収納状態を考慮）	62	24	94	35		
	ロビー		45	-	-	-	1	1
		（収納状態を考慮）	43	-	-	-		
	飲食	カフェ（アトリウム底部）	217	85	302	132	2	2

学校	教室	普通教室	303	108	-	-	-	104
		理科室	331	99	-	-	-	36
		音楽室	295	82	-	-	-	23
		家庭科室	321	80	-	-	-	25
		家庭科室（被服）	309	87	-	-	-	9
		家庭科室（調理）	330	64	-	-	-	9
		技術科関係室	361	121	-	-	-	9
		美術・図工室	321	141	-	-	-	14
		視聴覚教室	172	84	-	-	-	11
			149	84.9	263	59	-	3
		製図室	131	70	-	-	-	7
		LL教室	193	76	-	-	-	4
集合住宅	住戸全体	公団住宅	583	188	-	-	-	136
		民間アパート	472	140	-	-	-	78
		公団賃貸	461	181	1421	157	-	139
		公団分譲	541	165	1027	138	-	121
		社宅	595	184	1294	139	-	238
		（区分無し）	666	-	-	-	-	166
病院	病室	個室（トイレ除く）	308	2	310	306	-	2
		個室（トイレ含む）	339	4.5	343	334	-	2
	診療室	ナースステーション	924	106	1090	803	-	5

（4）計算例

図1.4-3に示す空間における積載可燃物の発熱量 W_{load}[MJ]を求める．

$$W_{load} = \sum w_{load} A_r = (400 \times 100 + 100 \times 300) = 70000 \text{ MJ}$$

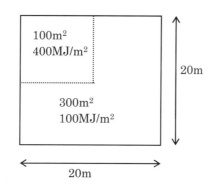

図1.4-3 積載可燃物の発熱量の算定

（5）解説

積載可燃物は，建物竣工後に利用者によって持ち込まれるものであり，家具・什器や書類・物品などが該当する．持ち込まれる物品等は，用途・使用状況によって異なる．また動かすことができるため，同じ室内でも，時々刻々と変動することが多い．そこで積載可燃物量は，可燃物の実態調査等によって得られた用途ごとの単位床面積当たりの積載可燃物の発熱量 w_{load}[MJ/m²]からその変動を考慮して安全側の値を設定する[1.4-4]．

（6）参考文献

1.4-3) 日本建築学会編：鋼構造耐火設計指針，pp.27-35，2017年6月
1.4-4) 日本建築学会編：建築物の火災荷重および設計火災性状指針（案），pp.49-51，2013年3月

1.4.2 可燃物表面積

部屋の内装材などの固定可燃物の表面積の場合は，実際の表面積を測定すれば得られる．一方，収納可燃物の表面積の場合は，形状が複雑で配置方法にも依存するので実際に露出している表面積を算定することは難しい．可燃物の発熱量密度はある程度予測できることから，可燃物の発熱量密度と表面積との相関を利用して推定する．

（1）計算式の対象
室空間内の積載可燃物（木質系可燃物）の表面積 A_{fuel}[m²]を単位床面積当たりの積載可燃物の発熱量 w_{load}[MJ/m²]を用いて算出する．

（2）計算式
積載可燃物（木質系可燃物（注））の表面積：A_{fuel}　[m²]

$$A_{fuel} = \begin{cases} 0.214 w_{load}{}^{1/3} A_r & （事務所） \\ 0.155 w_{load}{}^{1/3} A_r & （ホテル） \\ 0.242 w_{load}{}^{1/3} A_r & （共同住宅） \end{cases} \tag{1.4-4}$$

（3）入力値
w_{load}　　　単位床面積当たりの積載可燃物の発熱量　[MJ/m²]
A_r　　　室の床面積　[m²]

（4）計算例
床面積 A_r=100m²，単位床面積当たりの積載可燃物の発熱量 w_{load}=300MJ/m² の事務室における積載可燃物の表面積 A_{fuel}[m²]を求める．

$$A_{fuel} = 0.214 w_{load}{}^{1/3} A_r = 0.214 \times 300^{1/3} \times 100 = 143.26\,\text{m}^2$$

（5）解説
式(1.4-4)のもとになった可燃物調査では，可燃物表面積 A_{fuel}[m²]を積載可燃物の重量 G_{load}[kg]で除した表面積係数ϕ[m²/kg]

$$\phi = \frac{A_{fuel}}{G_{load}} \tag{1.4-5}$$

が使われていた．これによると，単位床面積当たりの積載可燃物重量g_{load}[kg/m²]の2/3乗に反比例することが可燃物調査結果より知られている[1.4-5]．

$$\phi = \begin{cases} 0.54 g_{load}{}^{-2/3} & （事務所） \\ 0.39 g_{load}{}^{-2/3} & （ホテル） \\ 0.61 g_{load}{}^{-2/3} & （共同住宅） \end{cases} \tag{1.4-6}$$

これらの関係式に，木材の単位重量当たりの発熱量16MJ/kg（注）を用いて，単位床面積当たりの積載可燃物の発熱量w_{load}[MJ/m²]で表すと式(1.4-4)が得られる．これを**図1.4-4**に示す．

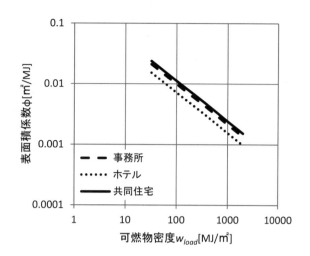

図1.4-4 表面積係数[m²/MJ]と可燃物密度[MJ/m²]の関係

(注)式(1.4-6)を式(1.4-4)のように発熱量に変換する際には，室内の主な可燃物の材種に応じて単位重量当たりの発熱量を適切に設定する必要がある．(式(1.4-13)参照)

(6) 参考文献
1.4-5) 油野健志，山仲秀利，大宮喜文，高橋清，田中哮義，若松孝旺：実態調査に基づく可燃物量とその表面積の分析，日本建築学会計画系論文集，No.483，pp.1-8，1996年5月

1.4.3 火災成長率

(1) 計算式の対象
積載可燃物の単位床面積当たりの発熱量 w_{load} [MJ/m²]から，火災成長率 α [kW/s²]を求める．

(2) 計算式
積載可燃物の火災成長率：α [kW/s²]

全用途の平均
$$\alpha = 2.6 \times 10^{-6} w_{load}^{5/3} \tag{1.4-7}$$

プラスチック系を主とする可燃物を有する室用途
$$\alpha = 7.25 \times 10^{-6} w_{load}^{5/3} \tag{1.4-8}$$

セルロース系を主とする可燃物を有する室用途
$$\alpha = 0.91 \times 10^{-6} w_{load}^{5/3} \tag{1.4-9}$$

(3) 入力値
w_{load}　積載可燃物の単位床面積当たりの発熱量　[MJ/m²]

(4) 計算例
以下の空間の火災成長率を求める．ただし，積載可燃物の単位床面積当たりの発熱量 w_{load} = 560 MJ/m² とする．

全用途の平均
$$\alpha = 2.6\times10^{-6} w_{load}^{5/3} = 2.6\times10^{-6}\times 560^{5/3} = 0.0989\,\text{kW/s}^2$$

主たる物品がプラスチック系の室
$$\alpha = 7.25\times10^{-6} w_{load}^{5/3} = 7.25\times10^{-6}\times 560^{5/3} = 0.276\,\text{kW/s}^2$$

主たる物品がセルロース系の室
$$\alpha = 0.91\times10^{-6} w_{load}^{5/3} = 0.91\times10^{-6}\times 560^{5/3} = 0.0346\,\text{kW/s}^2$$

（5）解説

物品の燃焼実験より，燃焼速度は下に凸の曲線で増加する傾向が見られる．そこで感知器や煙性状予測の想定火源として，多くのケースで傾向が見られた二次関数を用いることが提案されている[1.4-6]．この二次関数の係数を火災成長率α[kW/s²]と呼ぶ．NFPA（米国防火協会）[1.4-7]では，図1.4-5に示すようにSlow, Medium, Fast, Ultra-Fastの4段階の火災成長率を設定し，消火設備などの設計用火源として用いている．ただし，初期火災成長は二次関数に限らず指数関数など種々の提案[1.4-8]もある．

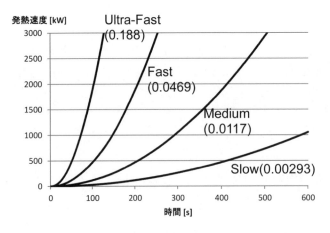

図1.4-5　火災成長曲線（NFPA）[1.4-7]

避難安全検証法[1.4-9]では，全用途の平均を用いて火災成長率を下式により算出している．

$$\alpha = 2.6\times10^{-6} w_{load}^{5/3} \tag{1.4-10}$$

一方，物販店舗等のプラスチック系可燃物での実験結果と事務室等のセルロース系可燃物とに分けて実施した実験結果によると，火災成長率の係数はそれぞれ，7.25×10^{-6} または 0.91×10^{-6} となる[1.4-10]．

（6）参考文献

1.4-6) Morgan J. Hurley, Richard W. Bukowski : Fire Hazard Analysis Techniques, NFPA, Fire Protection Handbook, Section3, Chapter7 pp.121-134, 2003

1.4-7) National Fire Protection Association: NFPA 92 Standard for Smoke Control Systems, 2015 Edition

1.4-8) 長岡　勉，辻本　誠：持ち込み可燃物の指数関数による火災成長モデル，日本建築学会環境系論文集，Vol. 79 (2014) No. 697, pp.209-217, 2014年3月

1.4-9) 国土交通省住宅局建築指導課他編集：2001年版 避難安全検証法の解説及び計算例とそ

の解説,2001 年

1.4-10) 原田和典：建築火災のメカニズムと火災安全設計，（財）日本建築センター，2007 年 12 月

1．4．4　火災統計から求めた火災成長率

（1）計算式の対象
　火災統計から，実火災における火災成長率α [kW/s²]を算定する．

（2）計算式
　　積載可燃物の火災成長率：α　[kW/s²]

$$\alpha = Q/t^2 = q \times A_f/t^2 \tag{1.4-11}$$

（3）入力値
　　A_f　　　　　焼損床面積　　[m²]
　　q　　　　　　単位床面積当たりの発熱速度　　[kW/m²]
　　Q　　　　　放水開始時刻における発熱速度　　[kW]
　　t　　　　　　放水開始時刻と出火時刻の差　　[s]

（4）計算例
　火災統計から A_f/t^2 を求めて，各用途の火災成長率との関係を計算した結果を**表1.4-2**に示す．これらの火災成長率αは,各用途における平均値である．

表1.4-2　火災統計から求めた火災成長率 [1.4-11]

		飲食店舗	物販店舗	住宅	事務所
w_{load}	[MJ/m²]	480	480	720	560
g_{load}	[kg/m²]	30	30	45	35
q	[kW/m²]	243.61	243.61	278.86	256.45
$A_f/t^2 \times 10^{-5}$（平均）	[m²/s²]	7.4	9.7	8.1	7.6
α	[kW/s²]	0.018	0.024	0.023	0.019

（5）解説
　火災統計から放水開始時の焼損床面積 A_f[m²]，出火時刻，放水開始時刻が解れば，実火災の火災成長率[kW/s²]を次式で算出することができる．

$$\alpha = Q/t^2 = q \times A_f/t^2 \tag{1.4-12}$$

計算例では，火災統計より得られた A_f/t^2 の平均値を用いて火災成長率を求めたが，集計した A_f/t^2 より火災成長率の分布として表す[1.4-11]こともできる．単位床面積当たりの発熱速度 q は，可燃物の集積状況により影響を受けるが，以下のように算出する．

　事務所ビルを対象とした可燃物の実態調査より，木質系可燃物に換算した単位床面積当たりの積載可燃物重量と可燃物の露出表面積の関係として式(1.4-13)のような比例関係があることが報告されている[1.4-12]．

$$\phi_{eff} = 0.70 g_{load,eq}^{-2/3} \tag{1.4-13}$$

ここで，ϕ_{eff}は換算表面積係数[m²/kg-wood]，$g_{load,eq}$は木質系可燃物に換算した単位床面積当たりの積載可燃物重量[kg-wood/m²-floor]である．木材の単位表面積当たりの発熱速度 q_w [=112kW/m²-fuel]を用いて，単位床面積当たりの発熱速度 q [kW/m²]は下式のように表すことが出来る．

$$q = q_w \phi_{eff} g_{load} = 78.4 g_{load}^{1/3} \tag{1.4-14}$$

各用途における q を表1.4-3に示す．なお，各用途の単位床面積当たりの重量 g_{load}[kg/m²]は，避難安全検証法に示される積載可燃物の単位床面積当たりの発熱量 w_{load}[MJ/m²]を，木材の単位重量当たりの発熱量 16 MJ/kg で割って求めた値である．

表1.4-3　各用途における単位床面積当たりの発熱速度 q

	飲食店舗	物販店舗	ホテル	住宅	事務所
w_{load} [MJ/m²]	480	480	240	720	560
g_{load} [kg/m²]	30	30	15	45	35
q [kW/m²]	244	244	1934	279	256

（6）参考文献

1.4-11) 出口嘉一，野竹宏彰，抱憲誓，仁井大策，山口純一，池畠由華：リスクの概念に基づく避難安全設計法に用いる火災成長率の分布の推定，日本火災学会論文集 Vol.61(2)，2011年8月

1.4-12) 栗岡均，佐藤博臣，矢代嘉郎，掛川秀史，笠原勲，池畠由華，若松孝旺，松山賢：可燃物の調査結果 事務所ビルの避難安全設計火源に関する研究 その1：日本建築学会学術講演梗概集，pp.197-198，2002年8月

第2章　乱流拡散火炎の高さ

2.1　乱流拡散火炎の連続火炎高さおよび平均火炎高さ

（1）計算式の対象

正方形または円形火源が，図2.1-1に示すように，自由空間，壁際，隅角部に設置されている場合の連続火炎高さおよび平均火炎高さを，その発熱速度および火源径から算定する．ただし，長方形の火源であっても，アスペクト比が2～3程度までは，面積が等しい円形火源に置き換えることで，以下に示す計算式を用いることもできる [2.1-1]．

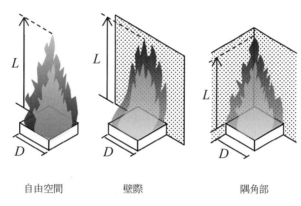

自由空間　　　　壁際　　　　　隅角部

図2.1-1　火炎高さの計算式の分類

（2）計算式

1）自由空間に設置されている火源の場合

平均火炎高さ：L_m [m]

Cetegen & Zukoski 式 [2.1-2]

$$L_m = \begin{cases} 3.3 Q_D^{*2/3} D & (0.02 \leq Q_D^* < 1) \\ 3.3 Q_D^{*2/5} D & (1 \leq Q_D^* < 40) \end{cases} \tag{2.1-1}$$

Heskestad 式 [2.1-3]

$$L_m = -1.02D + 3.7 Q_D^{*2/5} D \approx -1.02D + 0.235 Q^{2/5} \quad (0.2 \leq Q_D^* \leq 40) \tag{2.1-2}$$

連続火炎高さ [2.1-4]：L_c [m]

$$L_c = 1.8 Q_D^{*2/5} D \quad (0.4 \leq Q_D^* \leq 5) \tag{2.1-3}$$

2）壁際に設置されている火源の場合 [2.1-5]

平均火炎高さ：L_m [m]

$$L_m = 3.5 Q^{*2/5} D \quad (0.3 \leq Q_D^* \leq 2) \tag{2.1-4}$$

連続火炎高さ：L_c [m]

$$L_c = 2.2 Q^{*2/5} D \quad (0.3 \leq Q_D^* \leq 2) \tag{2.1-5}$$

3）隅角部に設置されている火源の場合 [2.1-5]

平均火炎高さ：L_m [m]

－26－ 火災性状予測計算ハンドブック

$$L_m = 4.3 Q_D^{*2/3} D \qquad (0.1 \leq Q_D^* \leq 24) \tag{2.1-6}$$

連続火炎高さ： L_c [m]

$$L_c = 3.0 Q_D^{*2/3} D \qquad (0.1 \leq Q_D^* \leq 24) \tag{2.1-7}$$

式(2.1-1)〜(2.1-7)における無次元発熱速度： Q_D^*

$$Q_D^* = \frac{Q}{c_p \rho_0 T_0 \sqrt{g} D^{5/2}} \approx \frac{Q}{1116 D^{5/2}} \tag{2.1-8}$$

また，火源のアスペクト比 2〜3 以下の長方形の場合には，次式により面積が等しい円形火源の火源径（等価直径）D を算出する[2.1-1].

$$D = \sqrt{\frac{4A}{\pi}} \tag{2.1-9}$$

（3）入力値

A	長方形火源の面積　[m²]
c_p	空気の比熱（=1.01 kJ/(kg·K)）
D	正方形火源の一辺の長さ，または，円形火源の直径　[m]
g	重力加速度（=9.8m/s²）
Q	火源の発熱速度　[kW]
T_0	周辺空気温度　[K]
ρ_0	周辺空気温度における空気の気体密度　[kg/m³]

（4）計算例

幅 0.8m，奥行き 0.8m のソファが燃焼し，その発熱速度 Q=1000kW の場合に，自由空間，壁際，隅角部での平均火炎高さ，連続火炎高さを算定する．なお，ソファは座面が主な燃焼面となるため，火炎高さは座面からの高さとする．

無次元発熱速度

$$Q_D^* = \frac{Q}{1116 D^{5/2}} = \frac{1000}{1116 \times 0.8^{5/2}} = 1.57$$

自由空間での平均火炎高さ

$$L_m = 3.3 Q_D^{*2/5} D = 3.3 \times 1.57^{2/5} \times 0.8 = 3.16\,\text{m}$$

自由空間での連続火炎高さ：

$$L_c = 1.8 Q_D^{*2/5} D = 1.8 \times 1.57^{2/5} \times 0.8 = 1.72\,\text{m}$$

壁際での平均火炎高さ

$$L_m = 3.5 Q_D^{*2/5} D = 3.5 \times 1.57^{2/5} \times 0.8 = 3.35\,\text{m}$$

壁際での連続火炎高さ

$$L_c = 2.2 Q_D^{*2/5} D = 2.2 \times 1.57^{2/5} \times 0.8 = 2.11 \mathrm{m}$$

隅角部での平均火炎高さ

$$L_m = 4.3 Q_D^{*2/3} D = 4.3 \times 1.57^{2/3} \times 0.8 = 4.65 \mathrm{m}$$

隅角部での連続火炎高さ

$$L_c = 3.0 Q_D^{*2/5} D = 3.0 \times 1.57^{2/3} \times 0.8 = 3.24 \mathrm{m}$$

(5) 解説

乱流拡散火炎の連続火炎高さおよび平均火炎高さは，可燃物が燃焼した際に生じる火炎から射出される放射熱を算定する場合などに用いられる．

建築空間における一般的な可燃物の燃焼により生じる火炎は乱流拡散火炎となり，火炎高さは時間的に変動する．平均火炎高さは，目視やビデオカメラにより観察された火炎高さの平均値を，連続火炎高さは，その最小値を意味する．火炎は，可燃物から発生する可燃ガスが空気と混合して燃焼する領域であるから，火炎高さは発熱速度や火源の大きさに加えて，火炎への空気の巻き込みにも依存する．そのため空気の巻き込みが制約される壁際や隅角部では自由空間よりも火炎は長くなる．

火炎高さは，火源径 D を代表径として発熱速度を無次元化した無次元発熱速度 Q_D^* を用いて表現される．自由空間，壁際，隅角部において，連続火炎高さおよび平均火炎高さを測定した既往の実験データ[2.1-4]〜[2.1-13]を，式(2.1-1)〜(2.1-7)と比較した結果を図 2.1-2〜7 に示す．条件によりばらつきがあるものの，計算式は，実験結果の中央値あたりを通っている．なお，計算式は無次元発熱速度の適用範囲を限定しているが，これは実験データが存在する範囲から新たに定めたものである．

また，式(2.1-9)は，火源のアスペクト比（長辺と短辺の比）αが 2〜3 の長方形の火源の場合に，面積が等しい円形火源に換算する方法を示している．この式を用いて，換算した等価直径 D を用いて，既往の研究[2.1-14]で示されている長方形火源の火炎高さを整理した結果を図 2.1-8 に示す．アスペクト比が 2〜3 の場合には，平均火炎高さの計算結果は，式(2.1-1)とよく一致している．アスペクト比が 3 を超えるような長方形火源では，実験結果と計算式はあまり一致しない．このような場合には 2.3 節に示す線火源として計算すること．

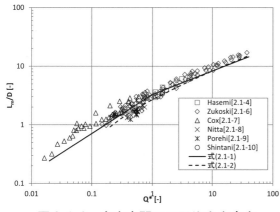

図 2.1-2　自由空間での平均火炎高さ

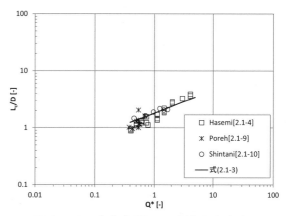

図 2.1-3　自由空間での連続火炎高さ

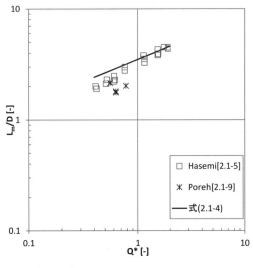

図2.1-4　壁際での平均火炎高さ

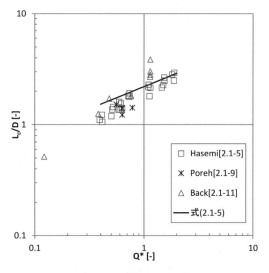

図2.1-5　壁際での連続火炎高さ

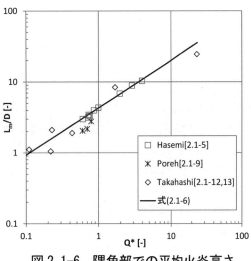

図2.1-6　隅角部での平均火炎高さ

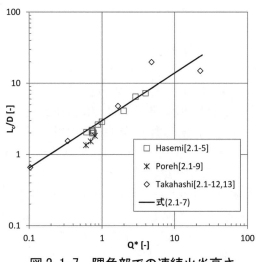

図2.1-7　隅角部での連続火炎高さ

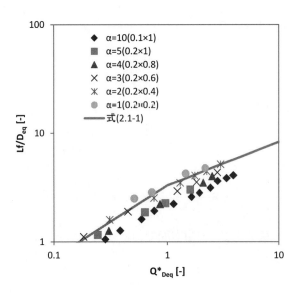

図2.1-8　自由空間での矩形火源の火炎長さ

（6）**参考文献**

2.1-1) 横井鎮男：矩形熱源からの上昇気流，日本建築学会関東支部第 23 回研究発表会，pp.109-112，1958 年 2 月

2.1-2) Cetegen B. M., Zukoski E. E., Kubota T.：Entrainment in the Near and Far Field of Fire Plumes, Combustion Science and Technology, Vol.39, pp.305-311, 1984

2.1-3) Heskestad G., Fire Plumes, Flame height, and Air Entrainment, The SFPE Handbook of Fire Protection Engineering, 5th ed., Vol.1, Society of Fire Protection Engineers, pp.396-428, 2016

2.1-4) Hasemi Y., Tokunaga T.：Flame geometry effects on the buoyant plumes from turbulent diffusion flames, Fire Science and Technology, Vol.4, No.1, pp.15-26, 1984

2.1-5) Hasemi Y., Tokunaga T.：Some Experimental Aspects of Turbulent Diffusion Flames and Buoyant Plumes from Fire Sources Against a Wall and in a Corner Wall, Combustion Science and Technology, Vol.40, pp1-17, 1984

2.1-6) Zukoski E.E.：Fluid Dynamic Aspects of Room Fires, Fire safety science – Proceedings of the first international symposium, pp.1-30, 1986

2.1-7) Cox G. and Chitty R.：Some Source-Dependent Effects of Unbounded Fires, Combustion and Flame, No.60, pp.219-232, 1985

2.1-8) 寺井俊夫，新田勝通：燃焼面熱源より上昇する PLUME について，日本建築学会近畿支部研究報告集，pp.65-68, 1976 年 6 月

2.1-9) Poreh M. and Garrad G.：A Study of Wall and Corner Fire Plumes, Fire Safety Journal, Vol.34, pp.81-98, 2000

2.1-10) Shintani Y., Nagaoka T., Deguchi Y., Ido K. and Harada K.：Simple method to predict downward heat flux from flame to floor, Fire Science and Technology, Vol.33, No.1, pp.17-34, 2014

2.1-11) Back G., Beyler C., Dinenno P., and Tatem P., Wall Incident Heat Flux Distributions Resulting from and Adjacent Fire, Fire safety science-Proceedings of the Fourth International Symposium, pp. 241-252, 1997

2.1-12) Takahashi W., Tanaka H., Sugawa O. and Ohtake M.：Flame and Plume Behavior in and near a Corner of Walls, Fire safety science - Proceedings of the fifth international symposium, pp.261-271, 1997

2.1-13) 高橋済：建築の火災安全性能評価のための火源設定に関する研究，名古屋大学博士論文

2.1-14) 長谷見雄二，西畑三鶴：乱流拡散火炎の巨視的性状に対する火源形状の影響，日本火災学会論文集，Vol.38, No.2, pp.29-34, 1989 年 6 月

2.2 天井に衝突する火炎の広がり

(1) 計算式の対象

図2.2-1に示すような天井に衝突する正方形または円形火源の連続,平均,間欠火炎長さを算定する.ここで,火炎長さとは,火源面から天井下端までの高さH_cに,よどみ点(火源直上の点)から火炎先端までの水平距離を加えた値をいう.ただし,長方形の火源であっても,アスペクト比が 2〜3 以下であれば,面積が等しい円形火源に置き換えることで,以下に示す計算式を用いることもできる[2.2-1].

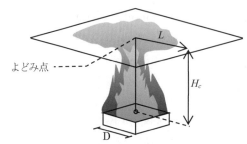

図 2.2-1 天井に衝突する火炎の広がり

(2) 計算式

天井に衝突する火炎の平均火炎長さ[2.2-1]:L_m [m]

$$L_m = 2.58 Q_{DH}^{*2/5} H_c \qquad (0.15 \leq Q_{DH}^* < 70) \tag{2.2-1}$$

天井に衝突する火炎の連続火炎長さ[2.2-2]:L_c [m]

$$L_c = 1.55 Q_{DH}^{*2/5} H_c \qquad (0.21 \leq Q_{DH}^* \leq 1.15) \tag{2.2-2}$$

天井に衝突する火炎の間欠火炎長さ[2.2-2]:L_f [m]

$$L_f = 3.74 Q_{DH}^{*2/5} H_c \qquad (0.21 \leq Q_{DH}^* \leq 1.15) \tag{2.2-3}$$

式(2.2-1)〜(2.2-3)における無次元発熱速度:Q_{DH}^*

$$Q_{DH}^* = \frac{Q}{c_p \rho_0 T_0 \sqrt{g} D H_c^{3/2}} \approx \frac{Q}{1116 D H_c^{3/2}} \tag{2.2-4}$$

また,火源のアスペクト比 2〜3 以下の長方形の場合には,次の式から面積が等しい円形火源の火源径(等価直径)Dを算出する[2.1-1].

$$D = \sqrt{\frac{4A}{\pi}} \tag{2.1-9}再掲$$

(3) 入力値

- c_p 　　空気の比熱(=1.01 kJ/(kg·K))
- D 　　正方形火源の一辺の長さ,または,円形火源の直径 [m]
- g 　　重力加速度(=9.8m/s²)
- H_c 　　天井高さ [m]
- Q 　　火源の発熱速度 [kW]
- T_0 　　周辺空気温度 [K]
- ρ_0 　　周辺空気温度における空気の気体密度(=353/T_0) [kg/m³]

（4）計算例

天井高さ $H_c = 3\mathrm{m}$ の駐車場で，自動車($4.4\mathrm{m} \times 1.6\mathrm{m}$)が 1 台燃焼し，その発熱速度が $Q=5000\mathrm{kW}$ であった．このとき，天井に衝突する火炎の長さを計算する．

等価直径（式(2.1-9)より）

$$D = \sqrt{4A/\pi} = \sqrt{4 \times 4.4 \times 1.6/3.14} = 2.99\,\mathrm{m}$$

無次元発熱速度

$$Q_{DH}^* = \frac{Q}{1116DH_c^{3/2}} = \frac{5000}{1116 \times 2.99 \times 3.0^{3/2}} = 0.288$$

平均火炎長さ

$$L_m = 2.58Q_{DH}^{*2/5}H_c = 2.58 \times 0.288^{2/5} \times 3.0 = 4.70\,\mathrm{m}$$

連続火炎長さ

$$L_c = 1.55Q_{DH}^{*2/5}H_c = 1.55 \times 0.288^{2/5} \times 3.0 = 2.83\,\mathrm{m}$$

間欠火炎長さ

$$L_f = 3.74Q_{DH}^{*2/5}H_c = 3.74 \times 0.288^{2/5} \times 3.0 = 6.82\,\mathrm{m}$$

（5）解説

天井に衝突する火炎の拡がりは，可燃物の燃焼により生じた火炎が天井に到達し，天井面下に拡がる場合に，火炎から射出される放射熱を算定する際などに用いられる．

火炎が天井に衝突すると，連続的に衝突する場合には火炎は天井に沿って概ね同心円状に広がる．火炎の長さは，天井に衝突しない場合と同様に時間的に変動し，その平均値を平均火炎長さ，最小値を連続火炎長さ，最大値を間欠火炎長さという．火炎長さは，天井に衝突しない場合と同様に無次元発熱速度を用いて表現されるが，その代表長さには，火源径 D と天井高さ H_c の二つをとった式(2.2-4)で算出される無次元発熱速度で整理すると，図2.2-2に示すように，Q_{DH}^* が広い範囲で実験結果 [2.2-2]~[7]との一致がよい．連続火炎長さ，間欠火炎長さは，図2.2-3に示すように平均火炎長さと比例関係にあり，これらの関係と式(2.2-1)から式(2.2-2)，(2.2-3)は導出されている．なお，各計算式は無次元発熱速度 Q_{DH}^* の適用範囲を限定しているが，これは実験データが存在する範囲から新たに定めたものである．

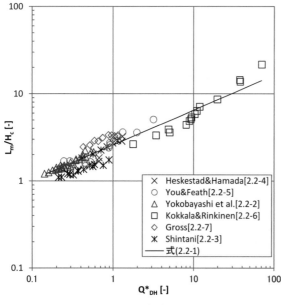

図 2.2-2 天井に衝突する火炎の
平均火炎長さ [2.2-3]

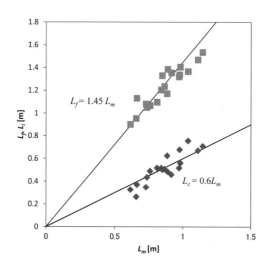

図 2.2-3 平均火炎長さと連続・間欠
火炎長さの関係 [2.2-3]

（6）参考文献

2.2-1) 横井鎮男：矩形熱源からの上昇気流，日本建築学会関東支部第 23 回研究発表会, pp.109-112, 1958 年 2 月

2.2-2) 横林優，長谷見雄二，若松高志，若松孝旺：局所火災加熱に暴露される平坦な天井面の加熱性状 -局部火災加熱に暴露される構造部材の火災安全設計に関する研究・序説-, 日本建築学会構造系論文集，第 484 号, pp149-156, 1996 年 6 月

2.2-3) Shintani Y., Nagaoka T., Deguchi Y., Ido K. and Harada K.：Simple method to predict downward heat flux from flame to floor, Fire Science and Technology, Vol.33, No.1, pp.17-34, 2014

2.2-4) Heskestad G, Hamada T.：Ceiling jets of strong fire plumes, Fire Safety Journal, Vol.21, pp.69-82, 1993

2.2-5) You H.Z., Feath G.M.：Ceiling heat transfer during fire plumes and fire impingement, Fire and Materials, Vol. 3, pp.140-147, 1979

2.2-6) Kokkala M.A., Rinkinen W.J.：Some observations on the shape of impinging diffusion flames, NBSIR 87-3505, 1987

2.2-7) Gross D.：Measurement of flame length under ceiling, Fire Safety Journal, Vol.15, pp.31-44, 1989

2.3 線火源の平均火炎高さ

(1) 計算式の対象

火源寸法，発熱速度から，図2.3-1に示すような線火源の平均火炎高さを算定する．アスペクト比が3以上の長方形火源についても，本節の式を用いることができる．

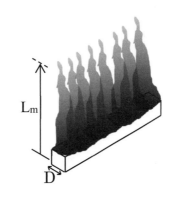

図2.3-1 線火源の火炎高さ

(2) 計算式

1) 自由空間に設置された火源の場合) [2.3-1)]

線火源の平均火炎高さ：L_m [m]

$$L_m = 3.64 Q_l^{*2/3} D \approx 0.034 Q_l^{2/3} \qquad (0.2 \leq Q_l^* \leq 100) \tag{2.3-1}$$

2) 壁際に設置された火源の場合) [2.3-2)]

線火源の平均火炎高さ：L_m [m]

$$L_m = 6.0 \times Q_l^{*2/3} D \approx 0.056 Q_l^{2/3} \qquad (1 \leq Q_l^* \leq 10) \tag{2.3-2}$$

ただし，式(2.3-1)〜(2.3.2)において

$$Q_l^* = \frac{Q_l}{c_p \rho_0 T_0 \sqrt{g} D^{3/2}} \approx \frac{Q_l}{1116 D^{3/2}} \tag{2.3-3}$$

(3) 入力値

- c_p 　　空気の比熱（=1.01 kJ/(kg・K)）
- D 　　線火源の短辺の長さ [m]
- g 　　重力加速度（=9.8m/s²）
- Q_l 　　火源の単位長さ当たりの発熱速度 [kW/m]
- T_0 　　周辺空気温度 [K]
- ρ_0 　　周辺空気温度における空気の気体密度(=353/T_0) [kg/m³]

(4) 計算例

幅D=0.1mのケーブルが自由空間または壁際で燃焼した際の平均火炎高さを算定する．単位長さ当たりの発熱速度Q_l=200kW/mとする．

無次元発熱速度は

$$Q_l^* = \frac{Q_l}{1116 D^{3/2}} = \frac{200}{1116 \times 0.1^{3/2}} = 5.67$$

なので，式の適用範囲内である．

自由空間での平均火炎高さ

$$L_m = 0.034 Q_l^{2/3} = 1.16 \, \mathrm{m}$$

壁際での平均火炎高さ

$$L_m = 0.056 Q_l^{2/3} = 1.92 \, \mathrm{m}$$

（5）解説

　線火源の平均火炎高さは，水平に設置されたケーブルのように線状の細長い可燃物が燃焼する場合に生じる火炎から射出される放射熱を算定する場合などに用いられる．

　線火源の燃焼により形成される火炎高さは，単位長さ当たりの発熱速度 Q_l を，火源の短辺の長さを代表寸法として無次元化した無次元発熱速度 Q_l^* を用いて算定することができる．

　Yuan ら[2.3-1]と長谷見ら[2.3-3]の実験結果，および，式(2.3-1)をプロットした結果を**図 2.3-2** に示す．凡例の数値は，実験に使用したバーナーの寸法(長さ×幅[m])である．計算式は，実験結果と概ね一致しているが，$Q_l^* = 3 \sim 10$ の範囲の Yuan らの実験結果は，計算式や長谷見らの実験結果よりもかなり小さくなっている．これは，バーナーの幅の差に起因するものと考えられるが現時点では，明らかでない．そのため，計算式としては，火炎高さが高くなる実験結果（長谷見らの実験[2.3-3]）と一致するものを本節では示している．

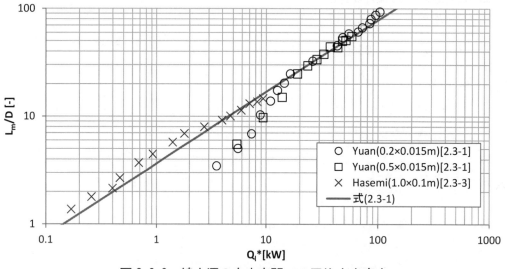

図 2.3-2　線火源の自由空間での平均火炎高さ

（6）参考文献

2.3-1)　Yuan L.M. and Cox G.：An experimental study of some line fires, Fire safety journal, Vol.27, pp.123-139, 1996

2.3-2)　Hasemi Y.：Experimental wall flame heat transfer correlations for the analysis of upward wall flame spread, Fire science and technology, Vol.4, No.2, pp75-90, 1984

2.3-3)　長谷見雄二，西畑三鶴：乱流拡散火炎の巨視的性状に対する火源形状の影響，日本火災学会論文集，Vol.38, No.2, pp.29-34, 1989 年 6 月

第3章　火災プルーム

3．1　火炎から十分離れた領域での火災気流性状

（1）計算式の対象

　図3.1-1に示すような自由空間での火源上の気流の軸上温度上昇，流速，質量流量，温度上昇および流速の水平方向の分布を算出する．これらの予測式は，いずれも点熱源の理論に基づくため，高さの算定に当たっては仮想点源補正を行う．

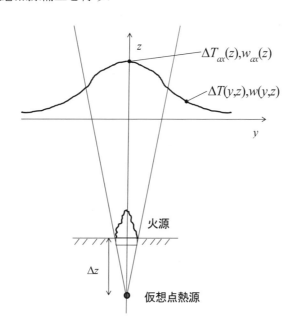

図3.1-1　火源上部の気流の温度分布と流速分布

（2）計算式
1）火源の中心軸上の温度および流速

軸上温度：$T_{ax}(z)$ [K]

$$T_{ax}(z) = 9.1 Q_z^{*2/3} T_0 + T_0 \approx 24.8 \frac{Q^{2/3}}{(z+\Delta z)^{5/3}} + T_0 \tag{3.1-1}$$

軸上流速（上昇方向）：$w_{ax}(z)$ [m/s]

$$w_{ax}(z) = 3.9 Q_z^{*1/3} \sqrt{g(z+\Delta z)} \approx 1.2 \frac{Q^{1/3}}{(z+\Delta z)^{1/3}} \tag{3.1-2}$$

無次元発熱速度：Q_z^*

$$Q_z^* = \frac{Q}{c_p \rho_0 T_0 \sqrt{g}\,(z+\Delta z)^{5/2}} \approx \frac{Q}{1116(z+\Delta z)^{5/2}} \tag{3.1-3}$$

仮想点源深さ：Δz [m]

$$\Delta z = 0.50 D - 0.33 L_m \tag{3.1-4}$$

　　　ただし，平均火炎高さL_mは，式（2.1-1）による．

2）プルームが運搬する質量流量（プルーム流量）

プルーム流量：$m_p(z)$ [kg/s]

$$m_p(z) = 0.21Q_z^{*1/3}\rho_0\sqrt{g}(z+\Delta z)^{5/3} \approx 0.076Q^{1/3}(z+\Delta z)^{5/3} \tag{3.1-5}$$

ただし，仮想点源深さ Δz は式(3.1-4)による.

3）水平方向の温度および流速の分布

水平方向の温度分布：$T(z, y)$ [K]

$$T(z,y) = \{T_{ax}(z)-T_0\}\exp\left[-0.9\left(\frac{y}{b}\right)^2\right]+T_0 \tag{3.1-6}$$

水平方向の流速分布：$w(z, y)$ [m/s]

$$w(z,y) = w_{ax}(z)\exp\left\{-\left(\frac{y}{b}\right)^2\right\} \tag{3.1-7}$$

半値幅：b [m]

$$b = 0.13(z+\Delta z) \tag{3.1-8}$$

ここで，半値幅とは，ある位置での温度上昇が，同じ高さでの気流軸上の温度上昇の半分となる位置の気流軸上からの距離をいう．また，式(3.1-6)～(3.1-8)における仮想点源深さ Δz は式(3.1-4)による.

（3）入力値

c_p	空気の比熱（=1.01 kJ/(kg·K)）
D	正方形火源の一辺の長さ，または，円形火源の直径　[m]
g	重力加速度（=9.8m/s²）
L_m	平均火炎高さ　[m]　式(2.1-1)による
Q	発熱速度　[kW]
T_0	周辺空気温度　[K]
y	火源中心軸からの水平距離　[m]
z	可燃物の水平面の最も高い位置からの高さ　[m]
ρ_0	周辺空気温度における空気の気体密度（=353/T_0）　[kg/m³]

（4）計算例

発熱速度 Q=1000kW，火源径 D=1m とする．火源から z=6m の高さでの，気流の広がり（半値幅）b[m]，気流軸上の温度 T_{ax}[K]，気流軸上の鉛直上向き流速 w_{ax}[m/s]，プルーム流量 m_p[kg/s]を算出する．また，同じ高さで気流軸から 1m 離れた位置での温度 T [K]および鉛直上向きの流速 w [m/s]を算出する．

無次元発熱速度

$$Q_D^* = \frac{Q}{1116D^{5/2}} = \frac{1000}{1116\times1.0^{5/2}} = 0.896$$

自由空間での平均火炎高さ

$$L_m = 3.3Q_D^{*2/3}D = 3.3\times0.896^{2/3}\times1.0 = 3.07\,\text{m}$$

仮想点源深さ

$$\Delta z = 0.50D - 0.33L_m = 0.50\times1.0 - 0.33\times3.07 = -0.51\,\text{m}$$

気流の広がり（半値幅）

$$b = 0.13(z + \Delta z) = 0.13 \times (6.0 - 0.51) = 0.71\,m$$

無次元発熱速度

$$Q_z^* = \frac{Q}{1116(z + \Delta z)^{5/2}} = \frac{1000}{1116 \times (6.0 - 0.52)^{5/2}} = 0.013$$

中心軸上の温度

$$T_{ax} = 9.1Q_z^{*2/3}T_0 + T_0 = 9.1 \times 0.013^{2/3} \times 293 + 293 = 440\,\mathrm{K}(=167^\circ\mathrm{C})$$

中心軸上の流速

$$w_{ax} = 3.9Q_z^{*1/3}\sqrt{g(z + \Delta z)} = 3.9 \times 0.013^{1/3} \times \sqrt{9.8(6.0 - 0.51)} = 6.72\,\mathrm{m/s}$$

プルーム流量

$$m = 0.21Q_z^{*1/3}\rho_\infty\sqrt{g}(z + \Delta z)^{5/3} \approx 0.21 \times 0.013^{1/3} \times 1.205\sqrt{9.8}(6.0 - 0.52)^{5/3} = 3.17\,\mathrm{kg/s}$$

気流軸から 1m 離れた位置での温度

$$T(z, y) = \{T_{ax}(z) - T_0\}\exp\left[-0.9\left(\frac{y}{b}\right)^2\right] + T_0$$

$$= \{440 - 293\}\exp\left[-0.9\left(\frac{1}{0.71}\right)^2\right] + 293 = 318\mathrm{K}(=45^\circ\mathrm{C})$$

気流軸から 1m 離れた位置での鉛直上向き流速

$$w(z, y) = w_{ax}(z)\exp\left\{-\left(\frac{y}{b}\right)^2\right\} = 6.72 \times \exp\left\{-\left(\frac{1}{0.71}\right)^2\right\} = 0.92\mathrm{m/s}$$

（5）解説

　火炎から十分離れた領域での火災気流性状は，火災により発生する熱気流（火災プルームと呼ぶ）にさらされる構造部材の温度を算定する際や室内の煙制御について検討する際などに用いられる．

　火災プルームは可燃物の燃焼に伴い発生する上昇気流であり，乱流となるため，温度や速度等の量は全て時間的に不規則に変動している．従って，本節に示す計算式で予測される量は全て平均値を意味する．また，実際の火源は必ずある有限の大きさを持つが，火災プルーム理論では，点熱源（火源での発熱が1点に集中していると仮定される熱源）の仮定に基づいている．そのため，火災プルームの流量や軸上温度の算定には，図 3.1-1 に示すように，火源からの高さ z に，仮想的な点熱源の深さ Δz を加えた高さを用い，これを仮想点源補正という．仮想点源深さは，発熱速度や火源の大きさの組み合わせによっては，負の値をとることもある（これは，仮想点源の位置が，実際の火源面よりも高い位置になることを意味する）．仮想点源深さの計算式は各々の物理量の予測式との組み合わせで提案されているので混用しないこと．

　また，火災プルームの温度や速度の水平方向の分布は，正規分布に従うことが確認されている．水平方向の温度分布の計算式（式(3.1-6)）の係数 0.9 は，実験により 0.9〜1.5 程度までの差がある [3.1-1]が，ここでは文献 3.1-2)における 0.9 の数値を用いている．

（6）参考文献

3.1-1)　Beyler, C. L.：Fire plumes and ceiling jet, Fire safety journal, Vol.11, pp.53-76, 1986

3.1-2)　　Cetegen B.M., Zukoski E.E. and Kubota T.: Entrainment and Flame Geometry of Fire Plumes, NBS-GCR-82-402, National Bureau of Standards, 1982.8

3.2 正方形または円形火源の火炎軸上温度

(1) 計算式の対象
図3.2-1に示すように，正方形または円形火源の自由空間，壁際，隅角部における火炎中心軸上の温度を算出する．

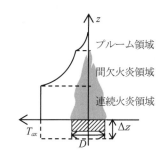

図3.2-1　火炎に近い領域も含めた火炎中心軸上の温度

(2) 計算式
1) 自由空間に設置された火源の場合 3.2-1) :
火炎中心軸上温度：T_{ax} [K]

$$T_{ax} = T_0 + \begin{cases} 800 & (z^* \leq 1.2) \\ 960/z^* & (1.2 < z^* \leq 2.4) \\ 1720/z^{*5/3} & (2.4 < z^*) \end{cases} \quad (3.2\text{-}1)$$

無次元高さ：z^*

$$z^* = (z + \Delta z)/Q_D^{*2/5}D \approx (z + \Delta z)/(0.06Q^{2/5}) \quad (3.2\text{-}2)$$

仮想点熱源深さ：Δz [m]

$$\Delta z = \begin{cases} 2.4D \times (Q_D^{*2/5} - Q_D^{*2/3}) & (Q_D^* \leq 1) \\ 2.4D \times (1 - Q^{*2/5}) & (1 < Q_D^*) \end{cases} \quad (3.2\text{-}3)$$

無次元発熱速度：Q_D^*

$$Q_D^* = \frac{Q}{c_p \rho_0 T_0 \sqrt{g} D^{5/2}} \approx \frac{Q}{1116 D^{5/2}} \quad (2.1\text{-}8)\text{再掲}$$

2) 壁際に設置された火源の場合 3.2-1)
火炎中心軸上温度：T_{ax} [K]

$$T_{ax} = T_0 + \begin{cases} 800 & (z_* \leq 2.86) \\ 4600/z^{*5/3} & (2.86 < z_*) \end{cases} \quad (3.2\text{-}4)$$

仮想点源深さ：Δz [m]

$$\Delta z = (2.5 - 0.7Q_D^*)Q_D^{*2/5}D \quad (3.2\text{-}5)$$

3) 隅角部に設置された火源の場合 3.2-2)
火炎中心軸上温度：T_{ax} [K]

－40－ 火災性状予測計算ハンドブック

$$T_{ax} = T_0 + \begin{cases} 880 & (z^* \leq 2.5) \\ 2200/z^* & (2.5 < z^* \leq 3.6) \\ 5100/z^{*5/3} & (3.6 < z^*) \end{cases} \tag{3.2-6}$$

仮想点源深さ：Δz [m]

$$\Delta z = (3.54 Q_D^{*2/5} - 3.3 Q_D^{*3/5})D \tag{3.2-7}$$

（3）入力値

c_p	空気の比熱（=1.01 kJ/(kg·K)）
D	正方形火源の一辺の長さ，または，円形火源の直径 [m]
g	重力加速度（=9.8m/s²）
Q	発熱速度 [kW]
T_0	周辺空気温度 [K]
z	可燃物の水平面の最も高い位置からの高さ [m]
ρ_0	周辺空気温度における空気の気体密度(=353/T_0) [kg/m³]

（4）計算例

自由空間，壁際，隅角部に設置された発熱速度 $Q = 1000$kW，火源径 $D = 1$m の火源から高さ $z = 2$m の位置での火炎中心軸上温度を算出する．

（自由空間）

無次元発熱速度

$$Q_D^* = \frac{Q}{1116D^{5/2}} = 0.896$$

仮想点源深さ

$$\Delta z = 2.4D(Q_D^{*2/5} - Q_D^{*2/3})$$
$$= 2.4 \times 1.0 \times (0.896^{2/5} - 0.896^{2/3}) = 0.067\text{m}$$

無次元高さ z^*：

$$z^* = (z + \Delta z) / Q_D^{*2/5} D = (2 + 0.067) / (0.896^{2/5} \times 1) = 2.16$$

火炎中心軸上の温度

$$T_{ax} = 960 / z^* + T_0 = 960 / 2.16 + 293 = 737\text{K}(=464°\text{C})$$

（壁際）

仮想点源深さ

$$\Delta z = (2.5 - 0.7 Q_D^*) Q_D^{*2/5} D$$
$$= (2.5 - 0.7 \times 0.896) \times 0.896^{2/5} \times 1.0 = 1.79\text{m}$$

無次元高さ

$$z^* = (z + \Delta z) / Q_D^{*2/5} D = (2 + 1.79) / (0.896^{2/5} \times 1.0) = 3.96$$

火炎中心軸上の温度

$$T_{ax} = 4600 / z^{*5/3} + T_0 = 4600 / 3.962^{5/3} + 273 = 757\text{K}(=484^{\circ}\text{C})$$

（隅角部）

仮想点源深さ

$$\Delta z = (3.54 Q_D^{*2/5} - 3.3 Q_D^{*3/5}) D$$
$$= (3.54 \times 0.896^{2/5} - 3.3 \times 0.896^{3/5}) \times 1.0 = 0.298\,\text{m}$$

無次元高さ

$$z^* = (z + \Delta z) / Q_D^{*2/5} D$$
$$= (2 + 0.298) / (0.896^{2/5} \times 1.0) = 2.40$$

火炎中心軸上の温度

$$T_{ax} = T_0 + 880 = 293 + 880 = 1173\text{K}(=900^{\circ}\text{C})$$

（5）解説

　正方形または円形火源の火炎軸上温度は，火炎により直接加熱を受ける構造部材の温度を算定する際などに用いられる．

　建築空間で使用される一般的な可燃物の燃焼により生じる火炎は乱流拡散火炎となるため，火炎の形状は時間的に変動する．火炎が常に存在する領域を連続火炎領域，火炎が時間によっては存在する領域を間欠火炎領域，それより高い領域をプルーム領域といい，それぞれの領域の範囲や軸上の温度の予測式が提案されている．火炎やプルームは周辺の空気を巻き込むため，火炎が常に存在する連続火炎域を除き，位置が高くなるほど温度は低下する．また，壁際や隅角部では空気の巻き込みが制限されることなどにより，同じ高さでも自由空間よりも温度が高くなる．そのため，火炎中心軸上温度の予測式は，自由空間，壁際，隅角部といった火源と室の位置関係によって異なる式が提案されており，検討対象となる火源と室の位置関係に応じた計算式を用いること．

（6）参考文献

3.2-1)　日本建築学会編：鋼構造耐火設計指針，2017 年

3.2-2)　Hasemi Y., Tokunaga T.: Some Experimental Aspects of Turbulent Diffusion Flames and Buoyant Plumes from Fire Sources Against a Wall and in a Corner of Walls, Combustion Science and Technology, Vol.40, pp.1-7, 1984

3．3　線火源の火炎軸上温度とプルーム流量

（1）計算式の対象
図3.3-1に示すような自由空間での線火源の気流軸上の温度上昇，鉛直上向きの流速，プルーム流量を算出する．また，アスペクト比4以上の長方形火源についても，本節に示す線火源の式を用いることができる[3.3-1]．

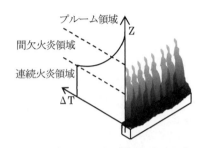

図3.3-1　線火源の気流軸上の温度上昇

（2）計算式 [3.3-2]

気流軸上の温度：T_{ax} [K]

$$T_{ax}(z) = T_0 + \begin{cases} 898 & (z \leq L_m/2) \\ 11.8(z/Q_l^{2/3})^{-1} & (L_m/2 < z) \end{cases} \quad (3.3\text{-}1)$$

平均火炎高さ：L_m [m]

$$L_m = 0.034 Q_l^{2/3} \quad (3.3\text{-}2)$$

線火源の単位長さ当たりのプルーム流量：m_l [kg/(s・m)]

$$m_l(z) = 0.51\left(g\rho_0^2/c_p T_0\right)^{1/3} z Q_l^{1/3} \approx 0.185 z Q_l^{1/3} \quad (3.3\text{-}3)$$

（3）入力値

c_p	空気の比熱（=1.01 kJ/(kg・K)）
g	重力加速度（=9.8 m/s^2）
Q_l	火源の単位長さ当たりの発熱速度　[kW/m]
T_0	周辺空気温度　[K]
z	可燃物の水平面の最も高い位置からの高さ　[m]
ρ_0	周辺空気温度における空気の気体密度（=353/T_0）[kg/m^3]

（4）計算例

発熱速度 $Q = 1000$kW，長さ $l = 1$m の線火源から高さ $z = 3$m での気流中心軸上の温度および鉛直上向きの流速，プルーム流量を算出する．

平均火炎高さ

$$L_m = 0.034 Q_l^{2/3} = 0.034\left(\frac{Q}{l}\right)^{2/3} = 0.034 \times \left(\frac{1000}{1}\right)^{2/3} = 3.4\text{m}$$

線火源の気流軸上の温度

$$T_{ax} = 11.8\left(z/Q_l^{2/3}\right)^{-1} + T_0 = 11.8 \times \left(3.0/(\frac{1000}{1.0})^{2/3}\right)^{-1} + 293 = 686\mathrm{K}(=413°\mathrm{C})$$

線火源のプルーム流量

$$\begin{aligned}m_l &= 0.51\left(g\rho_0^2/c_p T_0\right)^{1/3} zQ_l^{1/3} \\ &= 0.51\left(9.8 \times 1.205^2/(1.01 \times 293)\right)^{1/3} \times 3.0 \times (\frac{1000}{1.0})^{1/3} \\ &= 5.56\mathrm{kg/(m \cdot s)}\end{aligned}$$

(5) 解説

線火源の火炎軸上温度とプルーム流量は，ケーブルのように細長い可燃物が燃焼した際に生じる気流上にある構造部材の温度を算定する際などに用いられる．

自由空間上の線火源は，気流中心軸上の温度，プルーム流量の予測式が提案されている．火炎中心軸上の温度の実験結果[3.3-1], [3.3-2]について，実験結果と式(3.3-1)をプロットした結果を図 3.3-2 に示す．式(3.3-1)は，プルーム領域では実験結果よりやや高くなっているものの，全体的には実験結果を概ね包含している．文献 3.3-2)では，プルーム領域で実験結果と良く一致する式も提案されているが，ここでは式の連続性を優先して，間欠火炎領域の式をそのまま拡張した式を記載している．

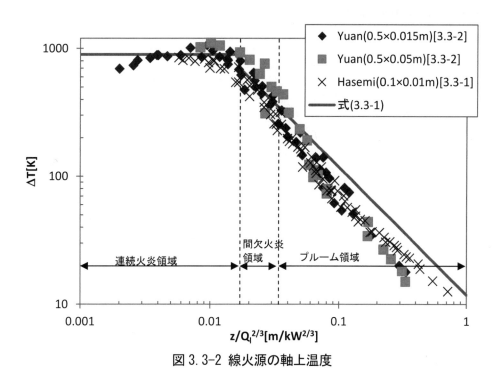

図 3.3-2 線火源の軸上温度

(6) 参考文献

3.3-1) 長谷見雄二, 西畑三鶴: 乱流拡散火炎の巨視的性状に対する火源形状の影響, 日本火災学会論文集, Vol.38, No.2, pp.29-34, 1989 年

3.3-2) Yuan L.M. and Cox G.: An experimental study of some line fires, Fire Safety Journal, Vol.27, pp123-139, 1996

3.4 水平天井に沿った天井流

(1) 計算式の対象
図 3.4-1 に示すような火災プルームが天井に衝突した後に生じる天井流の温度および流速・プルーム流量を算出する．

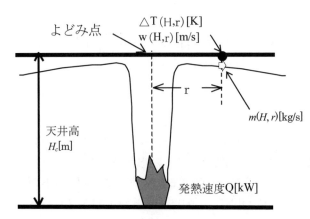

図 3.4-1　水平天井に沿った天井流

(2) 計算式

天井流の温度：$T(H_c, r)$ [K] 3.4-1)

$$T(H,r) = T_0 + \begin{cases} 16.9 \left(\dfrac{Q^{2/5}}{H_c} \right)^{5/3} & \left(\dfrac{r}{H_c} \leq 0.18 \right) \quad \text{：よどみ領域} \\ 5.38 \left(\dfrac{Q^{2/5}}{H_c} \right)^{5/3} \left(\dfrac{r}{H_c} \right)^{-2/3} & \left(0.18 < \dfrac{r}{H_c} \right) \quad \text{：天井ジェット領域} \end{cases} \quad (3.4\text{-}1)$$

天井流の流速：$w(H_c, r)$ [m/s] 3.4-1)

$$w(H,r) = \begin{cases} 0.96 \left(\dfrac{Q}{H_c} \right)^{1/3} & \left(\dfrac{r}{H_c} \leq 0.15 \right) \quad \text{：よどみ領域} \\ 0.195 \left(\dfrac{Q}{H_c} \right)^{1/3} \left(\dfrac{r}{H_c} \right)^{-5/6} & \left(0.15 < \dfrac{r}{H_c} \right) \quad \text{：天井ジェット領域} \end{cases} \quad (3.4\text{-}2)$$

天井流のプルーム流量：$m(H_c, r)$ [kg/s] 3.4-2)

$$m(H,r) = 0.076 \left(1 + 0.555 \dfrac{r}{H_c} \right)^{-1.14} Q^{1/3} (H_c + r)^{5/3} \quad \left(1.24 \leq \dfrac{r}{H_c} \leq 9.66 \right) \quad (3.4\text{-}3)$$

(3) 入力値

- H_c　　　天井高さ　[m]
- Q　　　火源の発熱速度　[kW]
- r　　　よどみ点からの距離　[m]

(4) 計算例
天井高さ $H_c = 3\text{m}$ の空間の床面に発熱速度 $Q = 500\text{kW}$ の火源がある．よどみ点（火源直上の天井部）から水平距離 $r = 4\text{m}$ の位置での天井流の温度，流速，プルーム流量を算出する．

$r/H_c = 4/3 = 1.33$ より，

天井流の温度上昇

$$T(H_c, r) = T_0 + 5.38 \left(\frac{Q^{2/5}}{H_c} \right)^{5/3} \left(\frac{r}{H_c} \right)^{-2/3}$$

$$= 293 + 5.38 \left(\frac{500^{2/5}}{3} \right)^{5/3} \left(\frac{4}{3} \right)^{-2/3} = 338\mathrm{K}(=65^\circ\mathrm{C})$$

天井流の流速

$$w(H_c, r) = 0.195 \left(\frac{Q}{H_c} \right)^{1/3} \left(\frac{r}{H_c} \right)^{-5/6} = 0.195 \left(\frac{500}{3} \right)^{1/3} \left(\frac{4}{3} \right)^{-5/6} = 0.84\mathrm{m/s}$$

天井流のプルーム流量

$$m(H_c, r) = 0.076 \left(1 + 0.555 \frac{r}{H_c} \right)^{-1.14} Q^{1/3} (H_c + r)^{5/3}$$

$$= 0.076 \left(1 + 0.555 \frac{4}{3} \right)^{-1.14} 500^{1/3} (3+4)^{5/3} = 8.22\mathrm{kg/s}$$

（5）解説

　水平天井に沿った天井流は，平面的に広い空間での感知器やスプリンクラーの作動時間を算定する際に検討する.

　火災プルームが天井に衝突すると，気流は天井に沿って同心円状に広がる．これを天井流と言う．火災プルームが衝突する火源直上の天井付近をよどみ領域，その外側の領域を天井ジェット領域といい，それぞれの領域での温度上昇と流速の予測式が提案されている．本節の式は，煙層が形成されない状況を想定した実験および理論的検討に基づいたものであるため，煙層が形成された状況となる場合には，3.6 節の式を用いること．なお，煙層の影響を考慮すると，天井流の温度は高くなるため，感知器やスプリンクラーの作動時間の検討においては，煙層の影響を考慮しない本節の計算式を用いると安全側（作動時間が遅くなる）の検討となる.

　また，天井流のプルーム流量を算出する式も提案されており，天井流の巻き込みを考慮した二層ゾーンモデルによる煙流動予測 [3.4-3] 等に活用されている.

（6）参考文献

3.4-1) Alpert R.L.: Calculation of Response Time of Ceiling-mounted Fire detector, Fire Technology, Vol.8, pp.181-195, 1972

3.4-2) Oka Y., Yamaguchi J., Muraoka K.: Decrease of carbon dioxide concentration and entrainment of horizontally spreading ceiling jet, Fire Safety Journal, Vol.63, pp.37-42, 2014.1

3.4-3) Nishino T.: Two-layer zone model including entrainment into the horizontally spreading smoke under the ceiling for application to fires in large area rooms, Fire Safety Journal, Vol.91, pp.355-360, 2017

3.5 傾斜天井に沿った天井流

(1) 計算式の対象

図3.5-1に示すような正方形または円形火源から生じる傾斜天井下の天井流温度および速度を，火源寸法，発熱速度，天井高さ，傾斜天井へのプルームの衝突点から傾斜天井に沿った上方への距離から算定する．

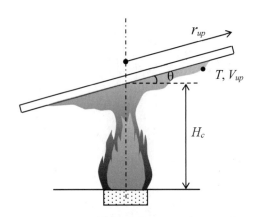

図3.5-1 傾斜天井に沿った天井流

(2) 計算式 [3.5-1), 2)]

上方への天井流の温度：T [K]

$$T = 2.78 \left(\frac{r_{up} \cos\theta}{H_c}\right)^{-0.78} \{Q_H^*(1+\sin\theta)\}^{2/3} T_0 + T_0 \tag{3.5-1}$$

上方への天井流速度：V_{up} [m/s]

$$V_{up} = \alpha \left(\frac{r_{up} \cos\theta}{H_c + r_{up} \sin\theta}\right)^{\beta} \{Q_H^*(1+\sin\theta)\}^{1/3} \sqrt{g(H_c + r_{up}\sin\theta)} \tag{3.5-2}$$

無次元対流発熱速度：Q_H^*

$$Q_H^* = \frac{Q_c}{\rho_0 c_p T_0 \sqrt{g} H_c^{5/2}} \approx \frac{Q_c}{1116 H_c^{5/2}} \tag{3.5-3}$$

表3.5 1 式(3.5-1), (3.5-2)の係数とその適用範囲 [3.5 1), 2)]

	α	β	適用範囲
温度	—	—	$0.1 \leq r_{up}\cos\theta/H_c \leq 9$
速度	6.05	0.46	$0.037 < r_{up}\cos\theta/(H_c + r_{up}\sin\theta) \leq 0.151$
	2.54	0	$0.151 \leq r_{up}\cos\theta/(H_c + r_{up}\sin\theta) \leq 0.35$
	0.86	-1.04	$0.35 < r_{up}\cos\theta/(H_c + r_{up}\sin\theta) \leq 1.8$

(3) 入力値

D　　　正方形火源の一辺の長さ，または，円形火源の直径 [m]
g　　　重力加速度 (=9.8 m/s²)
H_c　　火源直上の天井高さ [m]

Q_c	発熱速度のうちの対流成分　[kW]　($=(2/3)Q$)
r_{up}	プルームの傾斜天井への衝突点から傾斜天井に沿った上方への距離　[m]
θ	天井の傾斜角度　[rad]

（4）計算例

　高さ H_c =3m，傾斜角度 θ = 30 度の天井下空間の床面に設置された火源（発熱速度 Q =500kW そのうち，対流成分 Q_c = 333kW）の，よどみ点から上方への距離 r_{up} =4m の位置での天井流の温度上昇と上方への流速を算出する．

$r_{up}\cos\theta/H$ = 4cos30°/3=1.54 より
　天井流の温度

$$T = 2.78\left(\frac{r_{up}\cos\theta}{H_c}\right)^{-0.78}\left\{Q_H^*\left(1+\sin\theta\right)\right\}^{2/3}T_0+T_0$$

$$= 2.78\left(\frac{4\cos30°}{3}\right)^{-0.78}\left\{\frac{333}{1116\times3^{5/2}}\left(1+\sin30°\right)\right\}^{2/3}\times293+293 = 361\text{K}(=88℃)$$

　天井流の上方への流速

$$V_{up} = 0.86\left(\frac{r_{up}\cos\theta}{H_c+r_{up}\sin\theta}\right)^{-1.04}\left\{Q_H^*\left(1+\sin\theta\right)\right\}^{1/3}\sqrt{g\left(H_c+r_{up}\sin\theta\right)}$$

$$= 0.86\left(\frac{4\cos30°}{3+4\sin30°}\right)^{-1.04}\left\{\frac{333}{1116\times3^{5/2}}\left(1+\sin30°\right)\right\}^{1/3}\sqrt{9.8\left(3+4\sin30°\right)} = 2.69 \text{ m/s}$$

（5）解説

　傾斜天井に沿った天井流は，階段裏などの傾斜天井下に設置された感知器やスプリンクラーの作動時間を算定する際などに用いられる．

　3.4 節に示したように火災プルームが天井に衝突すると，天井下を気流が広がるが，天井が傾斜している場合には，天井流が広がる方向の天井の傾斜角度によってその温度や流速が変わる．その中でも本節の計算式は，天井流が傾斜天井に沿って上昇する側の温度と速度の算定に用いることができる．速度の提案式（3.5-2）は，よどみ点に近い領域では，よどみ点からの距離が大きくなるに従い速度が増加し，その外側では速度が一定になり，さらに外側では速度が減衰するため，領域に応じて式中の係数を選択すること．

（6）参考文献

3.5-1)　Oka Y. and Ando M.: Temperature and velocity Decreasing Property of Ceiling jet Impinged on an Unconfined Inclined Ceiling, Fire Safety Journal, Vol.55, pp.97-105, 2013

3.5-2)　Oka Y. and Matsuyama K.: Scale Similarity on Ceiling Jet Flow, Fire Safety Journal, Vol.61, pp.289-297, 2013

3.6 煙層が形成される空間での天井流温度

(1) 計算式の対象
図3.6-1に示すように，発熱速度，天井高さ，よどみ点（火源の中心軸上で天井に衝突する点）からの距離，煙層温度から，天井流の温度を算出する．ただし，本節の計算式は火炎が天井に衝突せず，かつ，天井下に煙層が形成される場合に限る．

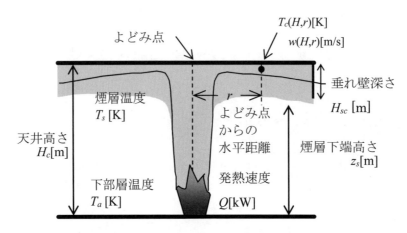

図 3.6-1 煙層が形成される空間での天井流

(2) 計算式

Watanabe 式 [3.6-1)]

天井流の温度：$T_c(H_c, r)$ [K]

$$T_c\left(H_c, r\right) = \left\{1 - \left(\frac{z_s}{H_c}\right)^{5/3}\right\}\left(T_s - T_a\right) + \Delta T_{Alp}\left(H_c, r\right) + T_a \tag{3.6-1}$$

無限天井下における天井流の温度上昇：$\Delta T_{Alp}(H_c, r)$ [K]

$$\Delta T_{Alp}\left(H_c, r\right) = \begin{cases} 16.9\left(\dfrac{Q^{2/3}}{H_c^{5/3}}\right) & \left(\dfrac{r}{H_c} \leq 0.18\right) \\ 5.38\left(\dfrac{Q^{2/3}}{H_c^{5/3}}\right)\left(\dfrac{r}{H_c}\right)^{-2/3} & \left(0.18 < \dfrac{r}{H_c}\right) \end{cases} \tag{3.6-2}$$

Ando 式 [3.6-2)]

天井流の温度：$T_c(H_c, r)$ [K]

$$T_c\left(H_c, r\right) = T_a\left(0.188 + \frac{0.313 r}{H_{eff}}\right)^{-4/3} Q_{eff}^{*2/3} + \left(T_s - T_a\right) + T_a \tag{3.6-3}$$

無次元発熱速度：Q_{eff}^*

$$Q_{eff}^* = Q_{eff} / \left(\rho_a c_p T_a \sqrt{g} H_{eff}^{5/2}\right) \approx Q_{eff} / 1116 H_{eff}^{5/2} \tag{3.6-4}$$

有効天井高さ：H_{eff}

$$H_{eff} = H_c + \left\{\left(Q_c / Q_{eff}\right)^{1/5} - 1\right\} z_s \tag{3.6-5}$$

有効発熱速度：Q_{eff}

$$Q_{eff} = Q_c - c_p m_p (T_s - T_a)$$ (3.6-6)

本式は，天井高さと垂れ壁深さの比が $0.11 \leq H_{sc}/H \leq 0.32$ の範囲で適用可能である．

（3）入力値

c_p	空気の比熱	（=1.01 kJ/(kg・K)）
g	重力加速度	（=9.8 m/s²）
H_c	天井高さ　[m]	
H_{sc}	垂れ壁深さ　[m]	
m_p	煙層下端高さにおけるプルーム流量[kg/s]　式(3.1-5)による	
Q	火源の発熱速度　[kW]	
Q_c	発熱速度のうちの対流成分 [kW]　（=(2/3)Q）	
r	よどみ点（火源直上の点）からの水平距離[　m]	
T_a	下部層温度　[K]　（二層ゾーンモデル等による）	
T_s	煙層温度　[K]　（二層ゾーンモデル等による）	
z_s	火源から煙層下端までの高さ　[m]　（二層ゾーンモデル等による）	
ρ_a	下部層温度における空気の気体密度(=353/T_a)　[kg/m³]	

（4）計算例

天井高さ $H_c = 3\mathrm{m}$ の室で，発熱速度 $Q = 500\,\mathrm{kW}$，煙層温度 $T_s = 50\,℃$（323 K），下部層温度 $T_a = 20\,℃$（293 K），煙層下端高さ $z_s = 2\,\mathrm{m}$ の時に，よどみ点から $r = 4\,\mathrm{m}$ 離れた位置での煙層内の天井流の温度を，Watanabe 式を用いて算定する．

$r/H=4/3=1.33$ より

$$\Delta T_{Alp} = 5.38 \left(\frac{Q^{2/3}}{H_c^{5/3}} \right) \left(\frac{r}{H_c} \right)^{-2/3} = 5.38 \left(\frac{500^{2/3}}{3.0^{5/3}} \right) / \left(\frac{4.0}{3.0} \right)^{2/3} = 44.9\mathrm{K}$$

$$T_c(H_c, r) = \left\{ 1 - \left(\frac{z_s}{H_c} \right)^{5/3} \right\} (T_s - T_a) + \Delta T_{Alp} + T_a$$

$$= \left\{ 1 - \left(\frac{2.0}{3.0} \right)^{5/3} \right\} (323 - 293) + 44.9 + 293 = 352.6\mathrm{K}(= 79.6\mathrm{K})$$

（5）解説

煙層が形成される空間での天井流温度は，小規模な室等で比較的早期から室内に煙層が形成される状況での感知器やスプリンクラーの作動時間を算定する際などに用いられる．

天井下に煙層が形成される場合には，火災プルームは下部層では常温の空気を，煙層では温度の高い煙を巻き込むので，式(3.4-1)に示した煙層がない場合よりも天井流の温度は高くなる．式(3.6-1)の右辺第1項は天井流の温度上昇に対する煙層の寄与分を示している．この式を実験値と比較すると，温度上昇過程での一致は良好であるが，火源が燃え尽きて，温度が低下する期間での一致は悪い [3.6-1]．そのため，熱感知器やスプリンクラーの作動時間を算定する際のように温度の上昇過程での適用に限られる．ただし，本式はプルームが天井に衝突するまでの煙層の巻き込みは考慮しているが，天井に衝突後の煙層の巻き込みは考慮していないため，天井流の温度が煙層温度に近い場合や下回る場合で

の適用は適切でない．一方，鈴木ら [3.6-3]により，有風下での天井流部分での巻き込みを考慮した計算式も提案されているが，実験による検証は行われておらず適用の際には実験との比較等による検証を行った上での適用が望ましい．

（6）参考文献

3.6-1) Watanabe J., Shimomura S., Aoyama Y., Tanaka T.: A formula for prediction of ceiling jet temperature in two layer environment, Fire Safety Science—Proceedings of the Seventh International Symposium, pp.431-442, 2003

3.6-2) 安藤翔, 山口純一, 村岡宏, 岡泰資：厚みの薄い煙層内を流動する天井流温度に関する実験的研究, 日本建築学会環境系論文集, 第78巻, 第686号, pp.307-315, 2013年4月

3.6-3) 鈴木圭一, 田中哮義, 原田和典, 吉田治典：区画火災の鉛直温度分布予測モデルの拡張と検証および火災プルームへの連行を考慮した天井ジェット温度予測 多層ゾーン煙流動予測モデルの開発 その2, 日本建築学会環境系論文集, 第590号, pp.1-7, 2005年4月

3.7 煙層が形成される空間での天井流煙濃度

(1) 計算式の対象
図3.7-1に示すように，天井下に煙層が形成される場合の天井流の煙濃度を算出する．

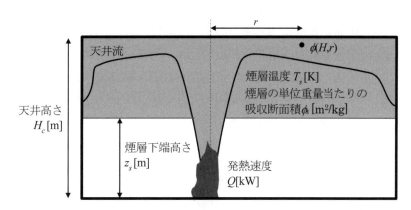

図3.7-1 天井下に煙層が形成される場合の天井流の煙濃度

(2) 計算式 3.7-1)

天井流の煙濃度（光学濃度）：$C_s(H_c, r)$ [m^{-1}]

$$C_s(H_c, r) = \rho_c(H_c, r) \times \phi(H_c, r) \tag{3.7-1}$$

天井流の気体密度：$\rho_c(H_c, r)$ [kg/m^3]

$$\rho_c(H_c, r) = 353 / T_c(H_c, r) \tag{3.7-2}$$

天井流の温度：$T_c(H_c, r)$ [K]

$$T_c(H_c, r) = \left\{1 - \left(\frac{z_s}{H_c}\right)^{5/3}\right\}(T_s - T_a) + \Delta T_{Alp}(H_c, r) + T_a \tag{3.6-1再掲}$$

煙の単位重量当たりの吸収断面積：$\phi(H_c, r)$ [m^2/kg]

$$\phi(H_c, r) = \left\{1 - \left(\frac{z_s}{H_c}\right)^{5/3}\right\} \times \phi_s + \phi_c(H_c, r) \tag{3.7-3}$$

無限天井下での煙の単位重量当たりの吸収断面積：$\phi_c(H_c, r)$ [m^2/kg]

$$\phi_c(H_c, r) = \left(\frac{\gamma_s c_p}{\chi_c \Delta H}\right) \Delta T_{Alp}(H_c, r) \tag{3.7-4}$$

無限天井下での温度上昇：$\Delta T_{Alp}(H_c, r)$ [K]

$$\Delta T_{Alp}(H_c, r) = \begin{cases} 16.9\left(\dfrac{Q^{2/3}}{H_c^{5/3}}\right) & (\dfrac{r}{H_c} \leq 0.18) \\ 5.38\left(\dfrac{Q^{2/3}}{H_c^{5/3}}\right)\left(\dfrac{r}{H_c}\right)^{-2/3} & (0.18 < \dfrac{r}{H_c}) \end{cases} \tag{3.6-2再掲}$$

（3）入力値

c_p	空気の比熱	（=1.01 kJ/(kg·K)）
H_c	天井高さ　[m]	
T_c	天井流の温度　[K]　式(3.6-1)による	
Q	火源の発熱速度　[kW]	
r	よどみ点（火源直上の点）からの水平距離[m]	
z_s	火源から煙層下端までの高さ　[m]　（二層ゾーンモデル等による）	
ΔH	単位発熱量　[kJ/kg]	
ϕ_s	煙層の単位重量当たりの吸収断面積　[m²/kg]　（二層ゾーンモデル等による）	
γ_s	燃料の単位重量当たりに発生する吸収断面積　[m²/kg]	
χ_c	発熱速度のうち対流成分の割合	

（4）計算例

天井高さ H_c＝3m の室で，煙層温度 T_s＝323K(50℃)，煙層下端高さ H_c＝2m，煙層の単位重量当たりの吸収断面積 ϕ_s＝1.2m²/kg，発熱速度 Q＝500kW，燃料の単位重量当たりに発生する吸収断面積 γ_s＝210m²/kg でポリウレタンフォーム（単位発熱量 ΔH_c＝22700kJ/kg，発熱速度のうち対流成分の割合 χ_c＝0.3）が燃焼する．このとき，よどみ点から r＝4m 離れた位置での煙層内の天井流の煙濃度（光学濃度）C_s [m⁻¹]を算定する．天井流の温度は，3.6 節の計算例より T_c＝352.6K(79.6℃)とする．

$$\Delta T_{Alp} = 5.38 \left(\frac{Q^{2/3}}{H_c^{5/3}} \right) \left(\frac{r}{H_c} \right)^{-2/3}$$

$$= 5.38 \left(\frac{500^{2/3}}{3.0^{5/3}} \right) / \left(\frac{4.0}{3.0} \right)^{2/3} = 5.38 \left(\frac{63.0}{6.24} \right) / 1.21 = 44.9\text{K}$$

$$\phi_c(H_c, r) = \left(\frac{\gamma_s c_p}{\chi_c \Delta H} \right) \Delta T_{Alp}(H_c, r)$$

$$= \frac{210 \times 1.01}{0.3 \times 22700} \times 44.9 = 1.398\,\text{m}^2/\text{kg}$$

$$\phi(H_c, r) = \left\{ 1 - \left(\frac{z_s}{H_c} \right)^{5/3} \right\} \times \phi_s + \phi_c(H_c, r)$$

$$= \left\{ 1 - \left(\frac{2.0}{3.0} \right)^{5/3} \right\} \times 1.2 + 1.398 = 1.99\,\text{m}^2/\text{kg}$$

$$C_s(H_c, r) = \rho(H_c, r) \times \varphi(H_c, r) = \frac{353}{352.6} \times 1.99 = 1.99\,\text{m}^{-1}$$

（5）解説

煙層が形成される空間での天井流煙濃度は，空間内に煙層が形成される状況での煙感知器の作動時間を算定する際などに用いられる．

煙層が形成される空間での天井流は，煙層を巻き込むことにより，煙層を巻き込まない場合よりも温度が上昇するとともに，煙濃度も増加する．式(3.7-3)の右辺第1項は，煙層の巻き込みによる煙濃度の増加分を意味する．また，本節の計算式も，前節の計算式と同様に，天井流部分での煙層の巻き込みを考慮していないため，天井流温度が煙層温度に近い場合や下回る場合には，適用できない．なお，本節の検討にあたっては，煙層下端高さや煙層温度等が必要となるため，事前に二層ゾーンモデ

ル等によりこれらの数値を算定しておく必要がある.

（6）参考文献

3.7-1) Watanabe J. and Tanaka T.: Prediction of ceiling jet smoke concentration under two layer environment, Fire Science and Technology, Vol.24, No.3, pp.151-164, 2005

3.8 天井下に形成された高温層への火災プルームの貫入

(1) 計算式の対象
図3.8-1に示すように，天井の下に高温層が形成されている空間で出火した場合，火災プルームが高温層に貫入する高さを計算する．

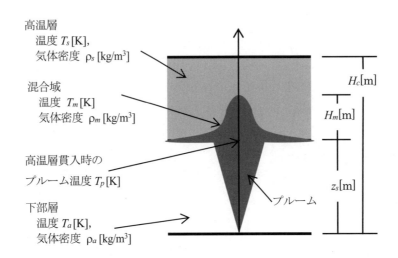

図3.8-1 高温層への火災プルームの貫入

(2) 計算式 3.8-1)
天井下に形成された高温層への火災プルーム貫入高さ：H_m [m]

$$H_m = \left(1 - 0.6\frac{T_s - T_p}{T_p - T_a}\frac{T_a}{T_s}\right)z_s \tag{3.8-1}$$

ただし，高温層下端高さの火災プルーム中心軸上の温度：T_p [K]

$$T_p = 24.6\left(\frac{z_s}{Q^{2/5}}\right)^{5/3} + T_0 \tag{3.8-2}$$

(3) 入力値
- Q　　火源の発熱速度 [kW]
- T_a　　下部空気層の温度[K]
- T_s　　高温層の温度[K]
- z_s　　火源から煙層下端までの高さ [m]（二層ゾーンモデル等による）

(4) 計算例
天井高さ H_c=10m のアトリウムの屋根がガラス面になっているため，夏期には温度成層が形成され床から 6m までは 25℃，その上部天井までの 4m は 60℃となった．この空間の床上のごみ箱で出火し，発熱速度 Q=100kW になったとする．この火災をアトリウムの天井に設置された煙感知器で感知できるかを，火災プルームの貫入の有無で判断する．

高温層下端高さでの火災プルーム中心軸上の温度

$$T_p = 24.6 \left(\frac{Z_i}{Q^{2/5}} \right)^{-5/3} + T_a$$

$$= 24.6 / \left(\frac{6}{100^{2/5}} \right)^{5/3} + (25 + 273) = 26.8 + 298 = 324.8\text{K}(=51.8^\circ\text{C})$$

$$\frac{T_s - T_p}{T_p - T_a} \frac{T_a}{T_s} = \frac{60 + 273 - 324.8}{26.8} \frac{25 + 273}{60 + 273} = 0.27$$

高温層への火災プルーム貫入高さ

$$H_m = \left(1 - 0.6 \frac{T_s - T_p}{T_p - T_a} \frac{T_a}{T_s} \right) z_s = (1 - 0.6 \times 0.27) \times 6 = 5.03\text{m}$$

プルームの貫入高さ H_m が煙層厚さ(4m)以上となるので，火災プルームは天井面に到達する．

（5）解説

　天井下に形成された高温層への火災プルームの貫入は，夏期のガラス張りのアトリウムのように空間の上部に比較的高温の層が形成されている場合の感知器等の作動の有無を検討する場合などに用いられる．

　出火後，初期の発熱速度の小さい火源の火災プルームの温度は低いので，もし屋根への日射などの影響で天井下に高温層が形成されていると，火災プルームが高温層に押し返されて天井面まで到達できず天井面に設置された煙感知器などによる火災感知が妨げられることが危惧される．火災プルームは下部層より温度が高いので浮力を受けて高温層の下端までは運動エネルギーを増すが，高温層よりも火災プルームの温度が低い場合には，高温層に入ってからは負の浮力を受けて徐々に運動エネルギーを失い，0 になれば反転して下降する．火災プルームが高温層の境界面高さ z_s で持つ運動エネルギーが高温層内で働く負の浮力によるエネルギーと等しくなる高さがプルーム貫入の最大高さ H_m である．すなわち

$$\rho_p \overline{w^2}(z_s) \propto (\rho_p - \rho_s) g H_m \tag{3.8-3}$$

これに火災プルームに関する一般的関係

$$w^2 (z_s) / g z_s \propto (T_p - T_a) / T_0 \tag{3.8-4}$$

を考慮し，かつ温度の代表値として火災プルーム中心軸上の値 T_p をとれば

$$\frac{H_m}{z_s} \propto \frac{T_p - T_a}{T_a} \cdot \frac{\rho_p}{\rho_p - \rho_s} = \left(\frac{T_p - T_a}{T_a} \right) / \left(\frac{T_s - T_p}{T_s} \right) \tag{3.8-5}$$

　実際には火災プルームの温度や速度は水平方向の分布を持つので，この関係を考慮しながら実験値を回帰したのが式(3.8-1)である．

（6）参考文献

3.8-1)　Watanabe J., Tanaka T.: Experimental Investigation into penetration of a Weak Fire Plume into a Hot Upper Layer, Journal of Fire Sciences, Vol. 22, pp. 405-420, 2004.9

3.9 ボイド空間内の火災気流性状

(1) 計算式の対象

図3.9-1に示すように，底部に給気口を有し，頂部が開放されたボイド空間において，底部で発生した火災気流，または，底部に隣接する室から開口を通じてボイドに流入する火災気流のボイド頂部での温度を算出する．ボイドの深さ H_v とボイドの幅 D_v の比($=H_v/D_v$)が2.5以上の範囲を対象とし，2.5未満の場合には，自由空間中の火災気流の予測式(3.1節)，または，噴出熱気流の式を用いる．

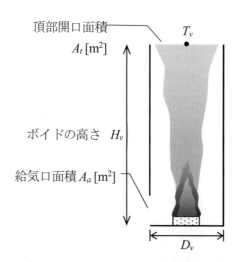

図3.9-1 ボイド内の火災気流

(2) 計算式 3.9-1)

正方形ボイドの頂部での平均温度：T_v [K]

$$T_v = 1.67(r+1)^{-4/3} Q_{D_v}^{*2/3} \left(\frac{H_v}{D_v}\right)^{-1/3} T_0 + T_0 \tag{3.9-1}$$

ただし，開口面積比：r (適用範囲は $0 < r < 0.25$)

$$r = \frac{A_a}{A_t} \tag{3.9-2}$$

無次元発熱速度 Q_D^*

$$Q_{D_v}^* = \frac{Q}{c_p \rho_0 T_0 \sqrt{g} D_v^{5/2}} \left(\approx \frac{Q}{1116 D_v^{5/2}}\right) \tag{3.9-3}$$

(3) 入力値

c_p	空気の比熱	(=1.01 kJ/(kg·K))
g	重力加速度	(=9.8 m/s²)
Q	ボイド底部での発熱速度，または，隣接室からボイドに流入する熱流 [kW]
D_v	正方形ボイドの一辺の長さ [m]
H_v	ボイドの高さ [m]
A_t	ボイド頂部の開口面積($=D_v^2$) [m²]
A_a	ボイド底部の給気口面積 [m²]

T_0	外気温　[K]
ρ_0	外気温における空気の気体密度$(=353/T_0)$　[kg/m³]

（4）計算例

1辺の長さ 5m，高さ H_v=25m のボイドの底部に A_a=5m² の給気口がある．底部に，発熱速度 $Q=$ 1000kW の火源が設置された場合に，ボイド頂部での平均温度を算出する．外気温は $T_0=293\mathrm{K}(20℃)$ とする．

開口面積比（＝底部開口面積　／　頂部開口面積）

$$r = \frac{A_a}{A_t} = \frac{5}{5 \times 5} = 0.2$$

無次元発熱速度

$$Q_{D_v}^* = \frac{Q}{1116 D_v^{5/2}} = \frac{1000}{1116 \times 5^{5/2}} = 0.016$$

ボイド頂部での平均温度

$$T_v = 1.67(r+1)^{-4/3} Q_D^{*2/3}\left(\frac{H_v}{D_v}\right)^{-1/3} T_0 + T_0$$

$$= 1.67(0.2+1)^{-4/3} 0.016^{2/3}\left(\frac{25}{5}\right)^{-1/3} \times 293 + 293 = 307.2\mathrm{K}(=34.2℃)$$

（5）解説

ボイド空間内の火災気流性状は，ボイドの底部やその隣接室で火災が発生した際のボイド頂部からの煙の排出等を検討する際に用いられる．

建築物には，中庭，ボイド，光庭，ドライエリアなど頂部が開放された井戸状の空間を持つものが少なくない．ここではこれらをボイド空間と総称する．ボイド空間は面積が広く，深さが小さい場合には外気と同等の空間となり得るが，狭くて深い場合は丁度竪シャフトのように建物への煙伝播の経路となり，避難上の危険性をもたらす可能性がある．狭く深いボイド空間に火災の煙が流入した場合，下部に給気口の無いボイド空間ではプルームに連行される空気は全て頂部から流入するので，上昇する煙と混合してプルームの拡散範囲が広がる可能性がある．しかし，ボイド空間の底部に給気口があれば，プルームに連行される空気は一部が下部給気口から供給されるので，この混合が緩和される．その程度は給気口の面積等に依存する．

（6）参考文献

3.9-1)　福田晃久, 田中哮義, 若松孝旺: ボイド空間における煙流動性状　その 3 空間底部に給気口がある場合, 日本建築学会計画系論文集, 第 491 号, pp.9-16, 1997 年 1 月

3.10 火災プルーム先端の到達時間

(1) 計算式の対象

図 3.10-1 に示すように,自由空間および側面の底部に開口を有する正方形のボイド空間内において火災プルーム先端が高さ z に到達するまでの時間 $t(z)$ を算定する.

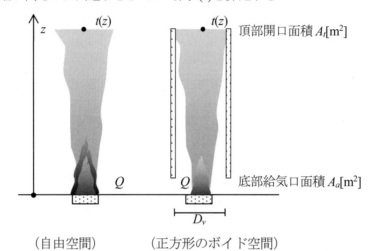

図 3.10-1 火災プルーム先端の上昇時間

(2) 計算式 3.10-1)

プルーム先端の到達時間: $t(z)$

1) 自由空間の場合

$$t(z) = 1.8 Q^{-1/3} z^{4/3} \qquad (z/D_v \leq 30) \tag{3.10-1}$$

2) 側面の底部に正方形のボイド空間:頂部が開放されている場合

$$t(z) = \sqrt{\frac{D_v}{g}} \times \begin{cases} 0.56 Q_{D_v}^{*-1/3} \left(\dfrac{z}{D_v}\right)^{4/3} & \left(\dfrac{z}{D_v} \leq 5.0\right) \\ 1.64 Q_{D_v}^{*-1/3} \left(\dfrac{z}{D_v}\right)^{2/3} & \left(5.0 < \dfrac{z}{D_v} \leq 8.0\right) \end{cases} \tag{3.10-2}$$

ただし,開口比 $A_a/A_t \leq 1.1$ を適用範囲とする.

3) 側面の底部に正方形のボイド空間:頂部が閉鎖されている場合

$$t(z) = \sqrt{\frac{D_v}{g}} \times \begin{cases} 0.56 Q_{D_v}^{*-1/3} \left(\dfrac{z}{D_v}\right)^{4/3} & \left(\dfrac{z}{D_v} \leq 2.5\right) \\ 0.30 Q_{D_v}^{*-1/3} \left(\dfrac{z}{D_v}\right)^{2} & \left(2.5 < \dfrac{z}{D_v} \leq 8.0\right) \end{cases} \tag{3.10-3}$$

ただし,開口比 $A_a/A_t \leq 1.1$ を適用範囲とする.

式(3.10-2), (3.10-3)における無次元発熱速度:$Q_{D_v}^*$

$$Q_{D_v}^* = \frac{Q}{c_p \rho_0 T_0 \sqrt{g} D_v^{5/2}} \approx \frac{Q}{1116 D_v^{5/2}} \tag{3.10-4}$$

（3）入力値

c_p	空気の比熱	（=1.01 kJ/(kg·K)）
D_v	正方形ボイドの一辺の長さ	[m]
g	重力加速度	（=9.8 m/s²）
Q	火源の発熱速度	[kW]
T_0	外気温	[K]
z	火源からの高さ	[m]
ρ_0	外気温における空気の気体密度（=353/T_0）	[kg/m³]

（4）計算例

自由空間で，発熱速度 Q=1000kW の火源のプルームの先端位置が z=20m に達する時間 $t(20)$[s]を算出する．

$$t(20) = 1.8\dot{Q}^{-1/3}z^{4/3} = 1.8 \times 1000^{-1/3} \times 20^{4/3} = 9.77\,\mathrm{s}$$

深さ 20m，床面積が 5m×5m，給気口 2m²，頂部の開口部 25m² のボイドで，発熱速度 1000kW の火源のプルームの先端位置が z=20m に達する時間 $t(20)$[s]を算出する．

$z/D_v = 20/5 = 4$ より，

$$Q_{D_v}^* \approx \frac{Q}{1116D_v^{5/2}} = \frac{1000}{1116 \times 5^{5/2}} = 0.016$$

$$t(z) = \sqrt{\frac{D_v}{g}} \times 0.56 Q_{D_v}^{*-1/3}\left(\frac{z}{D_v}\right)^{4/3} = \sqrt{\frac{5}{9.8}} \times 0.56 \times 0.016^{-1/3}\left(\frac{20}{5}\right)^{4/3} = 10.1\,\mathrm{s}$$

深さ 20m，床面積が 5m×5m，給気口 2m² で頂部に開口部のないボイドで，発熱速度 1000kW の火源のプルームの先端位置が z=20m に達する時間 $t(20)$[s]を算出する．

$z/D_v = 20/5 = 4$ より，

$$Q_{D_v}^* \approx \frac{Q}{1116D_v^{5/2}} = \frac{1000}{1116 \times 5^{5/2}} = 0.016$$

$$t(z) = \sqrt{\frac{D_v}{g}} \times 0.30 Q_{D_v}^{*-1/3}\left(\frac{z}{D_v}\right)^{2} = \sqrt{\frac{5}{9.8}} \times 0.30 \times 0.016^{-1/3}\left(\frac{20}{5}\right)^{2} = 5.4\,\mathrm{s}$$

（5）解説

火災プルーム先端の到達時間は，天井の高い空間において感知器の作動時間を算定する際などに用いる．

可燃物に着火すると，熱気流が生じて上昇を始める．通常の天井高さの空間であれば，数秒でプルームの先端は天井まで到達するが，天井の高い空間においては，感知器の作動時間を算定する際に無視できない時間となる場合があり，そのような場合に本節の提案式を用いる．なお，本節の提案式は，着火後すぐに発熱速度が一定値となる定常火源に対して導かれたものであることに注意が必要である．

（6）参考文献

3.10-1) 藤田隆史, 山口純一, 田中哮義, 若松孝旺：火災プルーム先端の上昇時間に関する研究, 日本建築学会計画系論文集, 第 502 号, pp.1-8, 1997 年 12 月

第4章　開口流量

4．1　温度差がない場合の開口流量

本節では，温度の等しい2室の間の開口部における質量流量を求める．

4．1．1　単一開口における流速

（1）計算式の対象

図4.1-1に示すように，温度の等しい2室の間に開口が1つあり，2室の圧力が異なる場合，開口を流れる空気の流速 v[m/s]を求める．

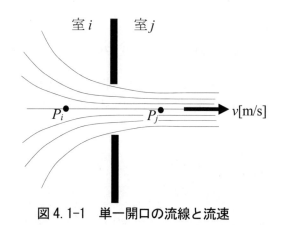

図4.1-1　単一開口の流線と流速

（2）計算式

単一開口の流速：v [m/s]

$$v = \sqrt{\frac{2\Delta P}{\rho}} \tag{4.1-1}$$

（3）入力値

ΔP　　　　室 i, j 間の圧力差（$=P_i - P_j$）　　[Pa]
ρ　　　　　空気の気体密度　[kg/m³]

（4）計算例

居室内と外気の圧力差 ΔP =5.0Pa，空気の気体密度 ρ=1.18kg/m³ の時，開口流速 v[m/s]を求める．

$$v = \sqrt{\frac{2\Delta p}{\rho}} = \sqrt{\frac{2 \times 5.0}{1.18}} = 2.91 \, \text{m/s}$$

（5）解説

室 i, j の圧力をそれぞれ P_i, P_j ($P_i > P_j$)として，ベルヌイの定理を開口流上の流線に適用すれば，

$$P_i = P_j + \frac{1}{2}\rho v^2 \tag{4.1-2}$$

これから,

$$v = \sqrt{\frac{2(P_i - P_j)}{\rho}} \tag{4.1-3}$$

となる [4.1-1].

　室 i と j の温度が等しい時には，両室の気体密度 ρ_i, ρ_j も等しいため，圧力差は床面からの高さに依らず一定値 ΔP とすることができる．$\rho \equiv \rho_i = \rho_j$ なので，床面から高さ z[m] での圧力差は

$$\Delta P(z) \equiv P_i(z) - P_j(z) = \left(P_i(0) - \rho g z\right) - \left(P_j(0) - \rho g z\right) = P_i(0) - P_j(0) \equiv \Delta P \tag{4.1-4}$$

により一定となる．ただし，$P_i(0)$, $P_j(0)$ は室 i と室 j の床面における圧力である．式(4.1-4)を式(4.1-3)に用いると式(4.1-1)を得る．

（6）参考文献

4.1-1) 田中哮義：改訂版 建築火災安全工学入門，pp.14-15，日本建築センター，2002 年

4．1．2　単一開口における流量

（1）計算式の対象

　図 4.1-2 に示すように，2 つの室の間に開口があり，2 室の圧力が異なる場合に，開口を流れる空気の体積流量 V[m³/s]，質量流量 m[kg/s] を求める．

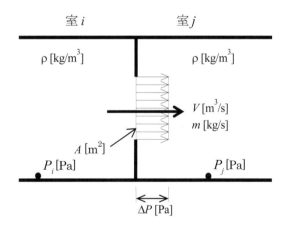

図 4.1-2　単一開口の流量

（2）計算式 [4.1-2]

　体積流量：V[m³/s]

$$V = \alpha A v = \alpha A \sqrt{\frac{2\Delta P}{\rho}} \tag{4.1-5}$$

質量流量：m [kg/s]

$$m = \rho V = \alpha A \sqrt{2\rho \Delta P} \tag{4.1-6}$$

（３）入力値

A	開口面積	[m²]
P_i	室 i の圧力	[Pa]
P_j	室 j の圧力	[Pa]
v	開口の流速	[m/s]
α	開口の流量係数	[-]
ΔP	室 i, j 間の圧力差（$=P_i - P_j$）	[Pa]
ρ	空気の気体密度	[kg/m³]

（４）計算例

居室と廊下の圧力差 ΔP=5.0Pa，空気の気体密度 ρ=1.18kg/m³，扉の開口面積 A=2.0m²，扉開口の流量係数 α=0.7 の時，扉開口を流れる空気の体積流量 V[m³/s]および質量流量 m[kg/s]を求める．

$$V = \alpha A v = 0.7 \times 2.0 \times \sqrt{\frac{2 \times 5}{1.18}} = 4.08\,\mathrm{m}^3/\mathrm{s}$$

$$m = \rho V = 0.7 \times 2.0 \sqrt{2 \times 1.18 \times 5} = 4.81\,\mathrm{kg/s}$$

（５）解説

質量流量 m [kg/s]を既知として圧力差を知りたい場合は，下記による．

$$\Delta P = \frac{1}{2\rho}\left(\frac{m}{\alpha A}\right)^2 \tag{4.1-7}$$

（６）参考文献

4.1-2）田中哮義：改訂版 建築火災安全工学入門，pp.14-15，日本建築センター，2002 年

４．１．３　並列開口における流量

（１）計算式の対象

図 4.1-3 に示すように，2 つの室の間に複数の並列開口があり，2 室の圧力が異なる場合，室間の開口を流れる空気の体積流量の合計 V[m³/s]，質量流量の合計 m [kg/s]を求める．

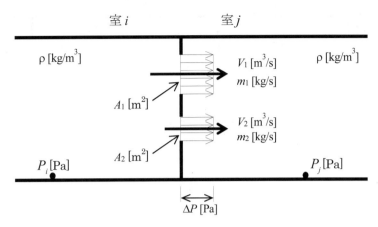

図4.1-3 並列開口の流量

(2) 計算式

合成有効開口面積：$(\alpha A)_T$ [m²]

$$(\alpha A)_T = \sum_{k=1}^{n} \alpha_k A_k \tag{4.1-8}$$

体積流量の合計：V [m³/s]

$$V = \sum_{k} V_k = (\alpha A)_T v = (\alpha A)_T \sqrt{\frac{2\Delta P}{\rho}} \tag{4.1-9}$$

質量流量の合計：m [m³/s]

$$m = \sum_{k} m_k = (\alpha A)_T \sqrt{2\rho \Delta P} \tag{4.1-10}$$

(3) 入力値

A_k	開口 k の面積	[m²]
n	開口の個数	[個]
v	開口の流速	[m/s]
α_k	開口 k の流量係数	[-]
$(\alpha A)_T$	合成有効開口面積	[m²]
ΔP	室間の圧力差	[Pa]
ρ	空気の気体密度	[kg/m³]

(4) 計算例

図 4.1-4 に示すように，居室と廊下間に開放されている扉が並列に 2 つある．扉の開口面積は A_1=0.8m²，A_2=2.0m²，扉開口の流量係数α=0.7，居室と廊下間の圧力差Δp=5.0Pa，空気の気体密度 ρ=1.18kg/m³ の場合，扉開口を流れる空気の体積流量の合計 V [m³/s]と質量流量の合計 m[kg/s]を求める．

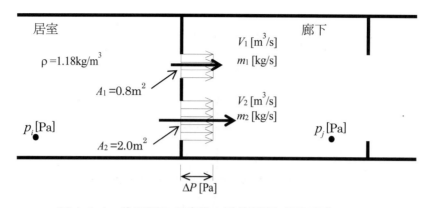

図 4.1-4　並列開口の流量の計算例題（平面図）

$$(\alpha A)_T = 0.7 \times 0.8 + 0.7 \times 2.0 = 1.96 \,\mathrm{m}^2$$

$$V = (\alpha A)_T v = 1.96 \times \sqrt{\frac{2 \times 5.0}{1.18}} = 5.71 \,\mathrm{m}^3/\mathrm{s}$$

$$m = \rho V = 1.96 \times \sqrt{2 \times 1.18 \times 5.0} = 6.73 \,\mathrm{kg/s}$$

（5）解説

並列開口では，各開口に加わる圧力差は等しいので，各開口の有効開口面積を単純和すれば良い[4.1-3]．温度が等しい場合には，開口の高さが異なっても式(4.1-8)は適用できる．

（6）参考文献

4.1-3) 鉾井修一，池田哲朗，新田勝道：エース建築環境工学II, pp.164-165, 朝倉書店，2002年

4．1．4　直列開口における流量

（1）計算式の対象

図 4.1-5 に示すように，2つの室を挟んだ室 i, j の間に，複数の直列開口があり，どの室も等しい温度である．室 i, j の圧力が異なる場合，それぞれの開口を流れる空気の質量流量 m[kg/s]及び開口 k における圧力差 ΔP_k[Pa]を算定する．

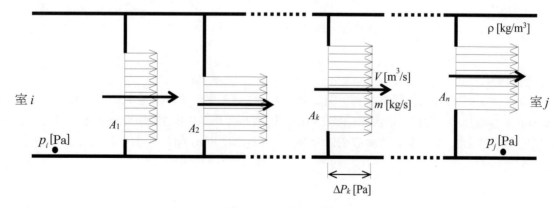

図 4.1-5　直列開口

（2）計算式

質量流量：m [kg/s]

$$m = (\alpha A)_T \sqrt{2\rho\Delta P} = (\alpha A)_k \sqrt{2\rho\Delta P_k},\ (k=1,2,3,\cdots,n) \tag{4.1-11}$$

開口 k における圧力差：ΔP_k [Pa]

$$\Delta P_k = \left(\frac{(\alpha A)_T}{(\alpha A)_k}\right)^2 \Delta P \tag{4.1-12}$$

合成有効開口面積：$(\alpha A)_T$ [m^2]

$$(\alpha A)_T = \frac{1}{\sqrt{\dfrac{1}{(\alpha A_1)^2} + \dfrac{1}{(\alpha A_2)^2} + \cdots + \dfrac{1}{(\alpha A_n)^2}}} \tag{4.1-13}$$

（3）入力値

A_k	開口 k の面積	[m^2]
n	直列開口の数	[個]
α_k	開口 k の流量係数	[-]
ΔP	室 i と室 j の圧力差　（$=P_i - P_j$）	[Pa]
ρ	空気の気体密度	[kg/m^3]

（4）計算例

図 4.1-6 に示すように，廊下と居室間に開放された扉 1（扉開口面積 A_1=2.0m^2），居室と外部間に開放された扉 2（扉開口面積 A_2=1.5m^2）があり，廊下と外部間の圧力差がΔP=5.0Pa となっている．空気の気体密度ρ= 1.18 kg/m^3，全ての開口の流量係数α_k=0.7 (k=1,2)の場合，各開口を流れる空気の質量流量 m[kg/s]と各開口での圧力差 ΔP_1，ΔP_2 を求める．

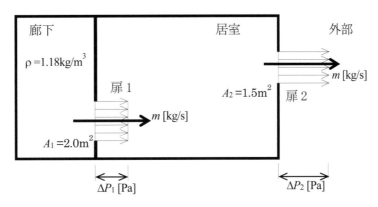

図 4.1-6　直列開口の計算例題

$$(\alpha A)_T = \frac{1}{\sqrt{\dfrac{1}{(0.7\times 2.0)^2} + \dfrac{1}{(0.7\times 1.5)^2}}} = 0.84\,\text{m}^2$$

$$m = (\alpha A)_T \sqrt{2\rho\Delta P} = 0.84 \times \sqrt{2\times 1.18\times 5.0} = 2.9\,\text{kg/s}$$

$$\Delta P_1 = \left(\frac{(\alpha A)_T}{\alpha A_1}\right)^2 \Delta P = \left(\frac{0.84}{0.7 \times 2.0}\right)^2 \times 5.0 = 1.8\,\text{Pa}$$

$$\Delta P_2 = \left(\frac{(\alpha A)_T}{(\alpha A)_2}\right)^2 \Delta P = \left(\frac{0.84}{0.7 \times 1.5}\right)^2 \times 5.0 = 3.2\,\text{Pa}$$

（5）解説

直列開口では，全ての開口で流量が同じであることを利用して，有効開口面積を合成することができる[4.1-4]．

（6）参考文献

4.1-4) 鉾井修一，池田哲朗，新田勝道：エース建築環境工学 II，pp.164-165，朝倉書店，2002 年

4.1.5 扉の開放角度と有効開口面積

（1）計算式の対象

温度が等しい室の間にあり，開度 θ が $0 < \theta \leq 90°$ である片開き扉の開放部分を流路とした時の有効開口面積 $\alpha A\,[\text{m}^2]$ を算出する．なお，図 4.1-7 のように流れの方向に扉が開く場合を順方向，図 4.1-8 のように流れとは反対方向に扉が開く場合を逆方向とする．

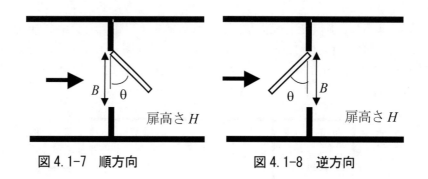

図 4.1-7　順方向　　　　　図 4.1-8　逆方向

（2）計算式

有効開口面積．$\alpha A\,[\text{m}^2]$

1）順方向の場合

$$\alpha A = \begin{cases} (-0.0003\theta^2 + 0.017\theta + 0.0071)BH & (0° < \theta < 18°) \\ (0.0061\theta + 0.11)BH & (18° \leq \theta \leq 90°) \end{cases} \tag{4.1-14}$$

2）逆方向の場合

$$\alpha A = 0.66 BH \sin\theta \quad (0° < \theta \leq 90°) \tag{4.1-15}$$

（3）入力値

　　　B　　扉の幅　[m]

H 　扉の高さ　[m]
θ 　扉の開度　[°]

(4) 計算例

流れの方向に扉が開き（順方向），扉幅 0.9m，扉高さ 2.1m，その開度が 30° の場合

$$\alpha A = (0.0061 \times 30 + 0.11) \times 0.90 \times 2.10 = 0.55 \,\mathrm{m}^2$$

流れとは逆の方向に扉が開き（逆方向），扉幅 0.9m，扉高さ 2.1m，その開度が 60° の場合

$$\alpha A = 0.66 \times 0.9 \times 2.10 \times \sin 60° = 1.08 \,\mathrm{m}^2$$

(5) 解説

計算式は，幅 1.70m，天井高さ 2.70m の廊下に，幅 0.80m，高さ 2.58m の扉を設置して行なわれた実験[4.1-5)]により求められたものである．実験値と計算式の比較を**図 4.1-9** に示す．順方向の場合は，開度が 15° を超えると，単純開口の場合より流量が少なくなる．逆方向の場合は流量係数を 0.66 とし，枠と扉の鉛直距離 $B \sin\theta$ を開口幅とした場合の流量となる．なお，扉高さより天井が高ければ，**図 4.1-10** に示すように扉上部に扇形の開口ができるが，この部分から流入する流量も含めて実験式が作成されているため，流量算出時に改めて加算する必要はない．

また，平面としてはほぼ同じ室で，2.1m の扉高さに対し，廊下天井高を 2.17m と 2.60m との 2 通りで行なった実験[4.1-6)]では，天井高さの影響はほとんど無かった．

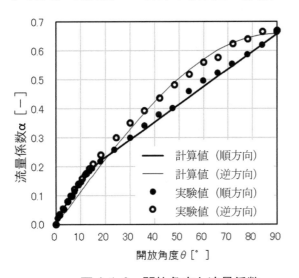
図 4.1-9　開放角度と流量係数

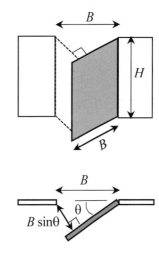
図 4.1-10　扉開度と開口面積

(6) 参考文献

4.1-5)　広田正之，松山賢，山名俊男，若松孝旺：防排煙時の室間圧力差予測のための中間的開放扉の基本特性，日本建築学会環境系論文集，第 602 号，pp.1-8, 2006 年

4.1-6)　川村成彦，阿部伸之，山田茂，山田常圭：加圧防排煙時の消防活動拠点における扉の流量係数及び開放力に関する実験研究，日本建築学会大会学術梗概集，pp.209-210, 2004 年

4.2 温度差がある場合の開口流量

火災時において，扉開口や窓開口などの開口部を通る流れは，機械換気の場合とともに建物の気流性状を左右する重要な要素であり，また火災性状を支配する重要な要因の一つである．

本節では，室間で温度差がある場合を対象とする．こうした状況下では，室間の流体移動に浮力が影響するため，等温系での考えとは異なる．

4.2.1 単一開口における開口流量

（1）計算式の対象

図4.2-1に示すように，温度の異なる2室間において，扉や窓などの開口での質量流量を算出する．なお，各室の床面圧力は既知とする．

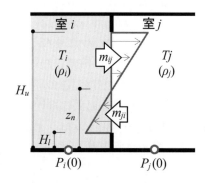

図4.2-1　温度の異なる2室間の開口流量（$T_j < T_i$ の場合）

（2）計算式　（$T_i > T_j$ （$\rho_i < \rho_j$）の場合）

中性帯高さ z_n [m]

$$z_n = \frac{P_i(0) - P_j(0)}{(\rho_i - \rho_j)g} \tag{4.2-1}$$

開口の質量流量 m [kg/s]

1) 中性帯高さ z_n が開口下端 H_l より低い位置にある場合（$z_n < H_l$）

室 i から j への質量流量：m_{ij} [kg/s]

$$m_{ij} = \frac{2}{3}\alpha B\sqrt{2g\rho_i|\rho_i - \rho_j|}\left\{(H_u - z_n)^{3/2} - (H_l - z_n)^{3/2}\right\} \tag{4.2-2}$$

室 j から i への質量流量：m_{ji} [kg/s]

$$m_{ji} = 0 \tag{4.2-3}$$

2) 中性帯が開口の中間にある場合（$H_l \leq z_n \leq H_u$）

室 i から j への質量流量：m_{ij} [kg/s]

$$m_{ij} = \frac{2}{3}\alpha B\sqrt{2g\rho_i|\rho_i - \rho_j|}(H_u - z_n)^{3/2} \tag{4.2-4}$$

室 j から i への質量流量：m_{ji} [kg/s]

$$m_{ji} = \frac{2}{3}\alpha B\sqrt{2g\rho_j\left|\rho_i - \rho_j\right|}\left(z_n - H_l\right)^{3/2} \tag{4.2-5}$$

3）中性帯が開口より高い位置にある場合($H_u < z_n$)

　　室iからjへの質量流量：m_{ij}[kg/s]

$$m_{ij} = 0 \tag{4.2-6}$$

　　室jからiへの質量流量：m_{ji}[kg/s]

$$m_{ji} = \frac{2}{3}\alpha B\sqrt{2g\rho_j\left|\rho_i - \rho_j\right|}\left\{\left(z_n - H_l\right)^{3/2} - \left(z_n - H_u\right)^{3/2}\right\} \tag{4.2-7}$$

（3）入力値

B	開口幅 [m]
g	重力加速度(=9.8 m/s²)
H_l	床面から開口下端までの高さ [m]
H_u	床面から開口上端までの高さ [m]
$P_i(0)$	床面高さにおける室iの圧力 [Pa]
$P_j(0)$	床面高さにおける室jの圧力 [Pa]
α	流量係数 [-]
ρ_i	室iの気体密度 [kg/m³]
ρ_j	室jの気体密度 [kg/m³]

（4）計算例

　T_i=1000K (ρ_i =0.35 kg/m³)，T_j=300K (ρ_j=1.18 kg/m³)，B =1m，H_u =2m，H_l =0.5m，α=0.7 の場合において，z_nが 0.2，1.25，3m の時の質量流量をそれぞれ求める．

1）z_n=0.2m の場合（$z_n < H_l$）

$$\begin{aligned}
m_{ij} &= \frac{2}{3}\alpha B\sqrt{2g\rho_i\left|\rho_i - \rho_j\right|}\left\{\left(H_u - z_n\right)^{3/2} - \left(H_l - z_n\right)^{3/2}\right\}\\
&= \frac{2}{3}\times0.7\times1\times\sqrt{2\times9.8\times0.35\times(1.18-0.35)}\left\{\left(2-0.2\right)^{3/2} - \left(0.5-0.2\right)^{3/2}\right\}\\
&\cong 2.51kg/s
\end{aligned}$$

$$m_{ji} = 0\,\mathrm{kg/s}$$

2）z_n=1.25m の場合（$H_l \leq z_n \leq H_u$）

$$\begin{aligned}
m_{ij} &= \frac{2}{3}\alpha B\sqrt{2g\rho_i\left|\rho_i - \rho_j\right|}\left(H_u - z_n\right)^{3/2}\\
&= \frac{2}{3}\times0.7\times1\times\sqrt{2\times9.8\times0.35\times(1.18-0.35)}\left(2-1.25\right)^{3/2} = 0.72\,\mathrm{kg/s}
\end{aligned}$$

$$m_{ji} = \frac{2}{3}\times0.7\times1\times\sqrt{2\times9.8\times1.18\times(1.18-0.35)}\left(1.25-0.5\right)^{3/2} = 1.32\,\mathrm{kg/s}$$

3）z_n=3m の場合（$H_u < z_n$）

$$m_{ij} = 0\,\mathrm{kg/s}$$

$$m_{ji} = \frac{2}{3}\alpha B\sqrt{2g\rho_j|\rho_i-\rho_j|}\left\{(z_n-H_l)^{3/2}-(z_n-H_u)^{3/2}\right\}$$
$$= \frac{2}{3}\times 0.7\times 1\times \sqrt{2\times 9.8\times 1.18\times(1.18-0.35)}\{(3-0.5)^{3/2}-(3-2)^{3/2}\} = 6.02\,\mathrm{kg/s}$$

(5) 解説

本項で示した扱いは，川越等 [4.2-1)] により導入された．その後の研究で実用的妥当性も実験的に確認 [4.2-2)] されている．図 4.2-2 に示すように，中性帯高さに応じて，計算式は3つに分類される．

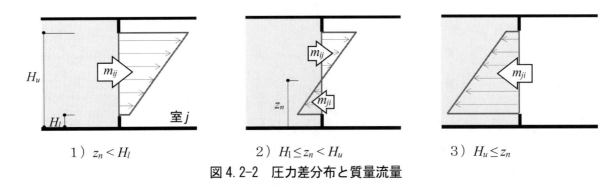

1) $z_n < H_l$　　　　2) $H_l \leq z_n < H_u$　　　　3) $H_u \leq z_n$

図4.2-2　圧力差分布と質量流量

(6) 参考文献

4.2-1) 川越邦雄：耐火構造内の火災性状（その1），日本火災学会論文集，Vol,2, No.1, 1952 年

4.2-2) 田中哮義：改訂版 建築火災安全工学入門，(財)日本建築センター，pp.16-19, 2002 年 1 月

4.2.2 平均圧力差による開口流量

4.2.1 に示したとおり高さ方向に圧力分布のある場合の開口流量の計算式は幾分複雑であるが，各流れ方向において圧力差を鉛直方向に平均した「平均圧力差」を用いれば 4.1.2 に示した温度差がない場合の式を用いて計算が近似的にできる．

(1) 計算式の対象

温度の異なる2室の間の開口部における床面圧力が既知であるとき，開口での質量流量を図 4.2-3 に示す平均圧力差によって近似的に求める [4.2-3)].

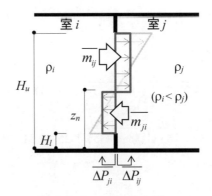

図4.2-3　平均圧力差

第4章 開口流量 −71−

（2）計算式
　　開口での質量流量：$\overline{m}$ [kg/s]

$$\overline{m_{ij}} = \alpha A \sqrt{2\rho_i \overline{\Delta P_{ij}}} \qquad (4.2\text{-}8)$$

$$\overline{m_{ji}} = \alpha A \sqrt{2\rho_j \overline{\Delta P_{ji}}} \qquad (4.2\text{-}9)$$

　　平均圧力差：$\overline{\Delta P}$ [Pa]
　1）中性帯高さ z_n が開口下端 H_l より低い位置にある場合 $(z_n < H_l)$

$$\overline{\Delta P_{ij}} = \Delta\rho g\left(\frac{H_u + H_l}{2} - z_n\right) \qquad (4.2\text{-}10)$$

$$\overline{\Delta P_{ji}} = 0 \qquad (4.2\text{-}11)$$

　2）中性帯が開口の中間にある場合 $(H_l \leq z_n \leq H_u)$

$$\overline{\Delta P_{ij}} = \Delta\rho g\left(\frac{H_u - z_n}{2}\right) \qquad (4.2\text{-}12)$$

$$\overline{\Delta P_{ji}} = \Delta\rho g\left(\frac{z_n - H_l}{2}\right) \qquad (4.2\text{-}13)$$

　3）中性帯が開口より高い位置にある場合 $(H_u < z_n)$

$$\overline{\Delta P_{ij}} = 0 \qquad (4.2\text{-}14)$$

$$\overline{\Delta P_{ji}} = \Delta\rho g\left(z_n - \frac{H_u + H_l}{2}\right) \qquad (4.2\text{-}15)$$

（3）入力値
　　B　　　　開口幅 [m]
　　g　　　　重力加速度(=9.8m/s²)
　　H_l　　　床面から開口下端までの高さ [m]
　　H_u　　　床面から開口上端までの高さ [m]
　　z_n　　　中性帯高さ [m]　式(4.2-1)による
　　α　　　流量係数 [-]
　　ρ_i　　　室 i の空気の気体密度 [kg/m³]
　　ρ_j　　　室 j の空気の気体密度 [kg/m³]
　　$\Delta\rho$　　　室 i と室 j の空気の気体密度の差（=$|\rho_i\text{-}\rho_j|$）[kg/m³]

（4）計算例
　　4.2.1の計算例と同じ条件(T_i=1000K (ρ_i=0.35 kg/m³), T_j=300K (ρ_j=1.18 kg/m³), B=1m, H_u=2m, H_l=0.5m, α=0.7) において，z_n= 0.2, 1.25, 3m の時の質量流量をそれぞれ求める．

　1）z_n=0.2m の場合（$z_n < H_l$）

$$\overline{\Delta P_{ij}} = \Delta\rho g\left(\frac{H_u + H_l}{2} - z_n\right) = (1.18 - 0.35) \times 9.8 \times \left(\frac{2 + 0.5}{2} - 0.2\right) \cong 8.54 P_a$$

$$\overline{m_{ij}} = \alpha A\sqrt{2\rho_i \overline{\Delta P_{iji}}} = 0.7 \times 1 \times (2-0.5) \times \sqrt{2 \times 0.35 \times 8.54} \cong 2.57 \text{kg/s}$$

2）z_n=1.25m の場合（$H_l \leq z_n \leq H_u$）

$$\overline{\Delta P_{ij}} = \Delta\rho g\left(\frac{H_u - z_n}{2}\right) = (1.18 - 0.35) \times 9.8 \times \left(\frac{2-1.25}{2}\right) \cong 3.05 \text{P}_a$$

$$\overline{\Delta P_{ji}} = \Delta\rho g\left(\frac{z_n - H_l}{2}\right) = (1.18 - 0.35) \times 9.8 \times \left(\frac{1.25-0.5}{2}\right) \cong 3.05 \text{P}_a$$

$$\overline{m_{ij}} = \alpha A\sqrt{2\rho_i \overline{\Delta P_{ij}}} = 0.7 \times 1 \times (2-1.25)\sqrt{2 \times 0.35 \times 3.04} = 0.77 \text{ kg/s}$$

$$\overline{m_{ji}} = \alpha A\sqrt{2\rho_j \overline{\Delta P_{ji}}} = 0.7 \times 1 \times (1.25-0.5)\sqrt{2 \times 1.18 \times 3.05} \cong 1.41 \text{kg/s}$$

3）h_n=3m の場合（$H_u < z_n$）

$$\overline{\Delta P_{ji}} = \Delta\rho g\left(\frac{H_u + H_l}{2} - z_n\right) = (1.18 - 0.35) \times 9.8 \times \left(3 - \frac{2+0.5}{2}\right) = 14.2 \text{Pa}$$

$$\overline{m_{ji}} = \alpha A\sqrt{2\rho_j \overline{\Delta P_{ji}}} = 0.7 \times 1 \times (2-0.5)\sqrt{2 \times 1.18 \times 14.2} \cong 6.08 \text{kg/s}$$

（5）解説

図 4.2-4 に示すように，中性帯高さに応じて，計算式は 3 つに分類される．

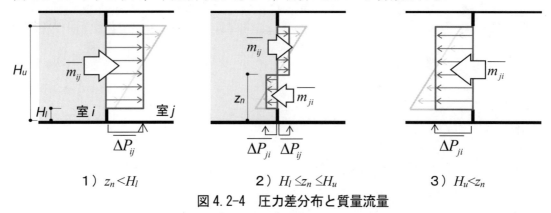

図 4.2-4　圧力差分布と質量流量

　4.2.2 の計算例と 4.2.1 の計算例を比較すると，各流れ方向に対して平均圧力差を用いた場合と圧力差分布を考えたときの流量の誤差は小さい．誤差は最大で 6%程度であり，中性帯高さが開口から離れるほど平均圧力差を用いたときの誤差は小さくなる[4.2-4]．

（6）参考文献

4.2-3) 田中哮義：改訂版 建築火災安全工学入門，(財)日本建築センター，pp.20，2002 年 1 月
4.2-4) 日本建築学会近畿支部加圧防煙システム研究会，加圧煙制御システムにおける給気量の算定方法　付録－1 平均圧力差と近似平均圧力差について，日本建築学会近畿支部，1999 年 9 月

4．2．3　直列開口を通る流れ（平均圧力差を用いる場合）

（1）計算対象
図4.2-5に示すように，建物内に存在する多数の開口を通る気流を対象とする．床面圧力がそれぞれ P_i, P_j で既知である2つの空間（室 i と室 j）の間に直列に複数の開口（$k=1,2,…,n$）がある場合の正味の通過流量を，平均圧力差を用いて算出する [4.2-5]．

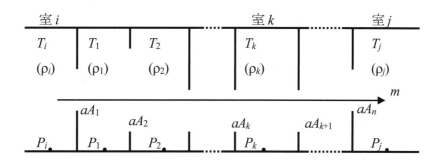

図4.2-5　直列開口を通る流れ

（2）計算式
直列開口を通過する質量流量：m [kg/s]

$$m = (\alpha A)_T \sqrt{2\rho_i (P_i - P_j)} \tag{4.2-16}$$

合成有効開口面積：$(\alpha A)_T$ [m²]

$$(\alpha A)_T = \cfrac{1}{\sqrt{\cfrac{1}{\left[\sum_{k=1}^{n} \cfrac{\rho_i}{\rho_{k-1}} (\alpha A)_k\right]^2}}} \tag{4.2-17}$$

（3）入力値
$(\alpha A)_T$	全開口の合成有効開口面積[m²]
$(\alpha A)_k$	室(k-1)と室 k の間の開口の有効開口面積[m²]
ρ_i	室 i の空気の気体密度 [kg/m³]
P_i	室 i の床面圧力 [Pa]
P_j	室 j の床面圧力 [Pa]

（4）計算例
図4.2-6に示すように，付室（室 i）と外気（室 j）の間に廊下（室1）と火災室（室2）があり，各室が直列開口でつながっている．付室を加圧して，外気との圧力差 P_i-P_j =10Paとするとき，正味の通過流量 m_{net} [kg/s]を求める．なお，気体密度は付室を ρ_i=1.18kg/m³（温度換算すれば T_1 =27℃），外気を ρ_j=1.18 kg/m³（T_j =27℃），廊下を ρ_1= 0.54 kg/m³（T_1 =377℃），火災室を ρ_2=0.35 kg/m³（T_2 =727℃）とする．開口面積は，付室―廊下間を A_1=1.5m²，廊下―火災室間を A_2=2.0 m²，火災室―外気間を A_3=0.8 m²とし，それぞれの開口の流量係数を α=0.7 とする．

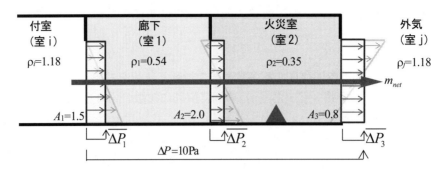

図4.2-6 付室—外気間の流れの計算例

$$(\alpha A)_k = \frac{1}{\sqrt{\frac{1.18}{1.18}\frac{1}{(0.7\times 1.5)^2}+\frac{1.18}{0.54}\frac{1}{(0.7\times 2)^2}+\frac{1.18}{0.35}\frac{1}{(0.7\times 0.8)^2}}} \cong 0.28 m^2$$

$$m_{net} = 0.28\sqrt{2\times 1.18\times 10} = 1.36\,\mathrm{kg/s}$$

m_{net}を求めた後に各開口の平均圧力差を下記により求めることができる.

付室—廊下間の平均圧力差$\overline{\Delta P_1}$ [Pa]

$$\overline{\Delta P_1} = \frac{m_{net}^2}{2\rho_i(\alpha A)_1^2} = \frac{1.36^2}{2\times 1.18\times (0.7\times 1.5)^2} \cong 0.71 P_a$$

廊下—火災室間の平均圧力差$\overline{\Delta P_2}$ [Pa]

$$\overline{\Delta P_2} = \frac{m_{net}^2}{2\rho_1(\alpha A)_2^2} = \frac{1.36^2}{2\times 0.54\times (0.7\times 2)^2} = 0.87\,\mathrm{Pa}$$

火災室—外気間の平均圧力差$\overline{\Delta P_3}$ [Pa]

$$\overline{\Delta P_3} = \frac{m_{net}^2}{2\rho_2(\alpha A)_3^2} = \frac{1.36^2}{2\times 0.35\times (0.7\times 0.8)^2} \cong 8.43 P_a$$

(5) 解説

温度差がある複数室間の開口を通る流れを計算する場合には,本来であれば式(4.2-2)～式(4.2-7)を連立して数値的に解くことになる.しかし,図4.2-7に示すように各開口の中心の高さが大きく変わらなければ,開口全面にわたる平均圧力差を用いて室iからjへ流れる正味流量を

$$m_{ij} = (\alpha A)_i \sqrt{2\rho_i \overline{\Delta P_{ij}}} \tag{4.2-18}$$

で近似することができる.このとき,中性帯が開口高さの中に位置する場合には,室iから室jへの流れと室jから室iへの流れが並行するが,その差がm_{ij}として与えられる[4.2-6),7)].

式(4.2-18)は等温の場合と同形になるので,これを各開口に用いれば有効開口面積を合成することができ,正味の開口流量を簡便に計算できる.また,式(4.2-16)を変形すれば,計算例に示すとおり流量から各開口部における平均圧力差を算出できる.

なお,計算例において各開口の高さ寸法を2m,正味通過流量を1.36kg/sとして,付室—外気間の圧力差を式(4.2-2)～式(4.2-7)により求めると6.23Paとなり,計算例の10Paとさほど変わらない.ただし,各開口の中心の高さが大きく異なる場合(構成空間内に竪穴がある場合等)には,誤差が大きくなる恐れがあるので,高さの補正を施す必要がある[4-2-8),9)].

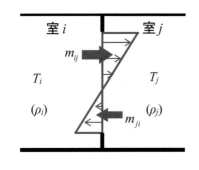 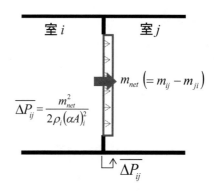

(a) 床面圧力差の場合　　　　　　　　(b) 平均圧力差の場合

図 4.2-7　開口全面にわたる平均圧力差

（6）参考文献

4.2-5)　田中哮義：改訂版　建築火災安全工学入門，(財)日本建築センター，pp.24-25，2002 年 1 月

4.2-6)　久次米真美子，松下敬幸，田中哮義：附室加圧システムにおける給気量の手計算方法，日本建築学会計画系論文集，第 531 号，pp.1-8，2000 年 5 月

4.2-7)　日本建築学会近畿支部加圧防煙システム研究会，加圧煙制御システムにおける給気量の算定方法　付録－1 平均圧力差と近似平均圧力差について，日本建築学会近畿支部，1999 年 9 月

4.2-8)　田中哮義：改訂版　建築火災安全工学入門，(財)日本建築センター，pp.267，2002 年 1 月

4.2-9)　岸上昌史，松下敬幸，藤田浩司，高田暁：加圧煙制御における常温換気計算法に基づく給気量算定法および空気逃し開口部の設置高さの影響，日本建築学会環境系論文集，第 673 号，pp.115-120，2012 年 3 月

第5章　熱移動

5.1　放射熱伝達

　放射は電磁波によるエネルギーの移動であり，熱源と受熱体の間に熱を媒介する物質がなく真空であったとしても熱が伝わる．熱源から射出される放射熱は絶対温度の4乗に比例するため，火災時のように高い温度環境下では，他の形態の熱移動に比べて重要性が高まる．

5.1.1　固体表面からの放射熱

（1）計算式の対象

　固体表面からの放射熱 E [kW/m²]を求める．

（2）計算式

　固体表面からの放射熱：E [kW/m²]

$$E = \varepsilon \sigma T^4 \tag{5.1-1}$$

（3）入力値

　　T　　　絶対温度 [K]

　　ε　　　放射率[-]　（**表**5.1.1による）

　　σ　　　ステファン・ボルツマン定数　$(=5.67 \times 10^{-11}\,\mathrm{kW/(m^2 \cdot K^4)})$

表5.1-1　材料の放射率の例 [5.1-1),2)]

建材名	測定温度[℃]	放射率[-]
ステンレス鋼	100	0.074
研磨された鉄	425-1025	0.14-0.38
陶磁器	45	0.88
セメント	44	0.93
石膏	10-90	0.91
レンガ	20	0.93
耐火レンガ	1000	0.75
ベニヤ板	42	0.84
木材(オーク)	20	0.9

（4）計算例

　温度 T_f=727℃（1000K）の耐火レンガ表面からの放射熱 E [kW/m²]を求める．

$$E = \varepsilon \sigma T^4 = 0.75 \times 5.67 \times 10^{-11} \times 1000^4 = 42.5\,\mathrm{kW/m^2}$$

（5）解説

　固体表面からの放射熱（単位面積あたり単位時間あたりに放射される熱量）は，ステファン・ボルツマンの法則で計算する．式(5.1-1)の関係は初め Stefan によって実験的に求められ，ついで Boltzmann によって理論的に導かれたものである．実在の固体表面からの放射熱は黒体からの放射熱よりも小さいので黒体からの放射熱との比率である放射率εをかける．

（6）参考文献

5.1-1) Welty, J.R., Wicks, C.E., Wilson, R.E. and Rorrer, G.：Fundamentals of Momentum, Heat and Mass Transfer, 5th edn., John Wiley & Sons, Inc., 2008

5.1-2) 山口典男：各種素材の遠赤外線放射率の特徴，長崎県窯業技術センター研究報告，2014年

5．1．2　気体塊からの放射熱

（1）計算式の対象

図5.1-1に示すように，室上部に蓄積した煙層等の気体塊からの放射熱 E [kW/m²] を，放射する媒質である CO_2，H_2O などの分子構造が非対称のガスと煤（スス）等の濃度および平均光路長に応じて求める．

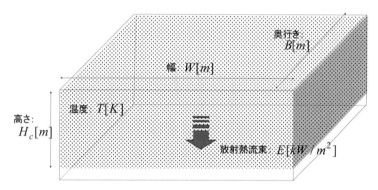

図5.1-1　室上部に蓄積した気体塊からの放射熱

（2）計算式

気体塊からの放射熱：E [kW/m²]

$$E = \varepsilon \sigma T^4 \tag{5.1-2}$$

放射率：ε [-]

$$\varepsilon = 1 - e^{-\kappa L} \tag{5.1-3}$$

平均光路長：L（表5.1-3を使っても良い）

$$L = 3.6 \frac{V}{A} \tag{5.1-4}$$

（3）入力値

　　　A　　気体塊の表面積　[m²]
　　　T　　絶対温度　[K]
　　　V　　気体塊の体積　[m³]
　　　κ　　放射吸収係数（表5.1-2）　[m⁻¹]
　　　σ　　ステファン・ボルツマン定数（=5.67×10⁻¹¹ kW/(m²・K⁴)）

－78－　火災性状予測計算ハンドブック

（4）計算例

　幅 W =15m，奥行 B =5m，高さ H_c =2.5m の室に煙が充満している．温度 T=727℃（1000K），放射吸収係数は木材を燃焼させた火炎と同じと考えて k=0.93m^{-1} とするとき，気体塊からの放射熱 E [kW/m²]を求める．

　　　気体塊の体積（＝火災室の体積）

$$V = W \times B \times H_c = 15 \times 5 \times 2.5 = 187.5\,\mathrm{m}^3$$

　　　気体塊の表面積（＝火災室の内表面積）

$$A = 2\left(W \times B + W \times H_c + B \times H_c\right) = 2\left(15 \times 5 + 15 \times 2.5 + 5 \times 2.5\right) = 250\,\mathrm{m}^2$$

　　　気体塊の平均光路長：

$$L = 3.6\frac{V}{A} = 3.6\frac{187.5}{250} = 2.7\,\mathrm{m} \quad （ちなみに \textbf{表5.1-3} を使うと，\ L = 1D = 1 \times 2.5 = 2.5\,\mathrm{m}\ ）$$

　　　気体塊の放射率：

$$\varepsilon = 1 - e^{-\kappa L} = 1 - e^{-0.93 \times 2.7} = 0.92$$

　　　気体塊からの放射熱：

$$E = \varepsilon \sigma T^4 = 0.92 \times 5.67 \times 10^{-11} \times 1000^4 = 52.2\,\mathrm{kW/m}^2$$

（5）解説

　大気の主成分である O_2 や N_2 といった分子構造が対称の分子は，火災温度の範囲では熱エネルギーを放射も吸収もしない．しかし，燃焼で発生する CO_2 や H_2O，CO などの分子構造が非対称な分子や煤のような固体粒子はいずれも有力な放射吸収物質である．これらを含む火炎の放射吸収係数は，**表5.1-2** の値が実験的に求められている．

表5.1-2　放射吸収係数の例 [5.1-3),4)]

燃焼物	放射吸収係数[m⁻¹]	煤となる炭素の割合[%]
アクリル樹脂	0.94〜1.3	0.30〜4.0
ポリプロピレン	1.3〜1.8	5.4〜5.5
ポリウレタン	1.3	5.7
ポリスチレン	5.3〜5.6	18〜20.8
エタノール	0.33	1.9
アセトン	0.47	2.2
オクタン	1.3	6.3
木材	0.93	3.5

　図5.1-2 に示すように任意の形状の気体塊から微小表面積への放射熱は，気体塊の厚みがその方向によってそれぞれ異なる．よって微小表面積を中心とする半球面を考え，前段の任意形状の気体塊から微小面積要素に到達する放射熱と同一の放射熱を与える半径 L をもって放射の平均光路長と定義する．既往の研究で計算が行われている典型的な気体塊の形状に対する平均光路長を**表5.1-3** に示す．またその他の形状についても，式(5.1-4)で近似できることが知られている [5.1-5)]．

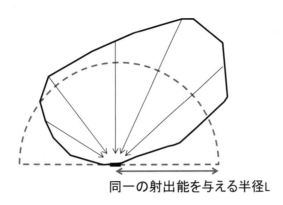

図5.1-2　任意形状の気体塊と同一の放射熱を与える半球の想定

表5.1-3　平均光路長の例[5.1-5),6)]

形状		受熱面	平均光路長[m]
円柱	高さ＝直径（D）	底面の中心	$0.71D$　（D:直径）
		全面	$0.60D$　（D:直径）
	高さ＝半径（$0.5D$）	底面	$0.43D$　（D:直径）
		側面	$0.46D$　（D:直径）
		全面	$0.45D$　（D:直径）
直方体	1：1：4	1×4 平面	$0.82D$　（D:最小辺）
		1×1 平面	$0.71D$　（D:最小辺）
		全面	$0.81D$　（D:最小辺）
	1：2：6	2×6 平面	$1D$　（D:最小辺）
		1×6 平面	$1.05D$　（D:最小辺）
		1×2 平面	$1D$　（D:最小辺）
		全面	$1.02D$　（D:最小辺）

（6）参考文献

5.1-3)　de Ris, J. N.：Fire radiation - a review, Proceedings of the Combustion Institute, 17,pp1003-1016, 1979

5.1-4)　Bard, S and Pagni, P.J.：Spatial Variation of Soot Volume Fractions in Pool Fire Diffusion Flames, Fire Safety Science 1: 361-369, 1986

5.1-5)　Siegel, R. and Howell, J.R.：Thermal Radiation Heat Transfer, McGraw-Hill 548, 1972

5.1-6)　Hottel, H.C. and Sarofim, A.F.：Radiative Transfer, McGraw-Hill, 277, 1967

5.1.3　形態係数

固体表面および気体塊が射出するエネルギーは5.1.1～5.1.2で与えられるが，その放射が他の固体表面に到達する割合は，放射面と受熱面の2つの面の大きさや向き，距離などの幾何学的関係で定まる．これを形態係数と呼ぶ．火災安全設計においては，火炎や火災室などの放射面から離れた距離にある可燃物への着火予測を行う際，受熱面を微小面積要素と仮定して形態係数の算出が行われる．

5.1.3.1　立体角投射の法則による形態係数の算出

（1）計算式の対象

放射面 A_2 [m²]から微小面積要素 dA_1[m²]への形態係数 F_{12} について，一旦，放射面 A_2 を微小面積要

素 dA_1 を中心とする仮想半球（半径 r）の表面上に投影した $A_s[m^2]$ を想定し，さらに同半球の底面に投影した面積 $A_b[m^2]$ が同半球の底面全体に占める割合をもって算出する立体角投射の法則を用いて，形態係数を求める．

（2）計算式

形態係数：F_{12}　[-]

$$F_{12} = \frac{A_b}{\pi r^2} \tag{5.1-5}$$

（3）入力値

A_b	放射面を仮想半球の表面へ投影した面をさらに底面上へ投影した面積	[m²]
r	仮想半球の半径(=1m)	
π	円周率（=3.14）	

（4）計算例

図 5.1-3 に示すように，微小面積要素の真上の距離 S =3.5m に半径 R = 0.8m の円形放射面があるとき，立体角投射の法則を用いて，円形放射面から微小面積要素への形態係数 F_{12}[-]を求める．

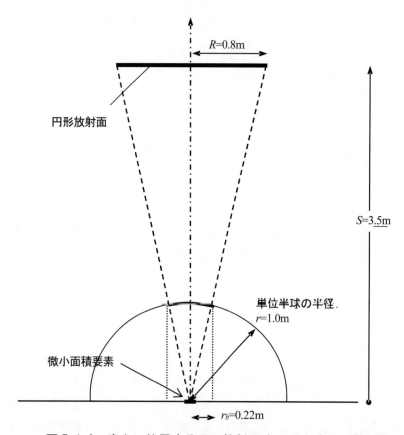

図 5.1-3　真上に位置する円形放射面をみるときの形態係数

単位半球の底面上に投影された放射面の半径：

$$r_b = r\frac{R}{\sqrt{R^2+S^2}} = 1.0 \times \frac{0.8}{\sqrt{0.8^2+3.5^2}} = 0.22\,\text{m}$$

単位半球の底面上に正射影された放射面の面積：

$$A_b = \pi r_b^2 = 3.14 \times 0.22^2 = 0.16\,\text{m}^2$$

形態係数：

$$F_{12} = \frac{A_b}{\pi r^2} = \frac{0.16}{3.14 \times 1^2} = 0.0509$$

(5) 解説

放射面から微小面積要素への形態係数は，図5.1.4のように放射面を半球面上に投影し，その投影面を底面に再度正射影した面積が，同半球の底面全体に占める割合として示される．この立体角投射の法則を利用して，各種形状の放射面の形態係数を次式で求めることができる[5.1-7]．

$$F_{12} = \int_{A_2} \frac{\cos\beta_1 \cos\beta_2}{\pi r^2} dA_2 \tag{5.1-6}$$

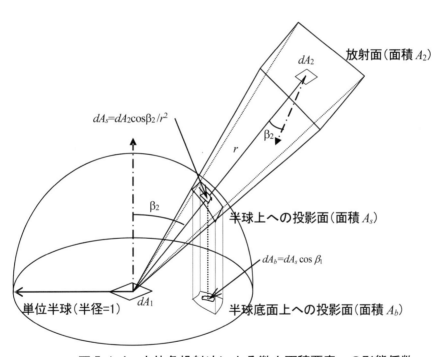

図5.1-4 立体角投射法による微小面積要素への形態係数

(6) 参考文献

5.1-7) 田中哮義：改訂版 建築火災安全工学入門，日本建築センター，pp.79-80，2002年1月

５．１．３．２　長方形放射面に並行または垂直な微小面積要素への形態係数

（１）計算式の対象
図5.1-5に示すように，平行および垂直に対置される放射面から微小面積要素 dA への形態係数 F_{dA-1} を求める．

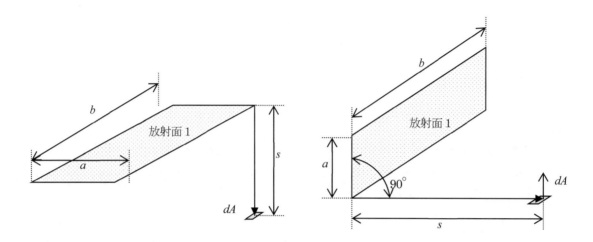

微小面積要素に平行な長方形　　　　　　　　微小面積要素に垂直な長方形

図5.1-5　平行および垂直に対置される長方形放射面の形態係数

（２）計算式
放射面1から微小面積要素 dA への形態係数：F_{dA-1} [-]

1）受熱面と平行な長方形の場合：

$$F_{dA-1} = \frac{1}{2\pi}\left(\frac{X}{\sqrt{1+X^2}}\tan^{-1}\frac{Y}{\sqrt{1+X^2}} + \frac{Y}{\sqrt{1+Y^2}}\tan^{-1}\frac{X}{\sqrt{1+Y^2}}\right) \qquad (5.1\text{-}7)$$

2）受熱面に垂直な長方形の場合：

$$F_{dA-1} = \frac{1}{2\pi}\left(\tan^{-1}Y - \frac{1}{\sqrt{1+X^2}}\tan^{-1}\frac{Y}{\sqrt{1+X^2}}\right) \qquad (5.1\text{-}8)$$

（３）入力値
a	長方形放射面の高さ	[m]
b	長方形放射面の幅	[m]
s	受熱面と放射面の距離	[m]
X	a/s	
Y	b/s	
π	円周率(=3.14)	[-]

（４）計算例
図5.1-6に示すような幅 a=4m, 高さ b=1.5m の火災室開口部から水平距離 s=5m 離れた位置に平行に対置される微小面積要素からみたときの形態係数 F_{dA-1} を求める．

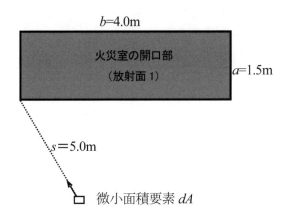

図 5.1-6　放射面と平行な微小面積要素への形態係数

$$X = a/s = 1.5/5 = 0.3$$
$$Y = b/s = 4/5 = 0.8$$

$$\begin{aligned}
F_{dA-1} &= \frac{1}{2\pi}\left(\frac{X}{\sqrt{1+X^2}}\tan^{-1}\frac{Y}{\sqrt{1+X^2}} + \frac{Y}{\sqrt{1+Y^2}}\tan^{-1}\frac{X}{\sqrt{1+Y^2}}\right) \\
&= \frac{1}{2\pi}\left(\frac{0.3}{\sqrt{1+0.3^2}}\tan^{-1}\frac{0.8}{\sqrt{1+0.3^2}} + \frac{0.8}{\sqrt{1+0.8^2}}\tan^{-1}\frac{0.3}{\sqrt{1+0.8^2}}\right) \\
&= 0.0528
\end{aligned}$$

（5）解説

　立体角投射の法則による形態係数の計算は一般には相当に面倒なため，代表的な幾何学形状について既に求められている計算式を，安全側に近似して用いることが多い．特に頻繁に使用されるものは放射面を長方形で近似し，受熱面を微小面積要素とする方法である[5.1-8]．

（6）参考文献

5.1-8)　日本火災学会編：火災便覧（第3版），1997年，共立出版

5.1.3.3　向かい合う楕円に平行な微小面への形態係数

（1）計算式の対象

　図 5.1-7 に示すような垂線上に中心を持ち平行に向かい合う楕円放射面から微小受熱面 dA [m²]への形態係数 $F_{dA\text{-}1}$ [-]を求める．

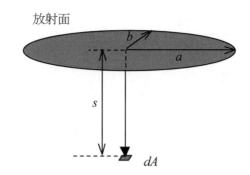

図 5.1-7 向かい合う楕円放射面の形態係数

（2）計算式

形態係数：$F_{dA\text{-}1}$ [-]

$$F_{dA-1} = \frac{XY}{\sqrt{(1+X^2)(1+Y^2)}} \tag{5.1-9}$$

（3）入力値

a	楕円の長径	[m]
b	楕円の短径	[m]
s	微小面積要素と放射面の距離	[m]
X	a/s	
Y	b/s	

（4）計算例

前節の計算例と同様に，幅 a=4m，高さ b=1.5m の火災室開口部が，水平距離 s=5m 離れた位置に並行に対置していると考え，図 5.1-8 に示すように楕円の 1／4 として微小面積要素からみたときの形態係数 $F_{dA\text{-}1}$[-]を求める．

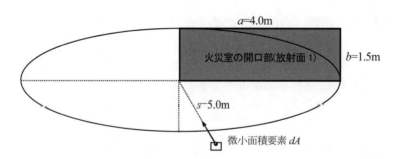

図 5.1-8 開口部端部が平行に対置される場合の形態係数

$X = b/s = 4/5 = 0.8$

$Y = a/s = 1.5/5 = 0.3$

$F_{dA-1} = \dfrac{1}{4} \dfrac{XY}{\sqrt{(1+X^2)(1+Y^2)}} = \dfrac{1}{4} \dfrac{0.8 \times 0.3}{\sqrt{(1+0.8^2)(1+0.3^2)}} = \dfrac{1}{4} \times 0.180 = 0.0450$

（5）解説
　楕円に近似することで，楕円の外側に位置する端部からの分だけ小さな値になるが，計算が簡便となり，実務的問題ではこれで十分なことが多い．

（6）参考文献
5.1-9)　　田中哮義：改訂版 建築火災安全工学入門，日本建築センター，pp.79，2002年1月

5.1.3.4　分割した放射面からの形態係数

（1）計算式の対象
　放射受熱面である微小面積要素から放射面に向けての垂線の交点が，放射面の角ではなく，内部あるいは外部となる位置関係の場合，放射面を分割し，各面への形態係数を合計することで，あるいは垂線の交点より対象とする放射面までを包含する面への形態係数を算出し，そのうちの実在しない放射面への形態係数を差し引いて，本来の放射面の形態係数 F[-]を求める．**図5.1-9**は形態係数の和または差を利用する例である．

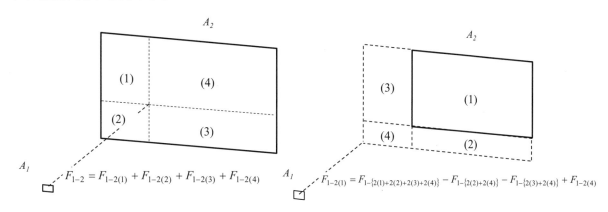

図5.1-9　形態係数の和と差の利用

（2）計算式
1）微小面積要素から放射面に向けての垂線の交点が内部にある場合
　　和で得られる元の放射面への形態係数：$F_{1\text{-}2}$ [-]

$$F_{1-2} = F_{1-2(1)} + F_{1-2(2)} + F_{1-2(3)} + F_{1-2(4)} \tag{5.1-10}$$

2）微小面積要素から放射面に向けての垂線の交点が外部にある場合
　　差で得られる元の放射面への形態係数：$F_{1\text{-}2(2)}$ [-]

$$F_{1-2(1)} = F_{1-\{2(1)+2(2)+2(3)+2(4)\}} - F_{1-\{2(2)+2(4)\}} - F_{1-\{2(3)+2(4)\}} + F_{1-2(4)} \tag{5.1-11}$$

（3）入力値
　　$F_{1\text{-}2(1)}, F_{1\text{-}2(2)}, F_{1\text{-}2(3)}, F_{1\text{-}2(4)}$　　垂線の交点で分割された各面への形態係数　[-]

　　$F_{1\text{-}\{2(1)+2(2)+2(3)+2(4)\}}$　垂線の交点より対象とする放射面までを包含する面への形態係数　[-]

　　$F_{1\text{-}2(2)}, F_{1\text{-}2(3)}, F_{1\text{-}2(4)}$　上記で包含した面のうち実在しない面への形態係数　[-]

（4）計算例

図5.1-10に示すように，幅 a =4m，高さ b =1.5m の火災室開口部より，水平距離 s =2m 離れた位置に並行に対置される微小面積要素からみた形態係数 $F_{dA\text{-}A}$ を求める．ただし微小面積要素からの垂線が開口部に交差する交点が，水平方向は開口部中心（a =2m），鉛直方向は開口部下端より 0.5m（b_1 =1m，b_2 =0.5m）となる位置関係にあるものとする．

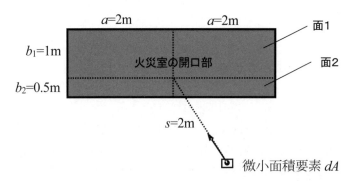

図5.1-10　開口部が平行に対置される場合の形態係数

面1の形態係数：

$$X_1 = b_1/s = 1/2 = 0.5$$

$$Y_1 = a/s = 2/2 = 1.0$$

$$\begin{aligned}F_{dA-1} &= \frac{1}{2\pi}\left(\frac{X}{\sqrt{1+X^2}}\tan^{-1}\frac{Y}{\sqrt{1+X^2}}+\frac{Y}{\sqrt{1+Y^2}}\tan^{-1}\frac{X}{\sqrt{1+Y^2}}\right)\\&=\frac{1}{2\pi}\left(\frac{0.5}{\sqrt{1+0.5^2}}\tan^{-1}\frac{1.0}{\sqrt{1+0.5^2}}+\frac{1.0}{\sqrt{1+1.0^2}}\tan^{-1}\frac{0.5}{\sqrt{1+1.0^2}}\right)=0.0902\end{aligned}$$

面2の形態係数：

$$X_2 = b_2/s = 0.5/2 = 0.25$$

$$Y_2 = a/s = 2/2 = 1.0$$

$$\begin{aligned}F_{dA-2} &= \frac{1}{2\pi}\left(\frac{X}{\sqrt{1+X^2}}\tan^{-1}\frac{Y}{\sqrt{1+X^2}}+\frac{Y}{\sqrt{1+Y^2}}\tan^{-1}\frac{X}{\sqrt{1+Y^2}}\right)\\&=\frac{1}{2\pi}\left(\frac{0.25}{\sqrt{1+0.25^2}}\tan^{-1}\frac{1.0}{\sqrt{1+0.25^2}}+\frac{1.0}{\sqrt{1+1.0^2}}\tan^{-1}\frac{0.25}{\sqrt{1+1.0^2}}\right)=0.0494\end{aligned}$$

火災室開口部の形態係数：

左右対称のため，片側の形態係数を2倍する．

$$F_{dA-A} = 2\left(F_{dA-1}+F_{dA-2}\right)=2\times\left(0.0902+0.0494\right)=0.279$$

（5）解説

面1の面2に関する形態係数を F_{1-2} とするとき，面2が 2(1) と 2(2)，・・・2(n) に分かれるときは

$$F_{1-2} = F_{1-2(1)} + F_{1-2(2)} + \cdots + F_{1-2(n)}$$

が成り立つ．これと形態係数の相反関係および既知の形態係数の計算式を応用することにより，直接計算が難しい形態係数を得られる場合がある [5.1-10]．

（6）参考文献
5.1-10) 日本火災学会編：火災便覧（第3版），1997年，共立出版

5．1．4　放射シールドによる放射熱の遮蔽

温度の異なる2つの面が放射熱伝達を行うとき，その中間に薄い鉄板などの面を挿入すると，放射熱が表面で吸収された後に再放射が行われる．そのため，鉄板が無い場合に比べて2面間の放射熱伝達を低減できる．このような働きをする薄い面を一般に放射シールドといい，シャッター等を介した放射熱伝達が該当する．

（1）計算式の対象
図5.1-11に示すような放射シールドを介した非加熱面への正味の放射熱伝達流束と非加熱面の温度を算出する．表面の放射率は1とする．

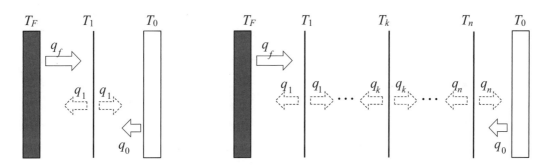

図5.1-11　放射シールド（左：放射シールドが1枚のとき，右：n枚のとき）

（2）計算式 [5.1-11]

1）放射シールド面が1枚の場合
放射シールドの温度：T_1 [K]

$$T_1 = \left(\frac{T_f^{\,4} + T_0^{\,4}}{2} \right)^{1/4} \approx 0.84 \left(T_f^{\,4} + T_0^{\,4} \right)^{1/4} \tag{5.1-12}$$

非加熱面への正味の放射熱流束：q_{net} [kW/m^2]

$$q_{net} = q_1 - q_0 = \frac{q_f - q_0}{2} \tag{5.1-13}$$

2）放射シールド面がn枚の場合
k枚目のシールドの温度：T_k [K]

$$T_k = \left(\frac{\{(n+1)-k\}T_f^4 + kT_0^4}{n+1} \right)^{1/4} \tag{5.1-14}$$

非加熱面への正味の熱流束：q_{net} [kW/m²]

$$q_{net} = \frac{q_f - q_0}{n+1} \tag{5.1-15}$$

（3）入力値

q_F	加熱面からの放射熱流束	[kW/m²]
q_0	非加熱面からの放射熱流束	[kW/m²]
n	放射シールドの枚数	
T_f	加熱面の温度	[K]
T_0	非加熱面の温度	[K]
σ	ステファン・ボルツマン定数（＝5.67×10⁻¹¹ kW/(m²・K⁴)）	

（4）計算例

図 5.1-12 に示すように，温度 T_f=1000K の火災室と温度 T_0=300K（=27℃）の非火災室を区画するシャッターを通じた正味の放射熱流束 q_{net}[kW/m²]およびシャッターの温度 T_1[K]を求める．ただし，火災室および非火災室からシャッターが受ける熱については放射熱伝達のみとし，火災室および非火災室内の気体塊は黒体とする．

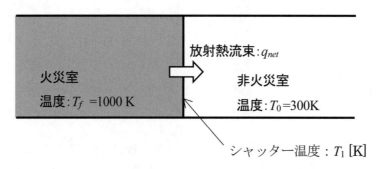

図 5.1-12　放射シールドとしてのシャッター

放射熱流束：

$$q_{net} = q_1 - q_0 = \frac{q_F - q_0}{2} = \frac{5.67 \times 10^{-11} \times (1000^4 - 300^4)}{2} = 28.1 \text{kW/m}^2$$

シャッター温度：

$$T_1 = \left(\frac{T_f^4 + T_0^4}{2} \right)^{1/4} = \left(\frac{1000^4 + 300^4}{2} \right)^{1/4} = 842 \text{K}(=569°\text{C})$$

（5）解説

各シールドに入射した放射熱流は，表面で全て吸収され，その後に両面から均等に射出されると考えると，各シールドの熱収支から式(5.1-14)〜(5.1-15)が導かれる．このとき，対流熱伝達は無視している．式(5.1-15)より放射シールド面が 1 つ，2 つと増える毎に，非加熱面への正味の放射熱流束は火災室からの直接放射に比較して，1/2, 1/3 に減少する．

（6）参考文献
5.1-11) 田中哮義：改訂版 建築火災安全工学入門，日本建築センター，pp.93-95, 2002年1月

5.1.5 放射を受ける薄板の温度

火炎あるいは火災区画の開口部などからの放射を受ける薄板を考える．ここで薄板とは，表面に加えられた熱が内部へ伝導する時間が無視でき，速やかに一様な温度となる板を意味する．

（1）計算式の対象

図 5.1-13 に示すように，受熱面として想定する薄板が，放射面からの放射熱により引き起こされる温度上昇を，薄板裏面の断熱の有無に応じて算定する．このとき図5.1-13のように，板表面から見た放射面の形態係数を F，放射面から射出される放射熱流束を $E_f(=\varepsilon_f \sigma T_f^4)$ [kW/m²]，その他の部分は雰囲気温度 T_0[K]の黒体と見なして板への流入熱流束 q_{in} [kW/m²]を求める．薄板の温度 T [K]は，裏面が断熱されているかどうかに応じて，算定される．ただし，薄板から周辺空気への対流熱損失は無視する．

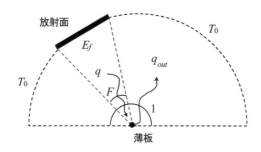

図5.1-13　放射を受ける薄板の温度

（2）計算式

薄板の温度：T [K]

1) 裏面が断熱されている場合

$$T = \left\{\frac{1}{\sigma}E_f F + T_0^4(1-F)\right\}^{1/4} = \left\{\varepsilon_f T_f^4 F + T_0^4(1-F)\right\}^{1/4} \tag{5.1-16}$$

2) 裏面が断熱されていない場合

$$T = \left\{\frac{\varepsilon_f T_f^4 F + T_0^4(1-F)}{2}\right\}^{1/4} \tag{5.1-17}$$

（3）入力値

- E_f　　放射面からの放射熱　[kW/m²]
- F　　加熱面から薄板への形態係数　[-]
- T_f　　加熱面の表面温度　[K]
- T_0　　周辺空気温度　[K]
- ε_f　　加熱面の放射率　[-]
- σ　　ステファン・ボルツマン定数　[kW/(m²・K⁴)]

（4）計算例 [5.1-12)]

図5.1-14に示すように，幅 a =4m，高さ b =1.5m，温度 T_f =1000K（=727℃）の火災室開口部より，水平距離 s =5m離れた位置に平行に対置される薄板への流入熱流束 q_{in} [kW/m²]および裏面が断熱されている薄板の温度 T [K]を求める．放射面の放射率は ε_f =1.0[-]，外気温 T_0 =27℃（=300K），薄板の裏面は断熱されているとする．ただし，火災室開口部への形態係数は，5.1.3.2(4)より F =0.0528と算出される．

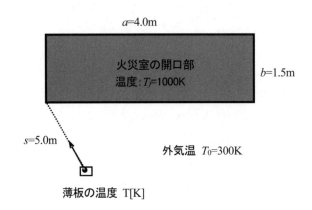

図5.1-14　開口部より放射を受ける裏面が断熱された薄板の温度

火災室の開口部からの放射熱：

$$E_f = \varepsilon_f \sigma T_f^4 = 1.0 \times 5.67 \times 10^{-11} \times 1000^4 = 56.70 \, \text{kW/m}^2$$

薄板へ流入する放射熱流束：

$$\begin{aligned} q_{in} &= E_f F + \sigma T_0^4 (1-F) \\ &= 56.7 \times 0.0528 + 5.67 \times 10^{-11} \times 300^4 \times (1-0.0528) = 3.49 \, \text{kW/m}^2 \end{aligned}$$

裏面が断熱されている薄板の温度：

$$\begin{aligned} T &= \left\{ \varepsilon_f T_f^4 F + T_0^4 (1-F) \right\}^{1/4} \\ &= \left\{ 1.0 \times 1000^4 \times 0.0528 + 300^4 \times (1-0.0528) \right\}^{1/4} = 496 \, \text{K} (223°\text{C}) \end{aligned}$$

（5）解説

薄板の温度を求める式(5.1-16)，(5.1-17)は薄板への流入熱流束と薄板からの流出熱流束の熱平衡式によって導出される．どちらも流入熱流束は $q_{in} = E_f F + \sigma T_\infty^4 (1-F)$ で表されるが，流出熱流束は薄板裏面が断熱されている場合は表面からのみの流出と考え $q_{out} = \varepsilon \sigma T^4$，断熱されていない場合は裏面からも同じ熱流が流出すると考え $q_{out} = 2\varepsilon \sigma T^4$ と変化することにより，求められる薄板の温度は異なる値をとる．

（6）参考文献

5.1-12)　田中哮義：改訂版　建築火災安全工学入門，（財）日本建築センター，pp.292, 2002年1月

5.1.6 火炎からの放射熱流束

(1) 計算式の対象

燃焼物の周辺にある可燃物への延焼の有無を判別するためには，火炎から受熱面への放射熱流束および煙層や天井流から受熱面への放射熱流束を求める必要がある．本節ではそのうち，図5.1-15に示すように，燃焼物上に生じた火炎から周辺可燃物への放射熱流束を求める．

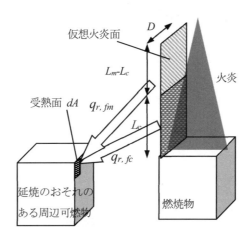

図5.1-15　燃焼物の火炎から周辺可燃物への放射熱流束

(2) 計算式 [5.1-13]

連続火炎域から受熱面への放射熱流束：$q_{r,fc}$ [kW/m²]

$$q_{r,fc} = F_{fc-dA}\,\varepsilon_f\,\sigma T_{fc}^4 \tag{5.1-18}$$

平均火炎高さまでの間欠火炎域から受熱面への放射熱流束：$q_{r,fm}$ [kW/m²]

$$q_{r,fm} = F_{fm-dA}\,\varepsilon_f\,\sigma T_{fm}^4 \tag{5.1-19}$$

(3) 入力値

F_{fc-dA}	連続火炎高さまでの火炎前面の仮想火炎面を受熱面からみたときの形態係数（5.1.2.2による）
F_{fi-dA}	連続火炎高さから平均火炎高さまでの火炎前面の仮想火炎面を受熱面からみたときの形態係数（5.1.2.2による）
L_c	連続火炎高さ　[m]（式(2.1-3)による）
L_m	平均火炎高さ　[m]（式(2.1-1)による）
T_{fc}	連続火炎域の平均温度　（1093K(820℃)）
T_{fm}	平均火炎高さまでの間欠火炎域の平均温度　（976K(703℃)）
ε_f	火炎の放射率　（1.0と仮定）
σ	ステファン・ボルツマン係数　（$=5.67\times10^{-11}$ kW/(m²・K⁴)）

(4) 計算例

図5.1-16に示すように，定常火源（発熱速度1000kW）が室の床から0.5mの高さに配置されている．火炎の幅（仮想火炎面の幅）D=1mとし，周辺可燃物として同じく床から0.5mの高さに延焼判定のための受熱面を鉛直に配置する．火源と受熱面との水平距離r=2mとする．このとき受熱面が火

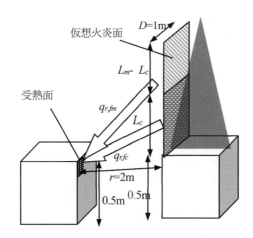

図 5.1-16 火炎からの放射の計算例

炎から受ける放射熱流束を求める．

無次元発熱速度

$$Q_D^* = \frac{Q}{1116 D^{5/2}} = \frac{1000}{1116 \times 1.0^{5/2}} = 0.896$$

連続火炎高さ

$$L_C = 1.8 Q_D^{*2/5} D = 1.8 \times 0.896^{2/5} \times 1 = 1.72 \text{m}$$

平均火炎高さ

$$L_m = 3.3 Q_D^{*2/3} D = 3.3 \times 0.896^{2/3} \times 1 = 3.07 \text{m}$$

連続火炎高さまでの仮想火炎面を受熱面からみた形態係数

$X = D/r = 1/2 = 0.5, \quad Y = L_c/r = 1.72/2 = 0.86$ として

$$\begin{aligned}
F_{fc-dA} &= \frac{1}{2\pi}\left(\frac{X}{\sqrt{1+X^2}}\tan^{-1}\frac{Y}{\sqrt{1+X^2}} + \frac{Y}{\sqrt{1+Y^2}}\tan^{-1}\frac{X}{\sqrt{1+Y^2}}\right) \\
&= \frac{1}{2\pi}\left(\frac{0.5}{\sqrt{1+0.5^2}}\tan^{-1}\frac{0.86}{\sqrt{1+0.5^2}} + \frac{0.86}{\sqrt{1+0.86^2}}\tan^{-1}\frac{0.5}{\sqrt{1+0.86^2}}\right) \\
&= 0.084
\end{aligned}$$

平均火炎高さまでの仮想火炎面全体を受熱面からみた形態係数

$X = D/r = 1/2 = 0.5, \quad Y = L_m/r = 3.07/2 = 1.54$ として

$$\begin{aligned}
F_{(fc+fm)-dA} &= \frac{1}{2\pi}\left(\frac{X}{\sqrt{1+X^2}}\tan^{-1}\frac{Y}{\sqrt{1+X^2}} + \frac{Y}{\sqrt{1+Y^2}}\tan^{-1}\frac{X}{\sqrt{1+Y^2}}\right) \\
&= \frac{1}{2\pi}\left(\frac{0.5}{\sqrt{1+0.5^2}}\tan^{-1}\frac{1.54}{\sqrt{1+0.5^2}} + \frac{1.54}{\sqrt{1+1.54^2}}\tan^{-1}\frac{0.5}{\sqrt{1+1.54^2}}\right) \\
&= 0.103
\end{aligned}$$

連続火炎高さから平均火炎高さまでの仮想火炎面を受熱面からみた時の形態係数

$$F_{fm-dA} = F_{(fc+fm)-dA} - F_{fc-dA} = 0.103 - 0.084 = 0.019$$

受熱面が受ける放射熱流束の合計

$$q_{r,d} = F_{fc-dA}\varepsilon_f\sigma T_{fc}^4 + F_{fm-dA}\varepsilon_f\sigma T_{fm}^4$$
$$= 0.084\times1\times(5.67\times10^{-11})\times(820+273)^4 + 0.019\times1\times(5.67\times10^{-11})\times(703+273)^4$$
$$= 6.8 + 0.98 = 7.78\,\mathrm{kW/m^2}$$

（5）解説

火炎からの放射熱を計算するに当たっては，連続火炎領域と間欠火炎領域での火炎温度の違いを考慮して放射面を設定する．連続火炎領域の温度は一定であるので，1093K の放射面とする．間欠火炎領域では，高さに応じて温度が減衰する．そのうち，連続火炎高さ（＝間欠火炎領域の下端）から平均火炎高さまでの間の間欠火炎領域をもうひとつの放射面とした．その温度は，連続火炎高さでの温度と平均火炎高さでの温度を4乗平均して 976K とした．平均火炎よりも上の部分からの放射熱は弱いので通常の計算では無視できる．

なお，本節では仮想火炎面を長方形と設定した．これを円柱体の側面とする場合もあるが，長方形の方が計算が容易であり，また放射量が大きくなることから安全側の想定である．

（6）参考文献
5.1-13) 日本建築学会編，建築物の火災荷重および設計火災性状指針(案)，2013 年

-94- 火災性状予測計算ハンドブック

５.２ 周壁への対流熱伝達

火災室などでは高温の気流から周壁（壁，天井，床，建具など）の間には，放射熱伝達に加え，対流熱伝達も発生するため，一般に煙の温度を算出するには，煙から周壁への対流熱伝達も考える必要がある．対流熱伝達とは流体と固体の間の熱移動のことであり，伝熱量は流体と固体の温度差と対流熱伝達率の積で表現できる．対流熱伝達率は煙の流速や温度，流れの性状などに依存するので実験的に得られた値を用いる場合が多い．5.2.1および5.2.3では煙温度が既知の場合，5.2.2では風速が既知の場合を示す．周壁表面温度が未知の場合は，放射および壁内部への伝導熱流と連立して計算する必要がある．

５.２.１ 周壁表面温度が既知の場合の対流熱伝達

（１）計算式の対象

対流熱伝達により，煙などの高温気体から周壁への単位面積当たりの伝熱量（= 熱流束）q_c [kW/m^2]を求める．対流熱伝達率 h_c [kW/(m$^2 \cdot$K)]は煙温度や流れの性状に依存するが，周壁表面温度が既知の場合は，実験等に基づいて得られた経験式より求めることができる．

（２）計算式

対流熱流束 q_c [kW/m^2]

$$q_c = h_c \left(T_s - T_w \right) \tag{5.2-1}$$

対流熱伝達率 h_c [kW/(m$^2 \cdot$K)]

$$h_c = \begin{cases} 5 \times 10^{-3} & (T_h \le 300) \\ (0.02 T_h - 1) \times 10^{-3} & (300 < T_h \le 800) \\ 15 \times 10^{-3} & (800 < T_h) \end{cases} \tag{5.2-2}$$

$$T_h = \frac{T_s + T_w}{2} \tag{5.2-3}$$

（３）入力値

T_h 　　煙と周壁表面の平均温度 [K]
T_s 　　煙温度 [K]
T_w 　　周壁表面温度 [K]

（４）計算例

火災室の煙温度 T_s=200℃(473K)，周壁表面温度 T_w=100℃(373K)として，対流熱伝達による熱流束を求める．

$$T_h = \frac{T_s + T_w}{2} = (473+373)/2 = 423 \text{K}$$

$$h_c = (0.02 T_h - 1) \times 10^{-3} = (0.02 \times 423 - 1) \times 10^{-3} = 7.46 \times 10^{-3} \text{ kW/(m}^2 \cdot \text{K)}$$

$$q_c = h_c \left(T_s - T_w \right) = 7.46 \times 10^{-3} \{(200+273)-(100+273)\} = 0.746 \text{ kW/m}^2$$

第5章 熱移動 －95－

（5）解説

　機械工学等の伝熱学の書物では自然対流と強制対流が区別され，また層流と乱流も区別されて説明されることが多い．体系的な対流熱伝達の説明は伝熱学の専門書[5.2-1]に詳しい．一方，火災室の煙の場合，大きな温度差（密度差）による自然対流が主であるが，火災プルームが天井に衝突して向きを変えた直後は，強制対流に近い流れもある．また，通常の火災で生じる火炎は乱流拡散火炎であり，火災プルーム自体が大きな乱れを持つため，プルーム下流の気流もやはり乱流となることが多い．結局のところ，火災室は温度や気流速度が一様ではなく一意に決めることは難しいため，実務的な方法として，田中等による二層ゾーン煙流動モデル[5.2-2]で用いられている対流熱伝達式を示した．

（6）参考文献

5.2-1) 日本機械学会編，伝熱工学科資料，改訂第5版，2009年
5.2-2) 田中哮義，中村和人：＜二層ゾーンの概念に基づく＞建物内煙流動予測計算モデル，建築研究報告 No.123，建設省建築研究所，1989年

5.2.2　風速が既知の場合の対流熱伝達

（1）計算式の対象
　気体温度がそれほど高くなく，風速が与えられる場合には，強制対流熱伝達率を用いる．これは，例えば，ダクトを流れる煙からダクト周壁への伝熱量を算出するために使用できる．

（2）計算式
　　煙から周壁表面への対流熱流束： q_c [kW/m²]

$$q_c = h_c\left(T_s - T_w\right) \tag{5.2-4}$$

　　対流熱伝達率：h_c [kW/m²]

$$h_c = \begin{cases} (5.8 + 3.9v) \times 10^{-3} & (v \leq 5) \\ 7.1v^{0.78} \times 10^{-3} & (v > 5) \end{cases} \tag{5.2-5}$$

（3）入力値
　　T_s　　　煙平均温度　　[K]もしくは[℃]
　　T_w　　　周壁表面温度　　[K]もしくは[℃]
　　v　　　周壁表面近傍の風速　　[m/s]

（4）計算例
　排煙シャフトを流れる煙の風速を v=10m/s，平均温度を T_s=50℃とし，シャフトの周壁面積 A=100m²，シャフト周壁の表面温度 T_w=30℃（平均）としたとき，煙からシャフト周壁への伝熱量 Q [kW]を求める．

$$Q = A\,q''_c = A\,h_c(T_s - T_w) = 100 \times (7.1 \times 10^{0.78} \times 10^{-3}) \times (50 - 30) = 85.6 \quad \text{kW}$$

－96－　火災性状予測計算ハンドブック

（5）解説

　式(5.2-5)はユルゲスの式と呼ばれ，強制対流の場合の対流熱伝達率として建築環境工学などでよく用いられている[5.2-3]．

（6）参考文献

5.2-3) Jurges W. : Der Warmeubertragung an einer ebenen Wand， Beihefte zum Gesundheits-Ingenieur 1924; 19: 1

5．2．3　放射と対流を合算した熱伝達

（1）計算式の対象

　火災が進展した場合の煙は高温になっており，周壁への伝熱は対流熱伝達とともに放射伝熱の影響も大きい．放射伝熱を含んだ周壁への熱流束は，以下の総合熱伝達率 h_T[kW/m²K]を用いて計算する．

（2）計算式

　　煙から周壁表面への熱流束：q [kW/m²]

$$q = h_T\left(T_s - T_w\right) \tag{5.2-6}$$

　　総合熱伝達率：h_T [kW/(m²·K)]

$$h_T = \frac{1}{1/\varepsilon_s + 1/\varepsilon_w - 1}\sigma\left(T_s^2 + T_w^2\right)\left(T_s + T_w\right) + h_c \tag{5.2-7}$$

（3）入力値

h_c	対流熱伝達率　[kW/m²]	（式(5.2-2)もしくは式(5.2-5)）
T_s	煙温度　[K]または[℃]	
T_w	周壁表面温度　[K]または[℃]	
ε_s	煙の放射率　[−]（通常は1とする）	
ε_w	周壁表面の放射率　[−]	
σ	ステファン・ボルツマン係数 (=5.67×10⁻¹¹ kW/(m²·K⁴))	

（4）計算例

　火災室の気体温度 T_s=200℃，壁表面温度 T_w=100℃として，総合熱伝達率 h_T を求める．煙および周壁表面は黒体として放射率を1とする．対流熱伝達率 h_c は5．2．1（4）より 7.46×10⁻³ kW/(m²·K)とする．

$$h_T = \frac{1}{1/\varepsilon_s + 1/\varepsilon_w - 1}\sigma\left(T_s^2 + T_w^2\right)\left(T_s + T_w\right) + h_c$$

$$= \frac{1}{1/1 + 1/1 - 1}\times(5.67\times10^{-11})\times\{(200+273)^2 + (100+273)^2\}\times\{(200+273)+(100+273)\}$$

$$+ (7.46\times10^{-3})$$

$$= 24.9\times10^{-3}\,\text{kW/(m}^2\cdot\text{K)}$$

このとき，煙から壁表面への熱流束は

$$q = h_T\left(T_s - T_w\right) = 24.9\times10^{-3}\left(200-100\right) = 2.49\,\text{kW/m}^2$$

第5章 熱移動 −97−

（5）解説

式(5.2-6)及び(5.2-7)は放射熱流束と対流熱流束を合算した熱流束である．次式の右辺第一項を因数分解することで導かれる．

$$q_r + q_c = \varepsilon_{eff}\sigma\left(T_s^4 - T_w^4\right) + h_c\left(T_s - T_w\right) \tag{5.2-8}$$

ただし，q_rは放射熱流束[kW/m²]，q_cは対流熱流束[W/m²]である．また，

$$\varepsilon_{eff} = \frac{1}{1/\varepsilon_s + 1/\varepsilon_w - 1} \tag{5.2-9}$$

は，煙層と固体表面の相互放射を考慮した総合放射率である．

5.2.4 実効熱伝達率による熱伝達

（1）計算式の対象

盛期火災では煙と周壁表面の間の総合熱伝達率が大きくなるので，煙温度と周壁表面温度がほぼ等しくなる．このときは，前述の対流熱伝達率や総合熱伝達率と表面温度を使う代わりに実効熱伝達率h_e [kW/(m²·K)]を用いて熱流束を計算することもできる．

（2）計算式

周壁表面で吸収される熱流束：q [kW/m²]

$$q = h_e\left(T_s - T_0\right) \tag{5.2-10}$$

実効熱伝達率：h_e [kW/(m²·K)]

$$h_e = \begin{cases} \sqrt{\dfrac{k\rho c}{\pi t}} & \left(t \le \dfrac{\delta^2}{\pi \alpha_h}\right) \\[3mm] \dfrac{k}{\delta} & \left(\dfrac{\delta^2}{\pi \alpha_h} < t\right) \end{cases} \tag{5.2-11}$$

（3）入力値

c	周壁材料の比熱	[kJ/(kg·K)]
k	周壁材料の熱伝導率	[kW/(m·K)]
t	火災開始からの時間	[s]
T_s	煙温度（正確には周壁表面温度）	[K]または[℃]
T_0	初期温度（または屋外温度）	[K]または[℃]
$\alpha_h(=k/\rho c)$	周壁材料の熱拡散係数	[m²/s]
δ	周壁の厚さ	[m]
ρ	周壁材料の密度	[kg/m³]

（4）計算例

火災開始からt=1時間(=3600 s)後における実効熱伝達率を求める．周壁材料はコンクリートで，厚さδ=10cm，熱伝導率1.51×10^{-3} kW/(m·K)，密度2200 kg/m³，比熱0.88 kJ/(kg·K)とする．

$$\alpha_h = 1.51\times10^{-3} / 2200 / 0.88 = 0.78\times10^{-6} \text{ m}^2/\text{s}$$

$\delta^2 / \pi\alpha_h = 0.1^2/(3.14 \cdot 0.78 \times 10^{-6}) = 4083 > 3600\text{s}$ より，式(5.2-11)の第１式を用いる．

$$h_e = \sqrt{\frac{k\rho c}{\pi t}} = \sqrt{\frac{1.51 \times 10^{-3} \times 2200 \times 0.88}{3.14 \times 3600}} = 0.016\,\text{kW/(m}^2\cdot\text{K)}$$

（5）解説

　本節の方法は，周壁表面温度が時間的に一定であるとの近似の下で構成されている．しかし一般には周壁表面温度は時間とともに上昇しており，やむなく現在の値を時刻０から使うとすれば，熱流束を過小に算出する側になる．また多くの場合は周壁表面温度が不明なため，煙温度で代用すると思われるが，このときは表面での熱伝達抵抗を無視することになるので，とくに低温時には熱流束を過大に算出する側になる．以上のように，上式の実際の適用に際して注意を要する場合が多いが，盛期火災で温度変化が比較的穏やかな状態では誤差は小さいと考えられる．

　また，既存の他の予測式では，文献[5.2-4]に示される以下の式が用いられるものもある．これは第１式と第２式で $t = \delta^2/4\alpha_h$ において実効熱伝達率 h_k の値が不連続となるため，利用上の問題もある[5.2-5]．

$$h_k = \begin{cases} \dfrac{k}{\delta} & \left(t > \dfrac{\delta^2}{4\alpha_h}\right) \\[3mm] \left(\dfrac{k\rho c}{t}\right)^{1/2} & \left(t \le \dfrac{\delta^2}{4\alpha_h}\right) \end{cases} \tag{5.2-12}$$

（6）参考文献

5.2-4)　McCaffery B.J. et al. : Estimating Room Temperatures and Likelihood of Flashover Using Fire Test Data Correlations, Fire Technology, Vol. 17, No.2, pp. 98-119, 1981

5.2-5)　鈴木圭一，原田和典：McCaffrey らの実効熱伝達率についての考察，日本建築学会大会梗概集（防火），pp.249-250，2017.7

５．２．５　火源近傍の天井流から天井面への熱伝達

（1）計算式の対象

　図5.2-1 に示すように，火源直上の天井に火炎もしくは火災プルームが衝突しているときの天井面に入射する熱流束 q を計算する．火源直上に比較的近い範囲($r/H_c \le 0.2$)をよどみ領域，それ以外を天井流領域とし，それぞれの領域ごとに計算式を使い分ける．

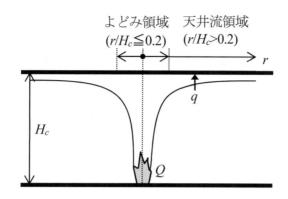

図5.2-1 火炎，天井流から天井への熱伝達

（2）計算式

天井への入射熱流束：q

よどみ領域 $(r/H_c \leqq 0.2)$

$$q = 0.34 \frac{Q}{H_c^2} \tag{5.2-13}$$

天井流領域 $(r/H_c > 0.2)$

$$q = 0.04 \frac{Q}{H_c^2} \left(\frac{r}{H_c}\right)^{-4/3} \tag{5.2-14}$$

（3）入力値

H_c	火源面から天井までの高さ	[m]
Q	火源の発熱速度	[kW]
r	火源からの水平距離	[m]

（4）計算例

火源直上からの水平距離 r=0.5m および 3m の天井面に入射する熱流束を求める．ただし発熱速度は1000kW，火源面から天井面までの高さは3mとする．

r=0.5 のとき r/H_c=0.5/3≦0.2 となる．従って，よどみ領域の式を用いる．

$$q = 0.34 \frac{Q}{H_c^2} = 0.34 \frac{1000}{3^2} = 37.8 \text{ kW/m}^2$$

r=3 のとき r/H_c=3/3>0.2 となる．従って，天井流領域の式を用いる．

$$q = 0.04 \frac{Q}{H_c^2} \left(\frac{r}{H_c}\right)^{-4/3} = 0.04 \left(\frac{1000}{3^2}\right) \left(\frac{3}{3}\right)^{-4/3} = 4.4 \text{ kW/m}^2$$

（5）解説

文献[5.2-6),7)]には式(5.2-14)の右辺の乗数が-4/3ではなく-1/3と表記されているが，記載されているグラフから読み取れる傾きと整合が取れておらず，ここではグラフの傾きが正として-4/3を採用した．また式(5.2-13)は文献[5.2-6)]では以下の式(5.2-15)のように記載されているが，このままではレイレー数

Ra に幅があるため一意的に決められない．ここでは実用性を重視し，式(5.2-14)との r/H_c=0.2 での連続性を考慮して，上述のように係数を決定した．

$$q\frac{H_c^2}{Q} = 31.2 Pr^{-3/5} Ra^{-1/6}, \ (r/H_c \leq 0.2) \tag{5.2-15}$$

ただし $Ra = g\beta QH/\rho c_p \nu$ （g:重力加速度[m/s²], β：体積膨張率[K⁻¹], Q：発熱速度[kW], H_c：天井高さ[m], ρ：空気の気体密度[kg/m³], c_p：空気の比熱[kJ/(kg・K)], ν：空気の動粘性係数[m²/s]），適用範囲は，$10^9 < Ra < 10^{14}$，Pr(=0.7) は空気のプラントル数である．

式の適用範囲は，天井が無い状態での火炎高さが天井高さの 1.5 倍以内とされており，ある程度は火炎が天井に接している状態でも使用できるとされている．発熱速度が大きい場合は適用範囲内であるかをチェックする必要がある（$0.2Q^{2/5} \leq 1.5H_c$ であることを確認する）．

なお，よどみ領域とは火災プルームが天井に衝突し，気流の乱れが大きい範囲で，その内部と外部では気流温度，流速などの性状が変化するため，予測式などが区別されることが多い．論文によりこの定義や範囲が若干異なる．

（6）参考文献

5.2-6) You, H.Z and Feath, G.M : Ceiling Heat Transfer during Fire Plume and Fire Impingement, Fire and Materials, Vol.3, No.3, pp.140-147, 1979

5.2-7) You, H.Z and Feath, G.M : An Investigation of Fire Impingement on A Horizontal Ceiling, NBS-GCR -80-251, 20p, 1979

5.3 周壁の温度上昇

周壁の表面が放射熱と対流熱を受けて温度が上昇すると，表面から裏面に向かう温度勾配に応じて内部に熱が伝わる．これを熱伝導という．本節では熱伝導を受ける周壁の内部温度について，周壁に垂直方向のみの伝熱を仮定した1次元の計算式を示す．一定の加熱が充分に長い時間継続した場合は定常状態（$t > \delta^2 / \pi \alpha_h$，5.2.4参照），加熱開始からの時間が短い場合は非定常状態の計算式を用いる．なお，定常の計算式を使ったほうが，煙からの伝熱量が小さくなり，煙温度は高めに算定される．

5.3.1 単層壁の定常状態における温度上昇

（1）計算式の対象

図5.3-1に示すように，単一の材料からなる壁（単層壁）が一定の定常加熱を受け，定常状態となっている場合に，表面からx[m]の深さにおける温度T[K]を算定する．

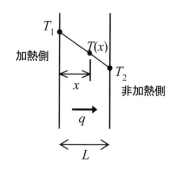

図 5.3-1　単層壁の定常熱伝導

（2）計算式

表面から深さx[m]における温度： $T(x)$ [K]または[℃]

$$T(x) = T_1 - (T_1 - T_2)\frac{x}{L} \tag{5.3-1}$$

（3）入力値

L	単層壁の厚さ	[m]
T_1	単層壁表面（加熱側）の温度	[K]または[℃]
T_2	単層壁裏面（非加熱側）の温度	[K]または[℃]
x	単層壁表面（加熱側）からの距離	[m]

（4）計算例

厚さ10 cmのコンクリート壁において，表面温度T_1=300℃，裏面温度T_2=20℃の定常状態において，表面から2 cmの位置の温度を求める．

$T(0.02) = 300 - (300 - 20) \times 0.02 / 0.10 = 244$ ℃

（5）解説
奥行き方向に座標軸 x をとった1次元非定常熱伝導方程式は次のようになる[5.3-1].

$$\rho c \frac{\partial T}{\partial t} = \frac{\partial}{\partial x}(k \frac{\partial T}{\partial x}) \tag{5.3-2}$$

ここに, k, c, ρ はそれぞれ周壁材料の熱伝導率[kW/(m·K)], 比熱[kJ/(kg·K)]および密度[kg/m^3]である. この式を差分法などで逐次解析をすれば任意の時間と深さにおける温度を得ることができる.

定常の場合は周壁内を伝導する熱流束 q_{CV} [kW/m^2]は以下の式で求まる. このとき周壁表面に流入する熱流束, 壁内を伝導する熱流束, 周壁裏面から外気に流出される熱流束は等しくなる.

$$q_{CV} = -k \frac{dT}{dx} = \frac{k}{L}(T_1 - T_2) \tag{5.3-3}$$

（6）参考文献
5.3-1)　田中哮義：改訂版 建築火災安全工学入門, 日本建築センター, pp.32-34, 2002年1月

5.3.2　多層壁の定常状態における温度分布

（1）計算式の対象
図 5.3-2 に示すように, n 層の材料からなる周壁（多層壁）が一定の加熱を受けて定常状態となっている場合の $i-1$ 番目と i 番目の層の境界温度 T_i[K]（または[℃]）を算定する.

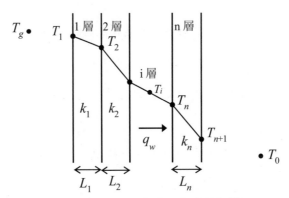

図 5.3-2　多層壁の定常熱伝導

（2）計算式
1）表面と裏面の温度が既知の場合

$i-1$ 番目と i 番目の層の境界温度：T_i [K]または[℃]

$$T_i = T_1 - \frac{\frac{L_1}{k_1} + \frac{L_2}{k_2} + \cdots + \frac{L_{i-1}}{k_{i-1}}}{R_w}(T_1 - T_{n+1}) \tag{5.3-4}$$

壁体表面から裏面までの熱貫流抵抗：R_w [m^2·K/kW]

$$R_w = \frac{L_1}{k_1} + \frac{L_2}{k_2} + \cdots \frac{L_n}{k_n} \tag{5.3-5}$$

壁体貫流熱流：q_w [kW/m²]

$$q_w = \frac{T_1 - T_{n+1}}{R_w} \tag{5.3-6}$$

2）表面と裏面に接する気体の温度が既知の場合

i-1 番目と *i* 番目の層の境界温度：T_i[K]または[℃]

$$T_i = T_g - \frac{\dfrac{1}{h_{c,1}} + \dfrac{L_1}{k_1} + \dfrac{L_2}{k_2} + \cdots + \dfrac{L_{i-1}}{k_{i-1}}}{R_{tot}}\left(T_g - T_0\right) \tag{5.3-7}$$

加熱側空気から裏面側空気までの熱貫流抵抗：R_{tot} [m²·K/kW]

$$R_{tot} = \frac{1}{h_{c,1}} + \frac{L_1}{k_1} + \frac{L_2}{k_2} + \cdots \frac{L_n}{k_n} + \frac{1}{h_{c,n+1}} \tag{5.3-8}$$

壁体貫流熱流：q_w [kW/m²]

$$q_w = \frac{T_g - T_0}{R_{tot}} \tag{5.3-9}$$

（3）入力値

$h_{c,1}$	周壁表面側の総合熱伝達率	[kW/(m²·K)]
$h_{c,n+1}$	周壁裏面側の総合熱伝達率	[kW/(m²·K)]
k_i	周壁表面から *i* 番目の平板の熱伝導率	[kW/(m·K)]
L_i	周壁表面から *i* 番目の平板の厚さ	[m]または[℃]
T_g	周壁表面に接する気体温度	[K]または[℃]
T_{n+1}	周壁裏面の温度（多層壁の場合）	[K]または[℃]
T_0	周壁裏面に接する気体温度	[K]または[℃]
T_1	周壁表面の温度	[K]または[℃]

（4）計算例

　図5.3-3に示すように，加熱側に石膏ボード（厚さ2 cm，熱伝導率0.16×10^{-3} kW/(m·K)），非加熱側にコンクリート（厚さ10cm，熱伝導率1.51×10^{-3} kW/(m·K)）で構成される壁がある．加熱側の気体温度 T_g=300℃，非加熱側の気体温度 T_0=20℃のとき，定常状態で壁を貫流する熱流束および火災室側表面から2 cmの位置の温度を求めよ．ただし加熱側の総合熱伝達率は5.2.3(4)の値，非加熱側の総合熱伝達率は0.01 kW/(m²·K)とする．

　　熱貫流抵抗：

$$\begin{aligned}
R_{tot} &= \frac{1}{h_{c,1}} + \frac{L_1}{k_1} + \frac{L_2}{k_2} + \frac{1}{h_{c,n+1}} \\
&= \frac{1}{24.9 \times 10^{-3}} + \frac{0.02}{0.16 \times 10^{-3}} + \frac{0.1}{1.51 \times 10^{-3}} + \frac{1}{10 \times 10^{-3}} = 331\,\text{m}^2 \cdot \text{K/kW}
\end{aligned}$$

表面から 2cm の位置の温度：

$$T_1 = T_g - \frac{\frac{1}{h_{c,1}} + \frac{L_1}{k_1}}{R_{tot}}(T_g - T_0)$$

$$= 300 - \frac{\frac{1}{24.9 \times 10^{-3}} + \frac{0.02}{0.16 \times 10^{-3}}}{331}(300 - 20) = 160°C$$

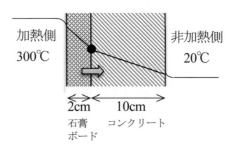

図 5.3-2　多層壁の計算例

（5）解説
　本節で示した計算式は，いわゆる一般の壁体の定常熱伝導計算である[5.3-2]．

（6）参考文献
5.3-2)　　田中哮義：改訂版 建築火災安全工学入門，日本建築センター，pp.34-39，2002 年 1 月

5.3.3　表面温度が瞬間的に上昇した時の熱的厚壁における温度分布

（1）計算式の対象
　図 5.3-4 に示す熱的に厚い壁（熱的厚壁）で，初期温度 T_0 の表面が $t=0$ で T_w に上昇し，その後は一定値を保つ場合の周壁内部の温度分布を示す．適用範囲は壁が熱浸透深さ $2\sqrt{\alpha_h t}$ よりも厚いこととする．

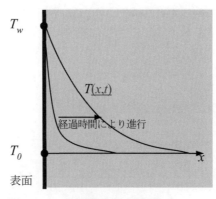

図 5.3-3　半無限体の温度分布

（2）計算式

温度分布：

$$T(x,t) = (T_w - T_0)\mathrm{erfc}\left(\frac{x}{2\sqrt{\alpha_h t}}\right) + T_0 \tag{5.3-10}$$

余誤差関数：

$$\mathrm{erfc}(\xi) = 1 - \frac{2}{\sqrt{\pi}}\int_0^\xi \exp(-x^2)dx \tag{5.3-11}$$

（3）入力値

c	周壁材料の比熱　[kJ/(kg・K)]
k	周壁材料の熱伝導率　[kW/(m・K)]
t	経過時間　[s]
T_w	壁表面の温度　[K]または[℃]
T_0	壁の初期温度　[K]または[℃]
x	表面からの距離　[m]
ρ	周壁材料の密度　[kg/m^3]
α_h	熱拡散係数（$\equiv k/c\rho$）　[m^2/s]

（4）計算例

　初期状態でT_0=20℃(293K)であった壁表面温度が時刻 0 において T_w=300℃（573K）に上昇し，その後一定に保たれた．表面からの距離x=10 cm における t=30 分における温度を求める．壁材料の熱拡散係数は 0.78×10^{-6} m^2/s とする．

$$\begin{aligned}
T(x,t) &= (T_w - T_0)\mathrm{erfc}\left(\frac{x}{2\sqrt{\alpha_h t}}\right) + T_0 \\
&= (300 - 20)\mathrm{erfc}\left(\frac{0.1}{2\sqrt{0.78\times10^{-6}\times1800}}\right) + 20 \\
&= 36.6\,^\circ\mathrm{C}
\end{aligned}$$

（5）解説

　熱が壁体の裏面に到達していない時間内での温度分布は余誤差関数（erfc）を使って計算することができる．熱が伝わる範囲（熱浸透深さ）を$\delta = 2\sqrt{\alpha_h t}$ として [5.3-3]，壁体の厚さがこれ以上であれば本節の計算式を使うことができる．

（6）参考文献

5.3-3)　　Drysdale D. : An introduction to fire dynamics, 3rd. Edition, Willey, 2011

5.3.4　表面で一定の熱流束を受ける熱的厚壁における温度分布

（1）計算式の対象

　熱的に厚い壁の表面に一定の熱流束を受けるときの壁表面および内部の温度を計算する [5.3-4]．

（2）計算式

温度分布：$T(x,t)$

$$T(x,t) = 2q\sqrt{\frac{t}{k\rho c}}\left[\frac{\exp\left(-\left(x/2\sqrt{\alpha_h t}\right)^2\right)}{\sqrt{\pi}} - \frac{x}{2\sqrt{\alpha_h t}}\operatorname{erfc}\left(\frac{x}{2\sqrt{\alpha_h t}}\right)\right] + T_0 \tag{5.3-12}$$

表面温度：$T_w(t)(\equiv T(0,t))$

$$T_w(t) = 2q\sqrt{\frac{t}{\pi k\rho c}} + T_0 \tag{5.3-13}$$

（3）入力値

c	壁材料の比熱	[kJ/(kg·K)]
k	壁材料の熱伝導率	[kW/(m·K)]
q	壁体表面で吸収する熱流束	[kW/m²]
t	経過時間	[s]
T_0	壁の初期温度	[K]または[℃]
x	表面からの距離	[m]
α_h	熱拡散係数（$\equiv k/\rho c$）	[m²/s]
ρ	壁材料の密度	[kg/m³]

（4）計算例

表面に q=10 kW/m² の放射熱を受ける壁の表面温度を計算する．初期値 T_0=20 ℃，経過時間 t=300 秒，壁材料の熱伝導率 k=1.51×10⁻³ kW/(m·K)，密度 ρ=2200 kg/m³，比熱 c=0.88 kJ/(kg·K)とする．

$$T_w = 2q\sqrt{\frac{t}{\pi k\rho c}} + T_0 = 2\times10.0\times\sqrt{\frac{300}{3.14\times(1.51\times10^{-3})\times2200\times0.88}} + 293 = 410\text{K}(=134\,^{\circ}\text{C})$$

（5）解説

この計算式は，火炎が近接して強い放射による熱流束を受ける壁などに適用できる．対流による空気への熱損失を無視することで表面温度を高めに計算することができる．

（6）参考文献

5.3-4)　田中哮義：改訂版 建築火災安全工学入門，日本建築センター，pp.43，2002 年 1 月

５.３.５　一定温度の気体から対流熱を受ける熱的厚壁における温度分布

（1）計算式の対象

熱的厚壁で温度 T_g [K]の気体からの対流熱を受ける場合の周壁内部の温度分布および表面温度を計算する．ただし放射は無視する．

第5章 熱移動 －107－

（2）計算式

温度分布：$T(x,t)$

$$T\left(x,t\right)=(T_g-T_0)\left\{\mathrm{erfc}(\frac{x}{2\sqrt{\alpha_h t}})-\exp(\frac{h_c x}{k}+\frac{h_c^2 \alpha_h t}{k^2})\mathrm{erfc}(\frac{x}{2\sqrt{\alpha_h t}}+\frac{h_c\sqrt{\alpha_h t}}{k})\right\}+T_0 \tag{5.3-14}$$

表面温度：$T_w(t)(\equiv T(0,t))$

$$T_w\left(t\right)=(T_g-T_0)\left\{1-\exp(\frac{h_c^2 \alpha_h t}{k^2})\mathrm{erfc}(\frac{h_c\sqrt{\alpha_h t}}{k})\right\}+T_0 \tag{5.3-15}$$

（3）入力値

c	壁材料の比熱	[kJ/(kg·K)]
h_c	対流熱伝達率	[kW/(m²·K)]
k	壁材料の熱伝導率	[kW/(m·K)]
t	経過時間	[s]
T_0	壁の初期温度	[K]または[℃]
T_g	表面側の気体温度	[K]または[℃]
x	表面からの距離	[m]
α_h	熱拡散係数（$\equiv k/c\rho$）	[m²/s]
ρ	壁材料の密度	[kg/m³]

（4）計算例

加熱側の気体温度がT_g=200℃(473K)のときの表面温度を計算する．壁温度の初期値T_0=20 ℃(293K)，経過時間t=3600s，壁材料の熱伝導率k=1.51×10⁻³ kW/(m·K)，密度ρ=2200 kg/m³，比熱c=0.88 kJ/(kg·K)，対流熱伝達率h_c=0.008 kW/(m²·K)とする．

$$\alpha_h=\frac{1.51\times10^{-3}}{2200\times0.88}=0.78\times10^{-6}\ \mathrm{m^2/s}$$

$$\frac{h_c\sqrt{\alpha_h t}}{k}=\frac{0.008\times\sqrt{(0.78\times10^{-6})\times3600}}{1.51\times10^{-3}}=0.281$$

$$T_w=(T_g-T_0)\left\{1-\exp(\frac{h_c^2 \alpha_h t}{k^2})\mathrm{erfc}(\frac{h_c\sqrt{\alpha_h t}}{k})\right\}+T_0$$

$$=(200-20)\{1-\exp(0.281^2)\,\mathrm{erfc}(0.281)\}+20=65.4\ {}^\circ\mathrm{C}$$

（5）解説

この計算式は，煙が接触する壁などに適用できる．放射熱の影響がある場合は5.3.6によること．

（6）参考文献

5.3-5)　田中哮義：改訂版 建築火災安全工学入門，日本建築センター，pp.43-45，2002 年 1 月

5.3.6 放射熱流束を受けて対流熱損失がある熱的厚壁における表面温度

(1) 計算式の対象

図 5.3-4 に示すように，熱的厚壁の表面に一定の熱流束を受け，さらに対流熱伝達による周辺空気への失熱があるときの表面温度 T_w を求める．

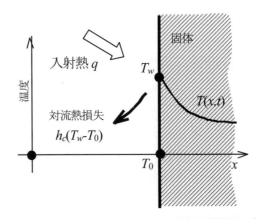

図 5.3-4 一定の熱流束を受ける表面から熱伝達損失がある場合

(2) 計算式

壁表面温度：T_w [K]または[℃]

$$T_w = \frac{\varepsilon q}{h_c} \frac{1}{\frac{\sqrt{k\rho c}}{1.18 h_c} \frac{1}{\sqrt{t}} + 1} + T_0 \tag{5.3-16}$$

(3) 入力値

c	壁材料の比熱	[kJ/(kg·K)]
h_c	対流熱伝導率	[kW/(m·K)]
q	放射熱流束	[kW/m²]
k	壁材料の熱伝導率	[kW/(m·K)]
T_0	壁の初期温度	[K]または[℃]
ε	壁表面の放射率	[-]
ρ	壁材料の密度	[kg/m³]

(4) 計算例

q=10 kW/m² の放射熱を受ける壁の t=600s での表面温度を計算する．初期値 T_0=20℃(293K)，対流熱伝達率 h_c=0.01 kW/(m²·K)，周壁材料の熱伝導率 k=1.51×10⁻³ kW/(m·K)，密度 ρ=2200 kg/m³，比熱 c=0.88 kJ/(kg·K)とする．周壁表面の放射率 ε=1 とする．

$$k\rho c = 1.51 \times 10^{-3} \times 2200 \times 0.88 = 2.92 \text{ kW}^2 \cdot \text{s}/(\text{m}^4 \cdot \text{K}^2)$$

$$T_w = \frac{\varepsilon q}{h_c} \frac{1}{\frac{\sqrt{k\rho c}}{1.18 h_c} \frac{1}{\sqrt{t}} + 1} + T_0 = \frac{1.0 \times 10.0}{0.01} \frac{1}{\frac{\sqrt{2.92}}{1.18 \times 0.01} \frac{1}{\sqrt{600}} + 1} + 20 = 110.0 \text{ ℃}$$

（5）解説

この計算式は，火炎等からの放射熱を受けて予熱される壁表面温度等に適用できる．時間が十分経過すると

$$T_w = \frac{\varepsilon q}{h_c} \frac{1}{\dfrac{\sqrt{k\rho c}}{1.18 h_c}\dfrac{1}{\sqrt{t}}+1} + T_0 \rightarrow \frac{\varepsilon q}{h_c} + T_0 \quad (t \rightarrow \infty) \tag{5.3-17}$$

となる．これが材料の着火温度以下であれば，その材料は着火しない．

（6）参考文献

5.3-6)　田中哮義：改訂版 建築火災安全工学入門，日本建築センター，pp.43-45, 2002 年 1 月

第6章 盛期火災

室のような囲われた空間内の火災は，室火災あるいは区画火災と呼ばれる．室火災の性状は，可燃物の特性だけでなく，室の形状，寸法，周壁の熱特性および開口寸法などの建築的条件にも依存する．

室内の火災温度は**図6-1**に示されるような推移を示す．本章では，このうちフラッシュオーバーとその後の火盛り期（盛期）の火災性状を扱う．

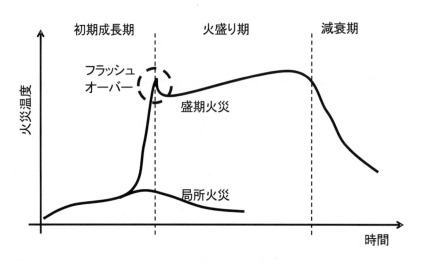

図6-1　室火災の温度の推移

6.1　フラッシュオーバー

（1）計算式の対象

室のフラッシュオーバー発生限界発熱速度（フラッシュオーバー発生に必要な最小限の発熱速度）を求める．

（2）計算式

フラッシュオーバー発生限界発熱速度：Q_{FO}[kW]

$$Q_{FO} = 610\{(h_k A_T)(A\sqrt{H})\}^{1/2} \tag{6.1-1}$$

$$h_k = \begin{cases} \dfrac{k}{\delta} & \left(t_c > \dfrac{\delta^2}{4\alpha_h}\right) \\ \left(\dfrac{k\rho c}{t_c}\right)^{1/2} & \left(t_c \leq \dfrac{\delta^2}{4\alpha_h}\right) \end{cases} \tag{6.1-2}$$

ただし，下記を適用範囲とする．

$$7.9 \leq A_T\sqrt{k\rho c}\big/A\sqrt{H} \leq 200 \tag{6.1-3}$$

$$\sqrt{k\rho c} \geq 0.4 \tag{6.1-4}$$

（3）入力値

A　　　室の開口面積　[m²]

記号	説明	単位
A_T	室の内表面積	[m²]
c	周壁材料の比熱	[kJ/(kg·K)]
h_k	実効熱伝達率	[kW/(m²·K)]

（本節では，McCaffery の実効熱伝達率を使う必要があるため，実効熱伝達率 h_k を式(6.1-2)で定義している．ただし，5.2.4 節等の本書の他の部分では，式(6.1-2)をさらに $\sqrt{\pi}$ で割ったものを実効熱伝達率として定義し，記号 h_e を用いている．）

記号	説明	単位
k	周壁材料の熱伝導率	[kW/(m·K)]
H	室の開口高さ	[m]
t_c	特性時間（=1000 s）	
α_h	周壁材料の熱拡散係数（$\equiv k/\rho c$）	[m²/s]
δ	周壁材料の厚さ	[m]
ρ	周壁材料の密度	[kg/m³]

参考として，代表的な壁材料の熱慣性を**表 6.1-1**に示す．

表 6.1-1　代表的な壁材料の熱慣性 [6.1-1)]

材料	熱慣性 $\sqrt{k\rho c}$ [kW·s$^{1/2}$/(m²·K)]	熱拡散係数 α_h [m²/s]
普通コンクリート	1.71	0.78×10⁻⁶
石膏ボード	0.4	0.17×10⁻⁶
ケイ酸カルシウム板	0.26	0.23×10⁻⁶
気泡コンクリート板	0.26	0.21×10⁻⁶

（4）計算例

図 6.1-1 に示す空間におけるフラッシュオーバー発生限界発熱速度 Q_{FO}[kW]を求める．各物性値は以下の値とする．

普通コンクリート： $\sqrt{k\rho c}_{RC}=1.71$ kW·s$^{1/2}$/(m²·K)， $\alpha_{h,RC}=0.78\times10^{-6}$ m²/s， $\delta_{RC}=0.2$m

石膏ボード： $\sqrt{k\rho c}_{PB}=0.4$ kW·s$^{1/2}$/(m²·K)， $\alpha_{h,PB}=0.17\times10^{-6}$ m²/s， $\delta_{PB}=0.05$m

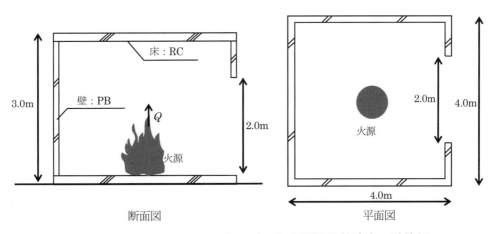

図 6.1-1　フラッシュオーバー発生限界発熱速度の計算例

－112－　火災性状予測計算ハンドブック

室の内表面積：

$$A_T = 16 + 16 + (4.0 + 4.0) \times 2 \times 3.0 - 2.0 \times 2.0 = 76\,\mathrm{m}^2$$

実効熱伝達率：

　床と壁の材質が異なるため，各部位の実効熱伝達率を面積按分する．床材及び壁材の実効熱伝達率は

$$\frac{\delta_{RC}^2}{4\alpha_{h,RC}} = 12821 \text{ より，} \quad h_{k,RC} = \left(\frac{k\rho c_{RC}}{t_c}\right)^{1/2} = \left(\frac{1.71^2}{1000}\right)^{1/2} = 0.054\,\mathrm{kW/(m^2 \cdot K)}$$

$$\frac{\delta_{PB}^2}{4\alpha_{h,PB}} = 3676 \text{ より，} \quad h_{kPB} = \left(\frac{k\rho c_{PB}}{t_c}\right)^{1/2} = \left(\frac{0.4^2}{1000}\right)^{1/2} = 0.012\,\mathrm{kW/(m^2 \cdot K)}$$

表面積の比率に応じて平均すると次式となる．

$$h_k = \frac{A_1 + A_2}{A_T} h_{k,RC} + \frac{A_3}{A_T} h_{k,PB} = \frac{16+16}{76} \times 0.054 + \frac{44}{76} \times 0.012 = 0.03\,\mathrm{kW/(m^2 \cdot K)}$$

以上より，フラッシュオーバー発生限界発熱速度は，

$$Q_{FO} = 610\left\{\left(h_k A_T\right)\left(A\sqrt{H}\right)\right\}^{1/2} = 610\left\{\left(0.03 \times 76\right)\left(4\sqrt{2}\right)\right\}^{1/2} = 2191\,\mathrm{kW}$$

となる．

（5）解説

　フラッシュオーバーが発生するためには床面へ $20\mathrm{kW/m^2}$ の放射熱流束が必要であると言われている [6.1-2]．これは，殆どの可燃物を着火させることができる入射熱である．一方，フラッシュオーバー発生条件を火災室内の可燃物の発熱速度で表す方法がある．火災室内の煙層温度が $500{\sim}600$℃に達して，床面へ入射する放射熱流が $20\mathrm{kW/m^2}$ 程度になる時の発熱速度を考えて，これをフラッシュオーバー発生限界発熱速度と呼ぶ．実務的には，熱流束ではなく発熱速度で表す方が便利なので，多数の実大規模実験・模型実験が行われ，McCaffery らによる相関式が広く用いられてきた [6.1-3]．

　李らは，種々のフラッシュオーバー発生限界発熱速度の計算式と既往の実験結果を比較している [6.1-4]．そのうち，式(6.1-1)について整理した結果を**図 6.1-2** に示す．McCaffery らの原著 [6.1-3] の通り特性時間を $t_c = 1000\mathrm{s}$ とすると，既往の実大実験と比べて概ね安全側の予測が可能である．実験との比較により式(6.1-1)の適用範囲は $7.9 \leq A_T\sqrt{k\rho c}\big/A\sqrt{H} < 200$，$\sqrt{k\rho c} \geq 0.4$ とする．周壁の熱慣性（$\sqrt{k\rho c}$）が 0.4 $\mathrm{kW \cdot s^{1/2}/(m^2 \cdot K)}$ 未満の室では，Q_{FO} が極めて小さな値となるので，式(6.1-1)ので適用範囲外とした．

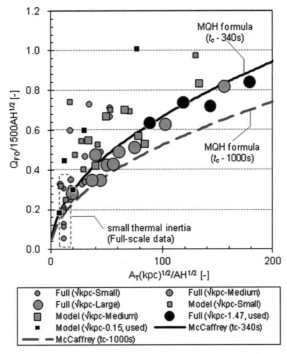

図 6.1-2　McCaffery 式と実大実験結果との比較 [6.1-4]

（6）参考文献

6.1-1) 田中哮義:改訂版　建築物の火災安全工学入門，財団法人日本建築センター，pp.351，2002年1月

6.1-2) Waterman, T.E.: Room Flashover-criteria and Synthesis, Fire Technology, Vol.4, 1968

6.1-3) B.J. McCaffery, J.G. Quintiere, and M.F. Harkleroad: Estimating Room Fire Temperatures and the Likelihood of Flashover Using Fire Test Data Correlations, Fire Technology, 17, 2, pp. 98 - 119, 1981

6.1-4) SungChan Lee and Kazunori Harada: A Validation Study of Existing Formulas for Determining the Critical Heat Release Rate for Flashover, Chapter 64, Fire Science and Technology 2015 - the Proceedings of 10th Asia-Oceania Symposium on Fire Science and Technology, Springer, pp. 631-638, 2016.10

-114- 火災性状予測計算ハンドブック

６．２　火盛り期の区画火災性状

６．２．１　燃焼速度と火災継続時間

（１）計算式の対象

盛期火災における質量燃焼速度 m_b[kg/s]および盛期火災の継続時間 t_D[min]を算定する.

（２）計算式

質量燃焼速度：m_b [kg/s]

$$
木材：\frac{m_b}{A_{fuel}} = \begin{cases} 0.1\chi & (\chi \leq 0.07) \\ 0.007 & (0.07 < \chi \leq 0.1) \\ 0.12\chi e^{-11\chi} + 0.003 & (0.1 < \chi) \end{cases} \tag{6.2-1}
$$

$$
メタノール：\frac{m_b}{A_{fuel}} = \begin{cases} 0.1\chi & (\chi \leq 0.26) \\ 0.026 & (0.26 < \chi \leq 0.66) \\ 0.0063\chi e^{-1.29\chi} + 0.024 & (0.66 < \chi) \end{cases} \tag{6.2-2}
$$

$$
PMMA：\frac{m_b}{A_{fuel}} = \begin{cases} 0.1\chi & (\chi \leq 0.58) \\ 0.058 & (0.58 < \chi \leq 1.49) \\ 0.054\chi e^{-0.67\chi} + 0.028 & (1.49 < \chi) \end{cases} \tag{6.2-3}
$$

燃焼型支配因子：χ [m$^{1/2}$]

$$
\chi \equiv \frac{A\sqrt{H}}{A_{fuel}} \tag{6.2-4}
$$

盛期火災の継続時間：t_D [min]

$$
t_D = \frac{G}{60m_b} \tag{6.2-5}
$$

（３）入力値

A　　　室の開口面積　[m²]

A_{fuel}　　可燃物表面積（１.４.３参照）　[m²]

G　　　火災室内の総可燃物量　[kg]

H　　　室の開口高さ　[m]

（４）計算例

図 6.2-1 に示すように，床面積 500m²，開口寸法 W 25.0m×H 2.0m，総可燃物量(木材とする) G＝17500kg，可燃物表面積 A_{fuel}＝882m² の室における質量燃焼速度 m_b [kg/s]及び盛期火災の継続時間 t_D [min]を求める.

$$
\chi \equiv A\sqrt{H} \Big/ A_{fuel} = 50\sqrt{2} \big/ 882 = 0.080\,\mathrm{m}^{1/2}
$$

$$
m_b = 0.007 A_{fuel} = 0.007 \times 882 = 6.174\,\mathrm{kg/s}
$$

$$
t_D = G \big/ (60m_b) = 17500 \big/ (60 \times 6.174) = 47.2\,\mathrm{min}
$$

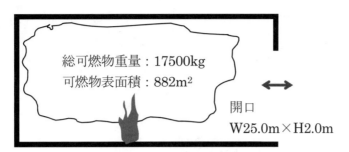

図 6.2-1 盛期火災の燃焼速度と継続時間の計算例題

(5) 解説

　火盛り期の火災室内では，**図 6.2-2** のように，室内の可燃物から熱分解ガスが発生し，開口上部からは高温の煙が流出し，下部からは外気が流入する．燃焼速度は室への空気流入量によって変化する．熱分解ガスの発生速度に対して空気の供給が少ないときは，燃焼は空気の供給速度に支配される．これを換気支配火災という．熱分解ガスの発生速度に対し空気が十分に供給されるときは，燃焼速度は熱分解ガスの発生速度に支配される．これは燃料支配火災と呼ばれる．

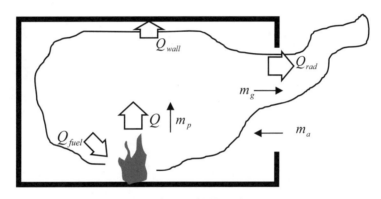

図 6.2-2　室内の熱量収支

　川越および関根[6.2-1)]は，木材を燃料とした火災実験により，換気支配火災について，燃焼速度 m_b[kg/s]と開口因子 $A\sqrt{H}$ [m$^{5/2}$]との比例関係を得た．これを数式で表現すれば，

$$m_b \approx 0.1A\sqrt{H} \tag{6.2-6}$$

となる．式(6.2-6) は，換気支配火災に対応するものであり，開口因子 $A\sqrt{H}$ が大きい燃料支配火災では，燃焼速度と開口因子の比例関係は成り立たない．そこで，燃焼型支配因子 $\chi(\equiv A\sqrt{H}/A_{fuel})$（換気量と熱分解ガス発生量との相対的大きさを表すパラメータ）を用いて単位面積あたりの燃焼速度を表したのが図 6.2-3 である．木材の場合，$\chi \leq 0.07$ で換気支配火災，$\chi > 0.07$ で燃料支配火災となる．文献[6.2-2)]~[4)]に記載の木材（燃焼熱 16000kJ/kg）の燃焼速度式(6.2-1)に加え，図 6.2-3 のデータからメタノール（燃焼熱 19800kJ/kg）と PMMA（燃焼熱 24900 kJ/kg）について燃焼速度式を作成したのが式(6.2-2)および(6.2-3)である．

　図 6.2-4 に火災継続時間算定の概念図を示す．室内の火災成長推移は図 6-1 に示すように初期成長期では徐々に燃焼速度が上昇し，盛期火災時には燃焼速度がほぼ一定値 m_b で近似できる．火災継続時間 t_D は，式(6.2-5)により火災室内の総可燃物量 G を定常燃焼速度 m_b で割って求める．

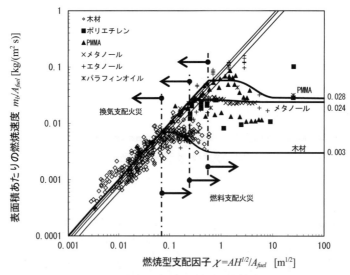

図6.2-3　燃焼型支配因子と燃焼速度の関係[6.2-5)]

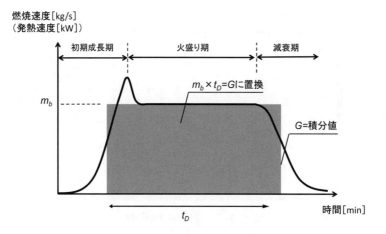

図6.2-4　火災継続時間 t_D

（6）参考文献

6.2-1) 川越,関根：壁体の熱伝導の違いによるコンクリート造建築物内の火災温度曲線の推定,日本火災学会論文集, Vol.13, No.1, 1963年10月

6.2-2) 国土交通省住宅局建築指導課他編集：2001年版　耐火性能検証法の解説及び計算例と解説, 井上書院, 2001年3月

6.2-3) 大宮 喜文, 佐藤 雅史, 田中 哮義, 若松 孝旺：換気支配型火災時の可燃物への入射熱流束と燃焼速度, 日本建築学会構造系論文集, 第472号, pp.169-176, 1995年6月

6.2-4) 大宮 喜文, 佐藤 雅史, 田中 哮義, 若松 孝旺：区画内における可燃物の燃焼速度と噴出火炎の発生限界, 日本建築学会構造系論文集, 第469号, pp.149-158, 1995年3月

6.2-5) 原田和典：建築火災のメカニズムと火災安全設計, pp.77, 財団法人日本建築センター, 2007年12月（一部改）

6.2.2 開口部を通る空気の質量流量

(1) 計算式の対象
図 6.2-5 に示す室において，開口を通じて室に流入する空気の質量流量を求める．

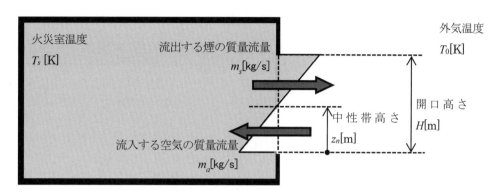

図 6.2-5　開口部を通る空気の質量流量

(2) 計算式
室に流入する空気の質量流量：m_a [kg/s]

$$m_a = 0.52A\sqrt{H} \tag{6.2-7}$$

(3) 入力値
- A　　開口面積　[m²]
- H　　開口高さ　[m]

(4) 計算例
開口寸法 W4.0m×H1.0m の開口を通じて室へ流入する空気の質量流量 m_a[kg/s]を求める．

$$m_a = 0.52A\sqrt{H} = 0.52\times(4\times1)\sqrt{1} = 2.1 \text{kg/s}$$

(5) 解説
火災室の開口部から流入する空気の質量流量 m_a および流出する煙の質量流量 m_s は，第 4 章の結果を用いて，それぞれ次のように計算される[6.2-6]．

$$m_a = \frac{2}{3}\alpha B\sqrt{2g\rho_0\Delta\rho}\, z_n^{3/2} \tag{6.2-8}$$

および，

$$m_s = \frac{2}{3}\alpha B\sqrt{2g\rho_s\Delta\rho}\,(H-z_n)^{3/2} \tag{6.2-9}$$

ただし，$\Delta\rho \equiv \rho_0 - \rho_s$ [kg/m³]，B：開口幅[m]，H：開口高さ[m]，ρ_0：外気の気体密度 [kg/m³]，ρ_s：火災室ガスの気体密度 [kg/m³]，z_n：開口の下端からの中性帯までの高さ[m]である．

室に流入した空気と熱分解ガスが混合して化学反応した後に開口上部から煙として流出するといった 2 方向の流れが同時に起こる．その質量収支は，次式で表される．

$$m_p + m_a = m_s \tag{6.2-10}$$

一般に，開口流量と比較して熱分解ガスの発生速度は小さいので

$$m_a = m_s \tag{6.2-11}$$

を得る.この関係を式(6.2-8)および式(6.2-9)により,

$$\frac{z_n}{H} = \frac{1}{1+(\rho_0/\rho_s)^{1/3}} = \frac{1}{1+(T_s/T_0)^{1/3}} \tag{6.2-12}$$

従って,

$$
\begin{aligned}
m_a(=m_s) &= \frac{2}{3}\alpha BH^{3/2}\rho_0\sqrt{2g}\left[\frac{1-\rho_s/\rho_0}{\{1+(\rho_0/\rho_s)^{1/3}\}^3}\right]^{1/2} \\
&= \frac{2}{3}\alpha BH^{3/2}\rho_0\sqrt{2g}\left[\frac{1-T_0/T_s}{\{1+(T_s/T_0)^{1/3}\}^3}\right]^{1/2}
\end{aligned}
\tag{6.2-13}
$$

式(6.2-13)の[ ]内は室内ガス温度の関数であるが,約400℃(=673K)以上では温度によらずほぼ一定である.具体的に数値を代入して式(6.2-13)の係数を求めると

$$m_a(=m_s) = (0.5 \sim 0.52)A\sqrt{H} \tag{6.2-14}$$

となる.ここに,$A(=BH)$:開口面積[m²]である.また,流量係数として$\alpha=0.7$を用いた.

(6) 参考文献
6.2-6) Nakaya, I, Tanaka, T., and Yoshida, M.: Doorway Flow Induced by a Propane Fire, Fire Safety Journal, Vol.10, pp.185-195, 1986

6.2.3 火災室内における発熱速度

(1) 計算式の対象
燃料支配型および換気支配型火災(6.2.1(5)参照)における発熱速度を算定する.

(2) 計算式
発熱速度:Q [kW]

換気支配型:$Q = 1500A\sqrt{H}$ $\qquad(\chi \leq 0.07)$ $\tag{6.2-15}$

燃料支配型:$Q = \Delta H\, m_b$ $\qquad(0.07 < \chi)$ $\tag{6.2-16}$

燃焼支配型因子:$\chi = \dfrac{A\sqrt{H}}{A_{fuel}}$ $\tag{6.2-17}$

(3) 入力値
A	室の開口面積	[m]
A_{fuel}	可燃物表面積	[m²]
H	室の開口高さ	[m]
m_b	質量燃焼速度(6.2.1 参照)	[kg/s]
ΔH	単位質量あたりの発熱量	[kJ/kg]

(4) 計算例
図6.2-6 に示した室における発熱速度 Q [kW]を求める.燃焼型支配因子$\chi=0.08$ とする.$\chi > 0.07$

なので，6.2.1を参照して燃料支配時の燃焼速度算定式を用いる．

　　質量燃焼速度：$m_b = 6.17 \text{kg/s}$

　　単位質量あたりの発熱量（木材）：$\Delta H = 16000 \text{kJ/kg}$

　　燃料支配型火災の発熱速度：$Q = \Delta H m_b = 16000 \times 6.174 = 98784 \text{kW}$

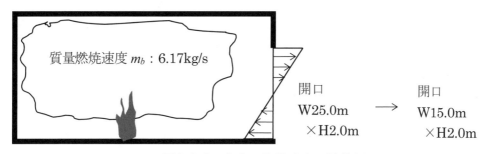

図6.2-6　室内の発熱速度の計算例

次に，開口寸法が W15.0m×H2.0m の場合を検討してみる．

　　燃焼型支配因子 $\chi = \dfrac{A\sqrt{H}}{A_{fuel}} = 15 \times 2 \times \sqrt{2} / 882 = 0.048 m^{1/2}$

$\chi < 0.07$ となることから換気支配型の発熱速度計算式を用いる．

　　換気支配型火災の発熱速度：$Q = 1500 \times 30\sqrt{2} = 63,640 \text{kW}$

（5）解説

燃料支配火災では，熱分解ガスが室内で全て燃焼すると考えれば，室内での発熱速度 Q は次式で与えられる．

$$Q = \Delta H m_b \tag{6.2-18}$$

ここに，ΔH は可燃物の単位質量あたりの発熱量[kJ/kg]であり，木質系可燃物では 16,000kJ/kg である．

換気支配火災では，流入空気量と反応可能な量の熱分解ガスが燃焼すると考えると，発熱速度は，

$$Q = \Delta H'(m_a / \gamma) = (\Delta H' / \gamma) m_a = \Delta H_{air} m_a \tag{6.2-19}$$

となる．ここに，$\Delta H'$は熱分解ガスの発熱量[kJ/kg-fuel]，ΔH_{air} は単位空気消費量あたりの発熱量[kJ/kg-O_2]である．ΔH_{air} は燃料の種類によらず 3,000kJ/kg-O_2 である．従って，換気支配型火災での流入空気の質量流量が式(6.2-7)で与えられる場合には，火災室内での発熱速度は下式となる．

$$Q \approx 3,000 m_a \approx 1,500 A\sqrt{H} \tag{6.2-20}$$

換気支配火災の場合，発生した熱分解ガスは室内で燃え尽くすことができず，残りは開口から噴出して室外で燃焼する．式(6.2-20)は室内での発熱速度の上限を与える．

（6）参考文献

6.2-7)　原田和典：建築火災のメカニズムと火災安全設計，第6章　盛期火災における燃焼性状，財団法人日本建築センター，2007年12月

6.3 盛期火災の火災室温度

6.3.1 燃料支配型火災の温度

盛期火災の温度予測式として種々の提案はあるが，そのうちで最も有力なものとして McCaffrey 等による予測式を示す．本節では，燃料支配火災を想定している．

(1) 計算式の対象

図 6.3-1 に示すように，燃料支配型火災における火災室温度 T_f [K] を求める．

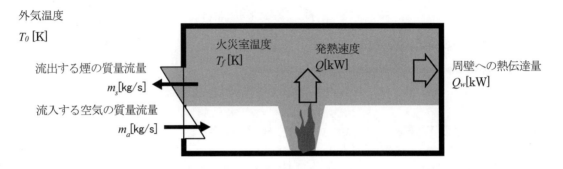

図 6.3-1　室の煙層の熱収支

(2) 計算式

火災室温度：T_f [K]

$$T_f = 0.023 T_0 \left(\frac{Q}{A\sqrt{H}}\right)^{2/3} \left(\frac{A\sqrt{H}}{A_T h_k}\right)^{1/3} + T_0 \tag{6.3-1}$$

実効熱伝達率：h_k [kW/(m²·K)]

$$h_k = \begin{cases} \dfrac{k}{\delta} & \left(t > \dfrac{\delta^2}{4\alpha_h}\right) \\ \left(\dfrac{k\rho c}{t}\right)^{1/2} & \left(t \leq \dfrac{\delta^2}{4\alpha_h}\right) \end{cases} \tag{6.3-2}$$

(3) 入力値

- A　　開口面積　[m²]
- A_T　火災室の内表面積　[m²]
- c　　周壁材料の比熱　[kJ/(kg·K)]
- h_k　実効熱伝達率　[kW/(m²·K)]
  （本節の実効熱伝達率 h_k の定義は本書の他の部分とは異なる．）
- H　　開口高さ　[m]
- k　　周壁の熱伝導率　[kW/(m·K)]
- Q　　発熱速度（6.2.3 参照）　[kW]
- T_0　外気温度　[K]
- α_h　周壁材料の熱拡散係数　[m²/s]
- ρ　　周壁の密度　[kg/m³]
- δ　　周壁の厚み　[m]

（4）計算例

図6.3-2 に示すように，床面積 20×5m², 天井高さ 3m, 開口寸法 W10m×H1.0m の室がある．周壁材料は普通コンクリートとし，熱伝導率 $k=1.51×10^{-3}$ kW/(m·K), 密度 $\rho=2200$ kg/m³, 比熱 $c=0.88$kJ/(kg·K), 厚み $\delta=0.15$m とする．可燃物密度 $w_{load}=160$MJ/m²の場合に，出火後 30 分時の火災室温度 T_f[K]を求める．外気温度は $T_0=20$℃とする．

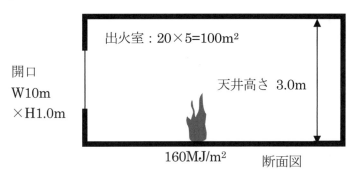

図6.3-2　盛期火災の火災室温度の計算例（燃料支配型）

燃焼支配型因子を計算し，燃料支配型火災であることを確かめる．そのため，式(1.4-9)から可燃物表面積を求める．係数は事務所用途のものを用いる．

$$A_{fuel} = 0.214 w_{load}^{1/3} A_r = 0.214 \times 160^{1/3} \times 100 = 116.2 \, \text{m}^2$$

$$\chi = \frac{A\sqrt{H}}{A_{fuel}} = \frac{10 \times 1 \times \sqrt{1}}{116.2} = 0.086 \, \text{m}^{1/2} > 0.07$$

燃焼支配型因子が 0.07 よりも大きいので，燃料支配型火災となる．燃焼速度は，式(6.2-1)により

$$m_b = 0.007 A_{fuel} = 0.007 \times 116.2 = 0.813 \, \text{kg/s}$$

$$Q = \Delta H m_b = 16000 \times 0.813 = 13{,}008 \, \text{kW}$$

周壁の実効熱伝達率を式(6.3-2)により求め，式(6.3-1)により火災室温度を計算する．

$$\alpha_h = \frac{k}{\rho c} = \frac{1.51 \times 10^{-3}}{2200 \times 0.88} = 0.78 \times 10^{-6} \, \text{m}^2/\text{s}$$

$$\frac{\delta^2}{4\alpha_h} = \frac{0.15^2}{4 \times 0.78 \times 10^{-6}} = 7212 \; > 1800$$

$$h_k = \left(\frac{k\rho c}{t}\right)^{1/2} = \left(\frac{1.51 \times 10^{-3} \times 2200 \times 0.88}{1800}\right)^{1/2} = 4.03 \times 10^{-2} \, \text{kW/(m}^2 \cdot \text{K)}$$

$$A_T = 2 \times (20 \times 5) + 2 \times (20+5) \times 3 - 10 \times 1 = 340 \, \text{m}^2$$

$$\begin{aligned}
T_f &= 0.023 T_0 \left(\frac{Q}{A\sqrt{H}}\right)^{2/3} \left(\frac{A\sqrt{H}}{A_T h_k}\right)^{1/3} + T_0 \\
&= 0.023 \times 293 \times \left(\frac{13012}{(10 \times 1) \times \sqrt{1}}\right)^{2/3} \left(\frac{(10 \times 1) \times \sqrt{1}}{340 \times 0.0403}\right)^{1/3} + 293 = 1016 \, \text{K}
\end{aligned}$$

－122－　火災性状予測計算ハンドブック

（5）解説

　区画内の温度予測は，様々な物理的過程が含まれているが，実務的には簡易な手法で計算できることが望ましい．McCaffrey らは，火災室の熱収支から火災温度計算式を導き，係数を実験から決定している [6.3-1]．**図6.3-1**に示すような室火災を考え，上部の高温層の温度はT_f[K]で一様で火災性状が準定常状態と仮定すれば，開口からの質量流出と流入は等しくなる．（$m_s=m_a$）これを考慮し，上部層の熱収支式は次式となる．

$$Q = c_p m_a \left(T_f - T_0 \right) + Q_w \tag{6.3-3}$$

ここで，m_aは開口から流入する空気の質量流量[kg/s]，Q_wは放射および対流によって煙層から周壁へ単位時間あたりに伝わる熱量 [kW]である．放射および対流の熱伝達率が十分に大きい場合には，壁体内部への伝導熱流で制限されるので，Q_wは

$$Q_w = h_k A_T \left(T_f - T_0 \right) \tag{6.3-4}$$

により近似できる．式(6.3-4)を式(6.3-3)に代入して整理すれば，無次元温度 $(T_f - T_0)/T_0$ が

$$\frac{T_f - T_0}{T_0} = \left(\frac{Q}{c_p T_0 m_a} \right) \Big/ \left(1 + \frac{h_k A_T}{c_p m_a} \right) \tag{6.3-5}$$

のように，2つの無次元量の関数として表される．さらに，開口から流入する空気量m_aを，開口因子$A\sqrt{H}$により

$$m_a \propto \rho_\infty \sqrt{g} \left(A\sqrt{H} \right) \tag{6.3-6}$$

で表し，実験データへの回帰により係数を定めると式(6.3-1)を得た．

（6）参考文献

6.3-1)　　McCaffrey, B.J., Quintiere, J.G., and Harkleroad, M.F.: Estimating Room Temperatures and the Likelihood of Flashover Using Fire Test Data Correlations Fire technology, Vol.17(2), 98- 119, 1981

６．３．２　換気支配型火災の温度

（1）計算式の対象

　換気支配型火災における火災室温度 T_f[K]を求める．

（2）計算式

　　　　火災室の温度：T_f[K]

$$T_f = 3.0 T_0 \left(\frac{A\sqrt{H}}{A_T h_k} \right)^{1/3} + T_0 \tag{6.3-7}$$

（3）入力値

　　A　　　　開口面積　[m²]
　　A_T　　　火災室の内表面積　[m²]
　　h_k　　　室の周壁の実効熱伝達率（式(6.3-2)による）　[kW/(m²·K)]
　　　　　　　（本節の実効熱伝達率h_kの定義は本書の他の部分とは異なる）

H　　開口高さ　[m]
T_0　　外気温度　[K]

（4）計算例

図 6.3-3 に示す条件における出火後 30 分時の火災室温度 T_f [K]を求める．開口は幅 1.6m×高さ 1.0m である．他の設定条件は前節の燃料支配型火災の計算例と同じである．

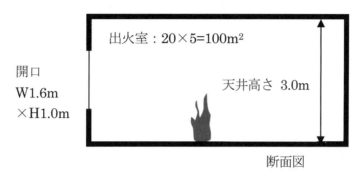

図6.3-3　盛期火災の火災室温度の計算例（換気支配型）

燃焼型支配因子は

$$\chi = \frac{A\sqrt{H}}{A_{fuel}} = \frac{1.6\sqrt{1.0}}{116.2} = 0.014 \, \text{m}^{1/2} < 0.07$$

となるため，換気支配型の火災である．

$$A_T = 2 \times 20 \times 5 + 2 \times (20+5) \times 3 - 1.6 \times 1 = 348.4 \text{m}^2$$

$$T_f = 3.0 T_0 \left(\frac{A\sqrt{H}}{A_T h_k}\right)^{1/3} + T_0 = 3.0 \times 293 \times \left(\frac{1.6\sqrt{1.0}}{348.4 \times 0.04}\right)^{1/3} + 293 = 719.2 \text{K}(=446.2℃)$$

（5）解説

換気支配型火災における発熱速度の最大値は，式(6.2-15)で与えられ，$Q = 1,500 A\sqrt{H}$ である．これを式(6.3-1)に代入すれば式(6.3-7)が得られる [6.3-2),3)]．

$$T_f = 0.023 T_0 \left(\frac{1500 A\sqrt{H}}{A\sqrt{H}}\right)^{2/3} \left(\frac{A\sqrt{H}}{A_T h_k}\right)^{1/3} + T_0 = 3.0 T_0 \left(\frac{A\sqrt{H}}{A_T h_k}\right)^{1/3} + T_0$$

（6）参考文献

6.3-2)　松山賢，藤田隆史，金子英樹，大宮喜文，田中哮義，若松孝旺：区画内火災性状の簡易予測法，日本建築学会構造系論文集，第 469 号，pp. 159-164，1995 年 3 月

6.3-3)　佐藤雅史，田中哮義，若松孝旺：火災室及び廊下の温度の簡易予測式，日本建築学会構造系論文集，第 489 号, pp.137-145，1996 年 11 月

６．３．３　換気支配時の隣接室の区画火災温度

（１）計算式の対象
換気支配火災時における火災室の隣接室の温度 T_{fc}[K]を算定する．

（２）計算式
火災室の隣接室の温度：T_{fc} [K]

$$T_{fc} = 1.35 T_0 \left(\frac{A\sqrt{H}}{A_T h_k} \right)^{2/9} \left(\frac{A_d \sqrt{H_d}}{A_{T,c} h_{k,c}} \right)^{1/3} + T_0 \tag{6.3-8}$$

（３）入力値

A	開口面積	[m²]
A_d	火災室と隣接室との間の開口面積	[m²]
A_T	火災室の内表面積	[m²]
$A_{T,C}$	隣接室の内表面積	[m²]
T_0	外気温	[K]
h_k	火災室の周壁の実効熱伝達率（式(6.3-2)による）	[kW/(m²·K)]
$h_{k,c}$	隣接室の周壁の実効熱伝達率（式(6.3-2)による）	[kW/(m²·K)]

（本節の実効熱伝達率 h_k の定義は本書の他の部分とは異なる．）

H	開口高さ	[m]
H_d	火災室と隣接室との間の開口高さ	[m]
Q	発熱速度	[kW]

（４）計算例
図 6.3-4 における隣接室の温度上昇 T_c [K]を求める．火災室の条件は前節の計算例と同一とする．隣接室の周壁は火災室と同じである．また，隣接室の可燃物には延焼しておらず，発熱速度は０である．

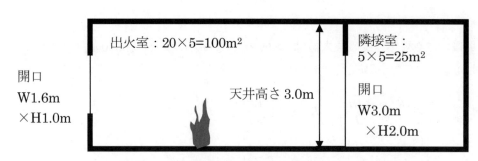

図6.3-4　隣接室の火災室温度の計算例（換気支配型）

$$A_T = (20 \times 5) \times 2 + (20+5) \times 2 \times 3 - (1.6 \times 1 + 3 \times 2) = 342.4 \, \text{m}^2$$

$$A_{T,c} = (5 \times 5) \times 2 + (5+5) \times 2 \times 3 - (3 \times 2) = 104.0 \, \text{m}^2$$

$$T_{fc} = 1.35 T_0 \left(\frac{A\sqrt{H}}{A_T h_k} \right)^{2/9} \left(\frac{A_d \sqrt{H_d}}{A_{T,c} h_{k,c}} \right)^{1/3} + T_0$$

$$= 1.35 \times 293 \times \left(\frac{1.6 \times 1.0 \times \sqrt{1.0}}{342.4 \times 0.0403} \right)^{2/9} \left(\frac{3.0 \times 2.0 \times \sqrt{2.0}}{104.0 \times 0.0403} \right)^{1/3} + 293 = 603\mathrm{K} (= 330^\circ\mathrm{C})$$

（5）**解説**

図 6.3-5 に示すように，換気支配型の盛期火災室から流入した高温ガスの熱量によって，隣接室の温度が上昇する場合を考える．火災室と隣接室の間の開口を流れる気流が運搬する熱量は

$$Q = c_p m_d (T_F - T_0) = c_p m_d T_0 \left(\frac{\Delta T_F}{T_\infty} \right) \approx 150 A_d \sqrt{H_d} \left(\frac{\Delta T_F}{T_0} \right) \tag{6.3-9}$$

となる [6.3-4]．廊下などの隣接室では，これが式(6.3-1)における Q に対応すると考えて，式(6.3-8)が導かれた．

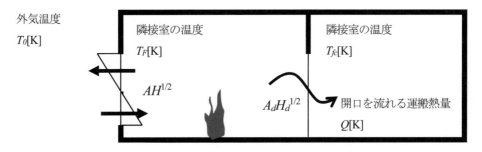

図 6.3-5　換気支配火災の性状（隣接室の場合）

（6）**参考文献**

6.3-4)　佐藤雅史，田中哮義，若松孝旺：火災室及び廊下の温度の簡易予測式，日本建築学会構造系論文集，第 489 号, pp. 137-145, 1996 年 11 月

第7章　開口噴出熱気流

7.1　開口噴出熱気流の中心軸の軌跡

　開口から噴出する火炎および熱気流は上階や周辺建物へ延焼する原因となるため，この性質を理解することは重要である．火災で発生した熱分解ガスの燃焼が室内で全て燃え切らない場合には，開口からは火炎と熱気流が混在したガスが噴出する．本章では，この火炎および熱気流を総称して開口噴出熱気流と呼ぶ．ただし，7.4では火炎の部分に7.5では熱気流の部分に着目している．

7.1.1　開口上方が自由空間の場合の熱気流の中心軸

（1）計算式の対象
　自由空間（開口上方に外壁が存在しない）における開口噴出熱気流の中心軸を計算する．なお，中心軸とは図7.1-1の破線で示すように，開口噴出熱気流の温度がある高さにおいて最高値を示す位置を連ねた線である（以降，7章において同じ）．熱気流の中心軸が壁に近ければ，火災建物側の壁が高温に曝されるため上階延焼しやすく，逆に熱気流の中心軸が開口から離れて隣棟に近づくほど隣棟への延焼危険が高まるため，上階延焼や隣棟への延焼危険性評価にこの計算式を活用することができる．

　本節の計算方法は次の条件下において適用できる．
- 火災室には単一の開口が設けられている．
- 外気風の影響が無視できる．
- 開口近傍に庇，側壁，対向壁が存在しない．

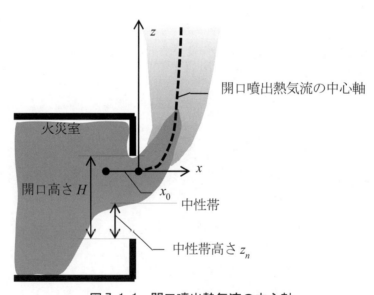

図7.1-1　開口噴出熱気流の中心軸

（2）計算式
　　開口噴出熱気流の中心軸の水平位置：x [m]
　　開口噴出熱気流の中心軸の鉛直位置：z [m]

$$\frac{x}{H} = 0.59\left(\frac{z}{H}\right)^{1/3} \tag{7.1-1}$$

$$\frac{z}{H} = 4.9 \left(\frac{x}{H}\right)^3 \tag{7.1-2}$$

（3）入力値

　　　　H　　　　開口高さ　[m]

（4）計算例

　開口高さ H=2m，開口上端から高さ z=2m における熱気流の中心軸の水平距離 x[m] を求める．

$$x = 0.6 \left(\frac{z}{H}\right)^{1/3} H = 0.6 \times \left(\frac{2}{2}\right)^{1/3} \times 2 = 1.2\,\mathrm{m}$$

（5）解説

　横井は，開口上方に外壁が存在しない（自由空間の）場合の熱気流の中心軸の動きを，水平方向に初速があり，浮力によって鉛直上方に加速する気体として捉え，以下のように計算している[7.1-1]．

　開口噴出熱気流の中心軸の水平速度は熱気流の水平移動距離の平方根に反比例し，

$$v = \frac{dx}{dt} = v_0 \sqrt{\frac{x_0}{x + x_0}} \tag{7.1-3}$$

と表される．ここで，v_0 は噴出熱気流の水平方向の初速[m/s]，x は開口上端からの水平距離[m]，x_0 は噴出熱気流の仮想線源距離[m]，t は時間[s]である．このとき，火災室内の温度が一様であると考えると，開口で熱気流が噴出する面における初速 v_0 はベルヌイの定理より，

$$v_0 = \sqrt{2g(H - z_n)\beta\Delta T} \tag{7.1-4}$$

で計算できる．

　一方，開口噴出熱気流の中心軸は周囲の空気との温度差による浮力のため鉛直上方へ移動する．その加速度は，

$$\frac{d^2 z}{dt^2} = \frac{\Delta T \cdot g}{T_0} \tag{7.1-5}$$

となる．ここで，ΔT は噴出熱気流と周囲の空気の温度差[K]，T_0 は雰囲気温度[K]，g は重力加速度[m/s²] である．t=0 の時に，x=0，z=0 とする初期条件のもと，式(7.1-3)および式(7.1-5)を解き，両式を用いて時間 t の項を消去した上で，v_0 に式(7.1-4)を代入することにより，開口噴出熱気流の中心軸の位置として次式を導出している．

$$\frac{z}{H - z_n} = \left(\frac{1}{9\beta T_0}\right) \left\{ \left(\frac{x + x_0}{H - z_n}\right)^{3/2} - \left(\frac{x_0}{H - z_n}\right)^{3/2} \right\}^2 \bigg/ \left(\frac{x_0}{H - z_n}\right) \tag{7.1-6}$$

ここで，z_n は開口下端から中性帯までの高さ（以降，中性帯高さと呼ぶ）[m]，β は空気の体積膨張係数[K⁻¹]である．このとき，横井の研究[7.1-1]から得られた以下の関係を用いると式(7.1-6)は式(7.1-2)のように表される．

$$\frac{x_0}{H - z_n} \approx 0.0558 \tag{7.1-7}$$

$$\frac{H - z_n}{H} = 0.64 \tag{7.1-8}$$

$$\beta T_0 \approx 1 \tag{7.1-9}$$

式(7.1-2)を用いて開口噴出熱気流の中心軸の軌跡を計算した値と実験値を比較した結果を図 7.1-2 に示す．x/H がいずれの区間であっても実験値と計算値は概ね一致している．これは式(7.1-3)および式(7.1-4)より中心軸の移動速度に開口幅の影響が含まれていないためであり，開口の上方が自由空間となっている場合の中心軸は開口のアスペクト比によらず開口高さにのみ依存する．

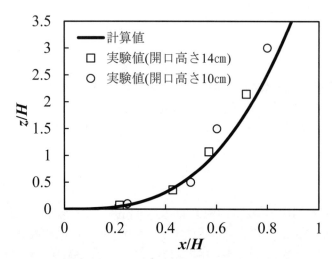

図 7.1-2 開口噴出熱気流の中心軸の軌跡の計算値と実験値 [7.1-1]

（6）参考文献

7.1-1) 横井鎮男：耐火造火災時の窓からの噴出気流のトラジェクトリ，日本火災学会論文集, Vol.8, No.1, pp.1-5, 1958

7．1．2　開口の上方が壁となっている場合の熱気流の中心軸

（1）計算式の対象

図 7.1-3 に示すように，開口上方に外壁が存在する場合において，火災室に設けられた開口から噴出する熱気流の中心軸の軌跡を計算する．

本節の計算方法は次の条件下において適用できる．
・外気風の影響が無視できる．
・開口近傍に庇，側壁，対向壁が存在しない．
・外壁に可燃性材料が用いられていない．
・開口のアスペクト比（$n=B/(H/2)$）が 2.0 以下

第7章 開口噴出熱気流 －129－

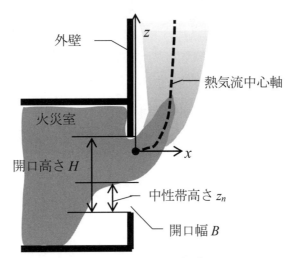

図 7.1-3　開口噴出熱気流の中心軸の概念図

（2）計算式

熱気流の中心軸の開口上端からの水平距離：x [m]
熱気流の中心軸の開口上端からの鉛直距離：z [m]

$$\frac{z}{H-z_n} = \left(2.2 + 0.61n^2\right)\left(\frac{x}{H-z_n}\right)^3 \tag{7.1-10}$$

（3）入力値

B	開口幅さ	[m]
H	開口高さ	[m]
n	噴出面のアスペクト比（$n=B/(H/2)$）	[-]
x	開口上端からの水平距離	[m]
z	開口上端からの高さ	[m]
z_n	中性帯高さ	[m]

（4）計算例

開口高さ H=2m，幅 B=2m とする．壁面から水平距離 x=1m における熱気流の中心軸の高さ z を求める．ただし，中性帯高さを開口高さ H の 1/2 とする．

噴出面のアスペクト比

$$n = B/(H/2) = 2/(2/2) = 2$$

熱気流の中心軸の開口上端からの水平距離

$$z = (2.2 + 0.61n^2)(\frac{x}{H/2})^3 \frac{H}{2} = (2.2 + 0.61 \times 2^2)(\frac{1}{2/2})^3 \times \frac{2}{2} = 4.64 \text{ m}$$

（5）解説

最上階以外での出火では火災室の開口上部には外壁または上階の開口部等が存在することが多い．このような状況では，7.1.1 の状況とは異なり，外壁側から熱気流への空気の流入が無いため，熱気流の中心軸が外壁側に移動する．

本節で示した計算式は，横井の実験によって得られた熱気流中心軸の軌跡から導出した実験式である[7.1-2]．図7.1-4は熱気流中心軸の軌跡の実験値と計算値を比較した結果である．アスペクト比nが2.0以下では実験値と計算値が概ね等しい．一方，$n≧2.5$の場合，$z/(H-z_n)＝1.0$以上では，計算値は外壁から離れる傾向にあるので式(7.1-10)は適用できない．また，開口のアスペクト比が3～4を超える場合，または開口の両側に側壁がある場合（開口のアスペクト比によらず）は熱気流の中心軸が壁面に沿う傾向にある．なお，アスペクト比nは開口高さに対する開口幅の比を表しているのではなく，開口での火炎の主たる吹き出し面の高さに対する開口幅の比（$B/(H/2)$）を表していることに注意を要する．

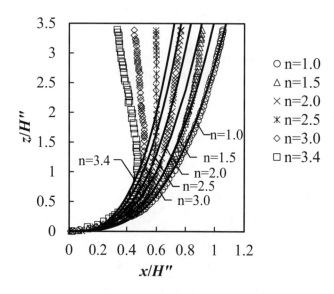

図7.1-4　熱気流の中心軸の軌跡の実験値と式(7.1-10)の比較

（6）参考文献

7.1-2) 水野佳世子, 若松孝旺, 田中哮義：火災加熱を受ける鋼構造部材の3次元熱流解析モデル——屋外にある鋼構造部材が火災加熱を受ける場合の鋼構造部材の温度性状の予測——, 日本建築学会環境系論文集　第607号, pp.7-14, 2006年

7.1.3　開口噴出熱気流の温度が十分低くなるまでの水平距離

（1）計算式の対象

　図7.1-5に示す状況において，開口噴出熱気流の温度が十分低くなるまでの水平距離x_cを求める．本節の計算方法は次の条件下において適用できる．

・外気風の影響が無視できる．
・開口近傍に庇，側壁，対向壁が存在しない．
・外壁に可燃性材料が用いられていない．

ただし，開口噴出火炎からの放射熱が隣棟に及ぼす影響については，別途考慮する必要がある．

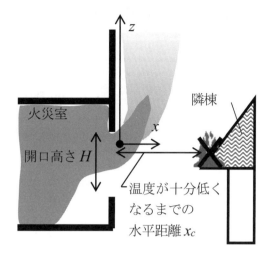

図 7.1-5　開口噴出熱気流の温度が十分低くなるまでの水平距離

（2）計算式

開口噴出熱気流の温度が十分低くなるまでの水平距離：x_c [m]

$$\frac{x_c}{H} > 0.6\left(\frac{z}{H}\right)^{1/3} + 0.3\left(\frac{z}{H}\right) \tag{7.1-11}$$

（3）入力値

H	開口の高さ	[m]
x	開口上端からの水平距離	[m]
z	開口上端からの高さ	[m]

（4）計算例

開口の高さ H=2m とし，開口上端から z=3m 上方において開口噴出熱気流の温度が十分低くなるまでの水平距離を求める．

$$x_c > \left\{0.59\left(\frac{z}{H}\right)^{1/3} + 0.3\left(\frac{z}{H}\right)\right\}H = \left\{0.59\left(\frac{3}{2}\right)^{1/3} + 0.3\left(\frac{3}{2}\right)\right\} \times 2 \approx 2.25\text{m}$$

（5）解説

隣接建物への延焼危険性の評価においても開口噴出熱気流性状が重要である．このとき，隣接建物がこの開口噴出熱気流の中心軸から十分に離れていれば，開口噴出熱気流からの対流に曝される影響は弱くなる．

開口噴出熱気流の中心軸は開口のアスペクト比などによって異なるが，開口の上部が自由空間となっている場合が最も壁から離れるため，これよりもある程度外側の範囲には開口噴出熱気流による熱気流が届かないと考えられる．

開口噴出熱気流は上昇とともに広がっていくので，開口噴出熱気流の中心軸の外側の温度分布も考慮しなければならない．開口噴出熱気流の広がりは開口に近い高さでは開口の寸法等の影響を受けるが，高くなれば通常の火災プルームの性状と同様になってくると考えられる．自由空間中の火災プルームの広がり角度については，Zukoski らは温度が熱気流の中心軸上の温度の 1/2 になる幅である半値幅を高さの $\tan^{-1}0.131$ 倍としているが，その外側にも温度上昇のある領域は存在するため，文献

－132－　火災性状予測計算ハンドブック

7.1-3)では開口噴出熱気流の中心軸から温度が十分低くなる距離と高さの比を $\tan^{-1}0.3$ として式 (7.1-11)を導出している.

（6）参考文献
7.1-3)　　日本建築学会編:建築物の火災安全設計指針, 丸善,　pp.180-184, 2002 年

7.2 噴出熱気流の中心軸温度

7.2.1 任意の温度となる高さ

(1) 計算式の対象

図 7.2-1 に示すような，開口上方に外壁が存在する開口から噴出した熱気流の中心軸上の温度が T_{ax} となる高さ z を計算する．この方法は，上階の開口部近傍の熱気流温度が延焼の危険がある温度よりも減衰するかどうかを検討するために用いることができる．

本節の計算方法は次の条件下において適用できる．
- 外気風の影響が無視できる．
- 開口の近傍に庇，側壁，対向壁が存在しない．
- 外壁に可燃性材料が用いられていない．
- 噴出面のアスペクト比 $n(=B/(H/2))$ が 6.4 以下

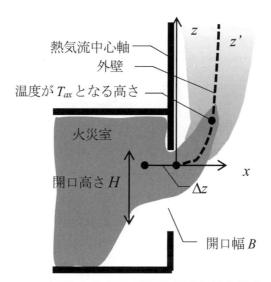

図 7.2-1 開口噴出熱気流の軸上温度

(2) 計算式

熱気流の中心軸に沿った距離：z' [m]

$$\frac{z'+\Delta z}{r_0} = \left(-4\ln(2\Theta)\right)^{5/4} \tag{7.2-1}$$

無次元温度：Θ

$$\Theta = \frac{(T_{ax}-T_0)r_0^{5/3}}{\left(\dfrac{T_0 Q_{ef}^2}{c_p^2 \rho^2 g}\right)^{1/3}} \tag{7.2-2}$$

相当開口半径：r_0 [m]

$$r_0 = \sqrt{(BH)/(2\pi)} \tag{7.2-3}$$

噴出熱気流の運搬熱量と未燃ガスの発熱速度の和：Q_{ef} [kW]

$$Q_{ef} = c_p m_d (T_f - T_0) + Q - Q_{v,crit} \tag{7.2-4}$$

−134− 火災性状予測計算ハンドブック

噴出熱気流の質量流量：m_d [kg/s]

$$m_d = \alpha B \int_{z_n}^{H} \{\rho(h)v(h)\}dh \approx 0.5BH^{3/2} \tag{7.2-5}$$

噴出熱気流の密度：ρ [kg/m³]

$$\rho = \frac{353}{T_{ax}} \tag{7.2-6}$$

噴出火炎発生限界発熱速度：$Q_{v,crit}$ [kW]

$$Q_{v,crit} = 150\left(\frac{A_T}{A\sqrt{H}}\right)^{2/5} A\sqrt{H} \tag{7.2-7}$$

仮想点熱源位置：Δz [m]

$$\Delta z = 0.04 Q_{ef}^{*2} r_0 \tag{7.2-8}$$

無次元保有熱量：Q_{ef}^{*} [kW]

$$Q_{ef}^{*} = \frac{Q_{ef}}{c_p T_0 \rho_0 \sqrt{g} r_0^{5/2}} = \frac{Q_{ef}}{1116 r_0^{5/2}} \tag{7.2-9}$$

（3）入力値

A	開口の面積	[m²]
A_T	火災室の内表面積	[m²]
B	開口幅	[m]
c_p	空気の比熱（＝1.0kJ/(kg・K))	
g	重力加速度（＝9.8m/s²)	
H	開口高さ	[m]
Q	火災室内での可燃物の発熱速度	
T_{ax}	軸上温度（高さを知りたい温度）	[K]
T_f	火災室温度	[K]
T_0	雰囲気温度	[K]
$v(h)$	高さ h における熱気流の流速	[m/s]
z_n	開口部の中性帯高さ	[m]
α	流量係数	[-]
$\rho(h)$	高さ h における熱気流の密度	[kg/m³]
ρ_0	周辺空気の気体密度	[kg/m³]

（4）計算例

開口の寸法を幅 B =2m，高さ H = 1m，区画内温度 T_f を 1400K（1127℃），雰囲気温度 T_0=300K（27℃）とし，噴出熱気流の中心軸上の温度 T_{ax}=773K（500℃）となる z' を求める．火災室内での可燃物の発熱速度 Q=2800kW，火災室の内表面積 A_T=57m² とする．

噴出熱気流の密度：

$$\rho = \frac{353}{T_{ax}} = \frac{353}{773} \approx 0.457 \, \text{kg/m}^3$$

噴出熱気流の質量流量：

$$m_d = 0.5BH^{3/2} = 0.5 \times 2 \times 1^{3/2} = 1.0\,\text{kg/s}$$

噴出熱気流の運搬熱量と未燃ガスの発熱速度：

$$Q_{ef} = c_p m_d \left(T_f - T_0\right) + Q - Q_{v,crit}$$

$$= c_p m_d \left(T_f - T_0\right) + Q - 150\left(\frac{A_T}{A\sqrt{H}}\right)^{2/5} A\sqrt{H}$$

$$= 1 \times 1.0 \times \left(1400 - 300\right) + 2800 - 150 \times \left(\frac{57}{2}\right)^{2/5} \times 2 = 2754\,\text{kW}$$

相当開口半径：

$$r_0 = \sqrt{\frac{BH}{2\pi}} = \sqrt{\frac{2 \times 1}{2\pi}} = 0.56\,\text{m}$$

無次元保有熱量：

$$Q_{ef}^* = \frac{Q_{ef}}{1116\,r_0^{5/2}} = \frac{2754}{1116 \times 0.56^{5/2}} = 10.3$$

仮想点源長さ：

$$\Delta z = 0.04\,Q_{ef}^{*2}\,r_0 = 0.04 \times \left(10.3\right)^2 \times 0.56 = 2.40\,\text{m}$$

無次元温度：

$$\Theta = \frac{\Delta T_{ax}\,r_0^{5/3}}{\left(\dfrac{T_0 Q_{ef}^2}{c_p^2 \rho^2 g}\right)^{1/3}} = \frac{\left(773 - 300\right) \times 0.56^{5/3}}{\left(\dfrac{300 \times 2754^2}{1^2 \times 0.457^2 \times 9.8}\right)^{1/3}} = 0.176$$

熱気流の中心軸に沿った距離：

$$z' = \left(-4\ln\left(2\Theta\right)^{5/4}\right) \cdot r_0 - \Delta z = \left(-4\ln\left(2 \times 0.176\right)\right)^{5/4} \times 0.56 - 2.40 = 0.97\,\text{m}$$

（5）解説

　開口噴出熱気流の中心軸上の温度は，上階延焼の危険性を評価する場合に重要となる．本節で示した式は，横井により提案された温度推定式をベースとし，室内で燃焼できなかった未燃ガスが外部で燃焼することによる発熱の影響を加えたものである[7.2-1]．なお，式(7.2-4)の右辺第1項 $c_p m_d (T_f - T_0)$ は，火災室から開口を通じて火災室外に排出される熱流（運搬熱量と呼んでいる．ただし，放射熱を除く）である．第2項 $Q - Q_{v,crit}$ は，火災室外での未燃ガスの燃焼発熱速度であり，火災区画内で発生した可燃物の熱分解ガスが全て燃焼した場合の発熱速度 Q から火災区画内での燃焼発熱速度 $Q_{v,crit}$ を引いた残りが火災室外で燃焼すると考えている．

　開口噴出熱気流の温度がある値（典型的には500℃）になる位置が熱気流の中心軸に沿った距離 z' として与えられた時に，鉛直高さ z を知るためには7.1節で示した熱気流の中心軸の軌跡を用いる．例えば，**図7.2-2** に示すように，壁面からの水平距離 x の中点 $x/2$ で2分割した線分の長さの和として求められる．

$$z' = a + b = \sqrt{\left(\frac{x}{2}\right)^2 + z_{1/2}^2} + \sqrt{\left(x - \frac{x}{2}\right)^2 + \left(z - z_{1/2}\right)^2} \tag{7.2-10}$$

このとき，式(7.2-10)の x には，7.1節の熱気流の軌跡の算定式(7.1-10)を x について整理した式

$$x = \left(\frac{z}{(H - z_n)(2.2 + 0.61n^2)}\right)^{1/3} (H - z_n) \tag{7.2-11}$$

を用いた値を代入する．一方，$z_{1/2}$ には式(7.1-10)の x に $x/2$ を代入して得られる次式

$$z_{1/2} = \left(2.2 + 0.61n^2\right)\left(\frac{x/2}{H - z_n}\right)^3 (H - z_n) = \frac{1}{8}\left(2.2 + 0.61n^2\right)\left(\frac{x}{H - z_n}\right)^3 (H - z_n) = \frac{z}{8} \tag{7.2-12}$$

を用いれば，式(7.2-10)は次式となる．

$$z' = \sqrt{\left\{\left(\frac{z}{(H - z_n)(2.2 + 0.61n^2)}\right)^{1/3}\frac{H - z_n}{2}\right\}^2 + \left(\frac{z}{8}\right)^2}$$
$$+ \sqrt{\left\{\left(\frac{z}{(H - z_n)(2.2 + 0.61n^2)}\right)^{1/3}\frac{H - z_n}{2}\right\}^2 + \left(\frac{7z}{8}\right)^2} \tag{7.2-13}$$

これを用いて中性帯高さ z_n，開口高さ H，開口のアスペクト比 n に応じて，任意の z' に対する鉛直距離 z を求めることができる．

なお，熱気流の中心軸に沿った距離 z' を開口上端からの高さ z と等しいと考えれば，ある温度に到達する高さを高めに見積もるため，上階延焼を検討する上では安全側の評価となる．なお，z' から z を直接算定することが難しい場合は，**図 7.2-3** のように z' と z の関係式を図示し，z' に対応する z を読み取れば良い．

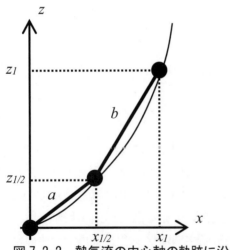
図 7.2-2　熱気流の中心軸の軌跡に沿った距離の近似の例

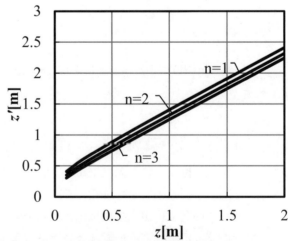
図 7.2-3　熱気流の中心軸の軌跡に沿った距離 z' と鉛直距離の関係 z

（6）参考文献

7.2-1)　横井鎮男：耐火造火災時の窓からの噴出気流のトラジェクトリ，日本火災学会論文集, Vol.8, No.1, pp.1-5, 1958 年

7.2.2 任意の高さにおける温度

(1) 計算式の対象

図 7.2-4 に示すような火災室に設けられた単一の開口の上方に外壁が存在する場合を対象とし，開口から噴出した熱気流の中心軸上に沿った距離 z' の位置における温度 T_{ax} を計算する．本節の計算方法は，火災室と上階の開口との鉛直距離が既知の場合に，上階の開口部が開口噴出熱気流の温度に耐えられるかどうかを検討する場合などに用いることができる．

本節の計算方法は次の条件下において適用できる．
- 外気風の影響が無視できる．
- 開口近傍に庇，側壁，対向壁が存在しない．
- 外壁に可燃性材料が用いられていない．
- 開口のアスペクト比 $n(=B/(H/2))$ が 6.4 以下．

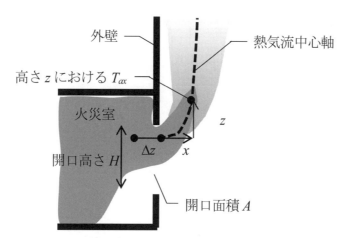

図 7.2-4 ある高さにおける温度の計算方法

(2) 計算式 [7.2-2)]

熱気流中心軸上の温度：T_{ax} [K]

$$T_{ax} = \Theta \frac{\left(\dfrac{T_0 Q_{ef}^2}{c_p^2 \rho^2 g}\right)^{1/3}}{r_0^{5/3}} + T_0 \tag{7.2-14}$$

無次元温度：Θ

$$\Theta = \frac{1}{2}\exp\left(-\frac{1}{4}(\frac{z'+\Delta z}{r_0})^{4/5}\right) \tag{7.2-15}$$

相当開口半径：r_0 [m]

$$r_0 = \sqrt{\frac{BH}{2\pi}} \tag{7.2-16}$$

噴出熱気流の保有熱量（運搬熱量＋未燃ガスの発熱速度）：Q_{ef} [kW]

$$Q_{ef} = c_p m_d (T_f - T_0) + Q - Q_{v,crit} \tag{7.2-17}$$

噴出熱気流の質量流量：m_d [kg/s]

$$m_d = \alpha B \int_{z_n}^{H} \{\rho(h)v(h)\}dh \approx 0.5BH^{3/2} \tag{7.2-18}$$

噴出火炎発生限界発熱速度：$Q_{v,crit}$ [kW]

$$Q_{v,crit} = 150(\frac{A_T}{A\sqrt{H}})^{2/5} A\sqrt{H} \tag{7.2-19}$$

開口噴出熱気流の密度：ρ [kg/m³]

$$\rho = \frac{353}{T_{ax}} \tag{7.2-20}$$

仮想点熱源位置：Δz [m]

$$\Delta z = 0.04 Q_{ef}^{*2} r_0 \tag{7.2-21}$$

無次元保有熱量：Q_{ef}^{*}

$$Q_{ef}^{*} = \frac{Q_{ef}}{c_p T_0 \rho_0 \sqrt{g} \cdot r_0^{5/2}} = \frac{Q_{ef}}{1116 r_0^{5/2}} \tag{7.2-22}$$

（3）入力値

A	開口の面積 [m²]	
A_T	火災室の内表面積 [m²]	
B	開口幅 [m]	
c_p	空気の比熱 （＝1.0 kJ/(kg・K)）	
g	重力加速度 （＝9.8 m/s²）	
H	開口高さ [m]	
Q	火源の発熱速度 [kW]	
Q_{ef}	開口噴出熱気流の保有熱量（運搬熱量と未燃ガスの発熱速度の和） [kW]	
T_f	火災室温度 [K]	
T_0	雰囲気温度 [K]	
$v(h)$	高さ h における熱気流の流速 [m/s]	
z	開口上端からの鉛直距離 [m]	
z'	開口噴出熱気流の中心軸に沿った距離（温度を求めたい位置） [m]	
z_n	中性帯高さ [m]	
Δz	仮想点源補正 [m]	
α	流量係数 [-]	
$\rho(h)$	高さ h における熱気流の密度 [kg/m³]	
ρ_0	周辺空気の気体密度 [kg/m³]	

（4）計算例

火災室および開口の条件は前節の計算例と同じとし，m_d =1.0kg/s，Q_{ef} =2754kW，r_0=0.56m，Q_{ef}^{*}=10.3，Δz=2.40m である．このとき，高さ z＝0.9m での熱気流中心軸の温度を求める．なお，開口噴出熱気流の中心軸は壁面に沿うものと考え，z=z'とする．

無次元温度

第7章　開口噴出熱気流　－139－

$$\Theta = \frac{1}{2}\exp\left(-\frac{1}{4}(\frac{z'+\Delta z}{r_0})^{4\!/5}\right) = \frac{1}{2}\cdot\exp\left(-\frac{1}{4}\times(\frac{0.9+2.40}{0.56})^{4\!/5}\right) = 0.179$$

軸上温度 T_{ax} の計算は式(7.2-14)によるが，開口噴出熱気流の温度は未知数なので，開口噴出熱気流の密度 ρ も未知数となる．そこで，ρ を火災室内の気体密度で代用する．（周辺空気の密度で代用すると中心軸上温度を低く計算してしまうので，設計用の計算としては不適切である．）

開口噴出熱気流の密度

$$\rho = \frac{353}{T_f} = \frac{353}{1400} = 0.252\,\mathrm{kg/m^3}$$

開口噴出熱気流の温度

$$T_{ax} = \Theta\cdot\frac{\left(\dfrac{T_0 Q_{ef}^2}{c_p^2 \rho^2 g}\right)^{1/3}}{r_0^{5/3}} + T_0 = 0.179\times\frac{\left(\dfrac{300\times2754^2}{1^2\times0.252^2\times9.8}\right)^{1/3}}{0.56^{5/3}} + 293 = 1008\,\mathrm{K}\,(=735^{\circ}\mathrm{C})$$

この方法によれば，噴出熱気流の温度を高めに計算することができる．

正確に計算する場合には，得られた温度から熱気流の気体密度 ρ を再計算し，これを用いて熱気流温度 T_{ax} を反復計算により求めれば良い．この計算例では $T_{ax} = 780\mathrm{K}$（507℃）となる．

あるいは，以下の方法に依ることもできる．式(7.2-14)の ρ に式(7.2-20)を代入し，軸上温度 T_{ax} について整理すれば，次式を得る．

$$\frac{T_{ax}-T_0}{(T_0 T_{ax}^2)^{1/3}} = (\frac{Q_{ef}^2}{353^2 c_p^2 g\, r_0^5})^{1/3}\Theta \tag{7.2-23}$$

この式の左辺は対数関数で近似することができる．

$$\frac{T_{ax}-T_0}{(T_0 T_{ax}^2)^{1/3}} = \frac{1}{1.16}\log_e(\frac{T_{ax}}{T_0}),\quad (T_{ax}\le1500) \tag{7.2-24}$$

この近似を用いると，熱気流中心軸温度を次式により直接求めることもできる．

$$\begin{aligned}
T_{ax} &= T_0\exp\left(1.16(\frac{Q_{ef}^2}{353^2 c_p^2 g\, r_0^5})^{1/3}\Theta\right) \\
&= T_0\exp\left(0.0109(\frac{Q_{ef}^2}{r_0^5})^{1/3}\Theta\right) \\
&= 293\times\exp\left(0.0109\times(\frac{2754^2}{0.56^5})^{1/3}\times0.179\right) \\
&= 802\,\mathrm{K}\,(=529^{\circ}\mathrm{C})
\end{aligned} \tag{7.2-25}$$

（5）解説

式(7.2-17)の右辺は「火災室から開口を通じて火災室外に排出される熱流（放射熱を除く）」を第一項（$c_p m_d(T_f-T_0)$）に，「火災室外での未燃ガスの燃焼発熱速度」を第二項に記述している．このとき，$Q_{v,crit}$ は火災区画内で発生した可燃物の熱分解ガスのうち，火災区画内での燃焼発熱速度を表している．よって，「火災室外での未燃ガスの燃焼発熱速度」を Q（火災区画内で発生した可燃物の熱分解ガスが全て燃焼した場合の発熱速度）から $Q_{v,crit}$ を減じた値を代入している[7.2-3]．

本節の計算式の精度を確認するため，比較的規模の大きな火災室の開口噴出熱気流の温度の実測値[7.2-4),5)]と比較した結果を図 7.2-5 に示す．例1では計算値と実験値が概ね等しい．例2では実験値が計算値を上回っているが，開口近傍の片側に袖壁を設置していることの影響と考えられる．

床面積	A_r	12.5	m²
室の高さ	H_r	1.67	m
周壁の面積	A_T	47.05	m²
開口面積/床面積	A/A_r	0.24	m²/m²
開口面積	A	3	m²
開口高さ	H	1	m
開口幅	B	3	m
相当開口半径	r_0	0.69	m
開口因子	$A\sqrt{H}$	3.0	m^{5/2}
雰囲気温度	T_0	300	m
火源の発熱速度	Q	4800	kW
火災室温度	T_f	999	m
噴出熱気流量	m_d	1.50	kg/s
噴出熱気流の運搬熱量*	Q_d	1491	kW
未燃ガスの発熱速度	Q_{ex}	3447	kW
仮想点源補正	Δz	3.43	m

*本文中に記述があるのでその値としたが，$c_p \cdot m_d \cdot \Delta T_f$ では1050になる．

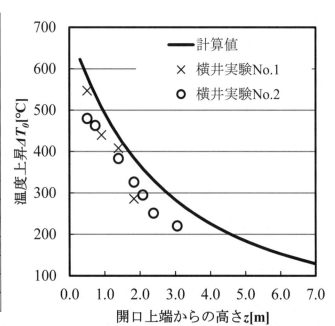

(a) 例1（横井耐火造実験[7.2-4)]）

床面積	A_r	16	m²
室の高さ	H_r	1.7	M
周壁の面積	A_T	57.2	m²
開口面積/床面積	A/A_r	0.125	m²/m²
開口面積	A	2	m²
開口高さ	H	1	m
開口幅	B	2	m
相当開口半径	r_0	0.56	m
開口因子	$A\sqrt{H}$	2.0	m^{5/2}
雰囲気温度	T_0	300	K
火源の発熱速度	Q	2800	kW
火災室温度	T_f	1417	K
噴出熱気流量	m_d	1.00	kg/s
噴出熱気流の運搬熱量	Q_d	1117	kW
未燃ガスの発熱速度	Q_{ex}	1653	kW
仮想点源補正	Δz	2.43	m

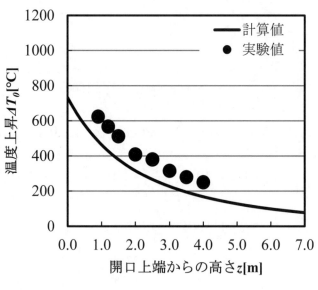

(b) 例2（ISO13785-2(Case ②-3)[7.2-5)]）

図 7.2-5　実大実験と本節の計算値の比較

（6）参考文献

7.2-2) 横井鎮男：耐火造火災時の開口からの噴出気流の熱気流の中心軸，日本火災学会論文集，Vol.8, No.1, pp.1-5, 1958年

7.2-3) 大宮喜文，堀雄児：火災室外への余剰未燃ガスを考慮した開口噴出火炎性状，日本建築学会計画系論文集，第545号, pp.1-8, 2001年

7.2-4) 横井鎮男：耐火造火災実験報告（横に長い形の窓から噴出する火焔の性状），日本火災学会論文集，第9巻第1号, pp.1-5, 1959年

7.2-5) 吉岡英樹，大宮喜文，野秋政希，村岡宏，中村正寿，森田武，西村光太：大規模外壁試験（ISO13785-2)に準拠した火災実験—開口上部外壁近傍における温度・受熱量の測定結果—，日本建築学会技術報告集，第19巻，第42号, pp.605-610, 2013年

7.2.3 横長開口における壁面近傍温度

（1）計算式の対象

図7.2-6に示すように，火災室に設けられた横長の開口上方に外壁が存在する場合，開口噴出熱気流の中心軸は壁面に沿う傾向にある．このような条件において高さ z における開口噴出熱気流の中心軸温度 T_{ax} を計算する．

本節の計算方法は次の条件下において適用できる．
・外気風の影響が無視できる．
・開口近傍に庇，側壁，対向壁が存在しない．
・外壁に可燃性材料が用いられていない．
・噴出面のアスペクト比 $n(=B/(H/2))$ が5以上．

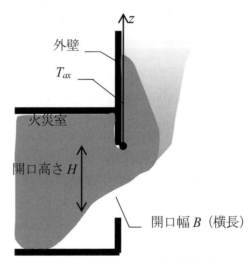

図 7.2-6 壁面に沿った開口噴出熱気流

（2）計算式

噴出熱気流の中心軸上温度：T_{ax} [K]

$$T_{ax} = \min\left(T_{ax,\max}, \frac{794}{x} + T_0\right) \tag{7.2-26}$$

無次元鉛直距離：x

$$x = \frac{z}{Q_{l,(H-z_n)}^{*2/3}(H-z_n)} \tag{7.2-27}$$

無次元保有熱量： $Q_{l,(H-z_n)}^{*}$

$$Q_{l,(H-z_n)}^* = \frac{Q_{l,(H-z_n)}}{\rho_0 c_p T_0 \sqrt{g}(H-z_n)^{3/2}} = \frac{Q_{l,(H-z_n)}}{1116(H-z_n)^{3/2}} \tag{7.2-28}$$

開口幅当たりの噴出熱気流の保有熱量：$Q_l,(H-z_n)$

$$Q_{l,(H-z_n)} = Q_{ef}/B \tag{7.2-29}$$

噴出熱気流の保有熱量（運搬熱量＋未燃ガスの発熱速度）：Q_{ef}　[kW]

$$Q_{ef} = c_p m_d \left(T_f - T_0\right) + Q - Q_{v,crit} \tag{7.2-30}$$

噴出熱気流の質量流量：m_d [kg/s]

$$m_d = 0.5A\sqrt{H} \tag{7.2-31}$$

噴出火炎発生限界発熱速度：$Q_{v,crit}$ [kW]

$$Q_{v,crit} = 150\left(\frac{A_T}{A\sqrt{H}}\right)^{2/5} A\sqrt{H} \tag{7.2-32}$$

（3）入力値

A	開口の面積　[m²]
A_T	火災室の内表面積　[m²]
B	開口幅　[m]
c_p	空気の比熱　（＝1.0 kJ/(kg・K)）
g	重力加速度　（＝9.8 m/s²）
H	開口高さ　[m]
Q	区画内の燃焼発熱速度　[kW]
$T_{ax,max}$	開口噴出熱気流の上限値（火災室温度 T_f[K]と自由空間中の連続火炎領域の火炎温度 T_c[K]のうちの高い方）　[K]
T_f	火災室温度　[K]
T_0	雰囲気温度　[K]
z	開口上端からの高さ　[m]
z_n	中性帯高さ　[m]
ρ_0	雰囲気温度 T_0 における空気の気体密度　[kg/m³]

（4）計算例

　開口の寸法を幅 B＝3m，高さ H＝1m，火災室温度 T_f＝1000K，雰囲気温度 T_0＝300K，火災室の内表面積 A_T＝47m²，室内での燃焼による発熱速度 Q＝4800 kW（＝0.1 $A\sqrt{H}$ ×16000 ）とする．対象とする高さ z＝2.0m での開口噴出熱気流の中心軸温度 T_{ax} を求める．ただし，z_n＝0.36×H とし，開口噴出熱気流の上限温度は $T_{ax,max}$＝max(T_f, T_c)＝max(1000,1193)＝1193K（920℃）とする．

　　噴出熱気流の質量流量と保有熱量

$$m_d = 0.5BH^{3/2} = 0.5 \times 3 \times 1^{3/2} = 1.50 \, \text{kg/s}$$

$$Q_{ef} = c_p m_d (T_f - T_0) + Q - 150 \left(\frac{A_T}{A\sqrt{H}} \right)^{2/5} A\sqrt{H}$$

$$= 1 \times 1.5 \times (1000 - 300) + 4800 - 150 \times \left(\frac{47}{3 \times \sqrt{1}} \right)^{2/5} \times 3 \times \sqrt{1}$$

$$= 4497\,\mathrm{kW}$$

単位幅あたりの保有熱量

$$Q_{l,(H-z_n)} = Q_{ef} / B = 4497/3 \approx 1499\,\mathrm{kW/m}$$

$$Q^*_{l,(H-z_n)} = \frac{Q_{l,(H-z_n)}}{\rho_0 c_p T_0 \sqrt{g} \left(H - z_n \right)^{3/2}} = \frac{1499}{1116 \times \left(1 - 0.36 \times 1 \right)^{3/2}} = 2.62$$

無次元鉛直距離

$$x = \frac{z}{Q^{*3/2}_{l,(H-z_n)} \left(H - z_n \right)} = \frac{2.0}{2.62^{3/2} \times \left(1 - 0.36 \times 1 \right)} = 1.64\,\mathrm{m}$$

以上より,

$$T_{ax} = \min \left(T_{ax,\max}, \frac{794}{x} + T_0 \right) = \min \left(1193, \frac{794}{1.64} + 293 \right) = 776\,\mathrm{K} \left(= 503\,^\circ\mathrm{C} \right)$$

（5）解説

　自由空間における横長火源の熱気流中心軸上の温度分布の計算式を開口噴出熱気流に応用した式である[7.2-6]．この計算方法は，火災室の開口が横長で，上階の開口部までの距離が決まっている場合，この熱気流温度に開口部等が耐えられるかどうかを検討する際などに用いることができる．

　式(7.2-26)の計算には開口噴出熱気流の上限温度 $T_{ax,\,max}$ が必要になる．原著では $T_{ax,\,max}$ の与え方は明示されていないが，火災室内温度と自由空間中の連続火炎領域の温度との高い方とすれば安全側の想定となる．

（6）参考文献

7.2-6)　大宮喜文，申易澈，野秋政希，姜昇具：横長開口から噴出する熱気流の鉛直壁面近傍温度分布，日本建築学会環境系論文集，第 81 巻　第 730 号, pp.1055-1063, 2016 年

7.3 開口噴出熱気流の無次元温度の相似性

(1) 計算式の対象

検討対象とする火災室の開口から噴出する熱気流の任意の位置における温度を，図7.3-1に示すように，当該火災室を縮小した模型区画を用いた実験の結果から推定する．この方法は，開口や火災室が特殊な形状の場合における開口噴出熱気流の温度等を把握する上で有効と考えられる．

本節の方法は次の条件下において適用できる．
- 外気風の影響が無視できる．
- 外壁に可燃性材料が用いられていない．
- 模型と実大での火災室温度と外気温が等しい．

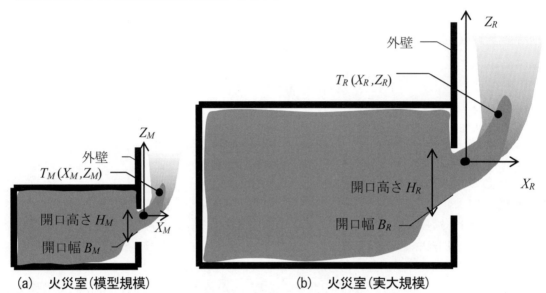

図 7.3-1　幾何学的に相似な開口噴出熱気流性状

(2) 計算式

実大規模の噴出熱気流の温度上昇：$\Delta T(X_R, Z_R)$

$$\frac{\Delta T_R(X_R, Z_R)}{\Delta T_M(X_M, Z_M)} = \frac{T_R(X_R, Z_R) - T_0}{T_M(X_M, Z_M) - T_0} = \left(\frac{Q_{d,R}}{Q_{d,M}}\right)^{2/3} \left(\frac{D_R}{D_M}\right)^{-5/3} \tag{7.3-1}$$

実大規模の噴出熱気流の運搬熱量：$Q_{d,R}$ [kW]

$$Q_{d,R} = c_p m_{d,R} (T_{f,R} - T_0) = 0.5 B_R H_R^{2/3} (T_{f,R} - T_0) \tag{7.3-2}$$

模型規模の噴出熱気流の運搬熱量：$Q_{d,M}$ [kW]

$$Q_{d,M} = c_p m_{d,M} (T_{f,M} - T_0) = 0.5 B_M H_M^{2/3} (T_{f,M} - T_0) \tag{7.3-3}$$

(3) 入力値

B_M	模型規模の開口幅	[m]
B_R	実大規模の開口幅	[m]
D_M	模型規模の代表寸法	[m]
D_R	実大規模の代表寸法	[m]
H_M	模型規模の開口高さ	[m]
H_R	実大規模の開口高さ	[m]

$T_M(X_M, Y_M)$ 　　　模型規模の噴出熱気流の温度上昇　[K]

$T_{f,R}$ 　　　　　　実大規模の火災室温度　[K]

$T_{f,M}$ 　　　　　　模型規模の火災室温度　[K]

T_0 　　　　　　　外気温　[K]

（4）計算例

模型規模の開口の寸法を幅 B_M=0.3m, 高さ H_M=0.1m, 幾何学的スケールの比 D_M/D_R = 1/10 とし, 模型規模における噴出熱気流の温度T_M=800K（527℃）の位置(X_M, Z_M)に対応する実大規模の位置(X_R, Z_R)の温度 T を求める. ただし, 実大規模, 模型規模ともに火災室内温度 $T_{f,R}$=$T_{f,M}$=1000 K（727 ℃）, 外気温 T_0=300 K（27 ℃）とする.

模型規模の開口噴出熱気流の運搬熱量 $Q_{d,M}$:

$$Q_{d,M} = 0.5 B_M H_M^{2/3} \left(T_{f,M} - T_0 \right) = 0.5 \times 0.3 \times 0.1^{3/2} \times \left(1000 - 300 \right) = 3.32 \text{kW}$$

実大規模の開口噴出熱気流の運搬熱量 $Q_{d,R}$:

$$Q_{d,R} = 0.5 B_R H_R^{2/3} \left(T_{f,R} - T_0 \right) = 0.5 \times 3 \times 1^{3/2} \times \left(1000 - 300 \right) = 1050 \text{kW}$$

実大規模の位置 (X_R, Z_R) の開口噴出熱気流温度 :

$$T\left(X_R, Z_R \right) = \left(\frac{Q_{d,R}}{Q_{d,M}} \right)^{2/3} \left(\frac{d_R}{d_M} \right)^{-5/3} \left(T_M\left(X_M, Y_M \right) - T_0 \right) + T_0$$

$$= \left(\frac{1050}{3.32} \right)^{2/3} \left(\frac{10}{1} \right)^{-5/3} \left(1000 - 300 \right) + 300 = 800 K \left(= 527℃ \right)$$

（5）解説

上階延焼の危険性に関する工学的評価の代表的な例として, 火災室の上階のガラス開口が破損するか否かを判断することがある. 開口の破損には開口近傍の気流温度が大きく影響するが, 開口噴出熱気流温度は開口の形状, 庇や袖壁の有無などによって変化する. これらの要素は建物の設計条件ごとに異なるため, 具体的な条件ごとの噴出熱気流性状を模型実験により調べられると有益である.

ちなみに, 式(7.3-1)に式(7.3-2)および(7.3-3)を代入すれば,

$$\frac{T_R\left(X_R, Z_R \right) - T_0}{T_M\left(X_M, Z_M \right) - T_0} = \left(\frac{0.5 B_R H_R^{2/3}}{0.5 B_M H_M^{2/3}} \right)^{2/3} \left(\frac{D_R}{D_M} \right)^{-5/3} \tag{7.3-4}$$

このとき, B_M/B_R=H_M/H_R=D_M/D_R より,

$$\frac{T_R\left(X_R, Z_R \right) - T_0}{T_M\left(X_M, Z_M \right) - T_0} = \left(\frac{D_R D_R^{3/2}}{D_M D_M^{3/2}} \right)^{2/3} \left(\frac{D_R}{D_M} \right)^{-5/3} = 1 \tag{7.3-5}$$

となる. 従って, 火災室内の温度が等しければ, 幾何学的に相似な位置の噴出熱気流温度は模型規模と実大規模で同じになる [7.3-1].

（6）参考文献

7.3-1)　山口純一, 岩井裕子, 田中哮義, 原田和典, 大宮喜文, 若松孝旺：開口噴出気流温度の相似則としての無次元温度の適用性, 日本建築学会計画系論文報告集, No. 513, pp.1-8, 1998 年

7．4　開口噴出火炎の高さ

（1）計算式の対象

図7.4-1に示すように，開口上方に外壁がある場合における開口噴出火炎の平均高さ L_m を算出する．火災室の上階の開口部に火炎が到達するかどうかを判断する場合，開口噴出火炎高さが必要となる．あるいは，隣棟への延焼危険性の評価では開口噴出火炎からの放射熱（形態係数）を検討することがあるため，火炎形状を特定しておく必要がある．この計算方法はこれらの検討に活用できる．この計算式は以下の条件において適用できる．

- 外気風の影響が無視できる．
- 開口近傍に庇，側壁，対向壁が存在しない．
- 外壁に可燃性材料が用いられていない．
- 噴出面のアスペクト比 $n(=B/(H/2))$ が0.5～4.0．

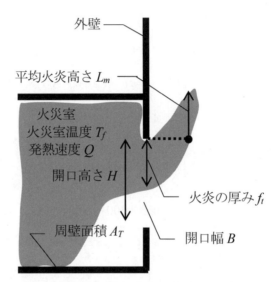

図7.4-1　開口噴出火炎の高さ

（2）計算式

開口噴出火炎の平均高さ：L_m [m]

$$L_m = 2.5 Q_B^{*2/3} B - f_t \tag{7.4-1}$$

無次元保有熱量：Q_B^*

$$Q_B^* = \frac{Q_{ef}}{c_p T_0 \rho_0 \sqrt{g}\, B^{5/2}} = \frac{Q_{ef}}{1116 B^{5/2}} \tag{7.4-2}$$

噴出熱気流の保有熱量（運搬熱量と未燃ガスの発熱速度の和）：Q_{ef} [kW]

$$Q_{ef} = c_p m_d (T_f - T_0) + (Q - Q_{v,crit}) \tag{7.4-3}$$

噴出熱気流の質量流量：m_d [kg/s]

$$m_d = 0.5 B H^{3/2} \tag{7.4-4}$$

噴出火炎の発生限界発熱速度（熱分解ガスのうち火災室内で燃焼した発熱速度）：$Q_{v,crit}$ [kW]

$$Q_{v,crit} = 150 \left(\frac{A_T}{A\sqrt{H}} \right)^{2/5} A\sqrt{H} \tag{7.4-5}$$

（3）入力値

A	開口面積	[m²]
A_T	火災室の内表面積	[m²]
B	開口幅	[m]
c_p	空気の比熱	[kJ/kg/K]
f_t	火炎の厚み	[m]
g	重力加速度（＝9.8 m/s²）	
H	開口高さ	[m]
T_f	火災室温度	[K]
T_0	雰囲気温度	[K]
Q	火災室で発生した熱分解ガスが全て燃焼した場合の発熱速度	[kW]
ρ_0	雰囲気温度 T_0 における空気の気体密度	[kg/m³]

（4）計算例

開口の寸法を幅 B =2m，高さ H = 1m，区画内温度 T_f を 1400K（1127℃），雰囲気温度 T_0=300K（27℃）とし，開口噴出火炎の高さ L_m を求める．火災室内で発生した熱分解ガスが全て燃焼した場合の発熱速度 Q=2800kW，火災室の内表面積 A_T=57m² とする．なお，火炎の厚みは開口高さの 0.64 倍とする．

噴出熱気流の質量流量と保有熱量

$$m_d = 0.5BH^{3/2} = 0.5 \times 2 \times 1^{3/2} = 1.0 \text{ kg/s}$$

$$
\begin{aligned}
Q_{ef} &= c_p m_d \left(T_f - T_0 \right) + Q - 150 \left(\frac{A_T}{A\sqrt{H}} \right)^{2/5} A\sqrt{H} \\
&= 1 \times 1.0 \times \left(1400 - 300 \right) + 2800 - 150 \times \left(\frac{57}{2 \times \sqrt{1}} \right)^{2/5} \times 2 \times \sqrt{1} \\
&= 2754 \text{ kW}
\end{aligned}
$$

無次元保有熱量

$$Q_B^* = \frac{Q_{ef}}{c_p T_0 \rho_0 \sqrt{g} B^{5/2}} = \frac{2754}{1116 \times 3^{5/2}} = 0.436$$

以上より，

$$L_m = 2.5 Q_B^{*2/3} B - f_t = 2.5 \times 0.436^{2/3} \times 3 - 0.64 \times 1 = 2.24 \text{m}$$

（5）解説

本節の計算式は自由空間と同様に開口噴出火炎の高さを噴出熱気流の無次元発熱速度で整理した実験式である [7.4-1]．7.2.2 と同様に，式(7.4-3)は熱気流による運搬熱量に外部での燃焼による発熱速度を加えたものを考えている．

（6）参考文献

7.4-1)　大宮喜文, 堀雄兒：火災室外への余剰未燃ガスを考慮した開口噴出火炎性状, 日本建築学会計画系論文集, 第 545 号, pp.1-8, 2001 年

7.5 開口噴出熱気流の質量流量

吹抜け等では，火災室開口からの熱気流（煙）の流量が建物内の煙伝播性状と関係して重要である．本節では，火災室開口から煙が流出して吹き抜け等の隣接室に流入する状況を考える．ただし，未燃ガスが開口から吹き出すような状況（噴出火炎）は対象外とする．

7.5.1 単純開口の場合

（1）計算式の対象

図 7.5-1 に示す火災室の開口上端からの高さ z での噴出熱気流の質量流量を計算する．なお，火災室の煙層温度と開口からの噴出気流の質量流量を既知とする．

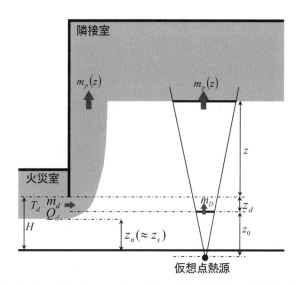

図 7.5-1　単純開口からの開口噴出熱気流の質量流量

（2）計算式

　　　火災室開口部の上端から任意の高さ z での開口噴出熱気流の流量：$m_p(z)$ [kg/s]

$$m_p(z) = 0.072 Q_d^{1/3} (z + z_d + z_0)^{5/3} \tag{7.5-1}$$

開口噴出気流の運搬熱量：Q_d [kW]

$$Q_d = c_p m_d (T_d - T_0) \tag{7.5-2}$$

噴出熱気流の質量流量：m_d [kg/s]

$$m_d = \frac{2}{3} \alpha B \sqrt{2 \rho_d (\rho_d - \rho_\infty) g} (H - z_n)^{3/2} \tag{7.5-3}$$

プルームの質量流量が開口の質量流量と等しくなる位置：z_d [m]

$$z_d = \frac{5}{9}(H - z_n) \tag{7.5-4}$$

仮想点熱源距離：z_0 [m]

$$z_0 = 4.85 \left(\frac{m_d^{3/5}}{Q_d^{1/5}} \right) \tag{7.5-5}$$

－150－　火災性状予測計算ハンドブック

（3）入力値

B	開口幅　[m]	
c_p	空気の定圧比熱　(=1 kJ/kg·K)	
g	重力加速度　(=9.8m/s²)	
H	火災室の床面から開口上端までの高さ　[m]	
T_d	火災室の煙層平均温度　[K]	
T_0	噴出した空間の雰囲気温度　[K]	
z	火災室開口上端からの高さ　[m]	
z_n	開口における中性帯高さ（煙層高さで代用）　[m]	
α	開口の流量係数　(=0.7)	
ρ_d	火災室の煙層の気体密度(=353/T_s)	
ρ_0	隣接室の空気の気体密度(=353/T_0)	

（4）計算例

　火災室の煙層温度 T_s =1000K（気体密度 ρ_d =353/1000=0.35kg/m³），噴出した空間の雰囲気温度 T_0 =300 K（気体密度 ρ_0=353/300=1.18 kg/m³），開口幅 B=1m，開口高さ H=2m，流量係数 α=0.7，中性帯高さ z_n =1m のとき，z =0.5m での開口噴出熱気流の質量流量 m_p[kg/s]を求める.

$$m_{ij} = \frac{2}{3}\alpha B\sqrt{2g\rho_d\left(\rho_0 - \rho_s\right)}\left(H - z_n\right)^{3/2}$$

$$= \frac{2}{3}\times 0.7\times 1.0\times \sqrt{2\times 0.35\times \left(1.18-0.35\right)\times 9.8}\times \left(2.0-1.0\right)^{3/2} = 1.11\text{kg/s}$$

$$Q_d = c_p m_d\left(T_d - T_0\right) = 1.0\times 1.11\times \left(1000-300\right) = 780\text{kW}$$

$$z_d = \frac{5}{9}\left(H - z_n\right) = \frac{5}{9}\left(2.0-1.0\right) = 0.56\text{m}$$

$$z_0 = 4.85\left(\frac{m_d^{3/5}}{Q_d^{1/5}}\right) = 4.85\times \left(\frac{1.11^{3/5}}{780^{1/5}}\right) = 1.37\text{m}$$

$$m_p\left(z\right) = 0.072Q_d^{1/3}\left(z + z_d + z_0\right)^{5/3}$$

$$= 0.072\times 780^{1/3}\left(0.5+0.56+1.37\right)^{5/3} \cong 2.90\text{kg/s}$$

（5）解説

　開口噴出熱気流の噴出先が吹抜のような建物内部空間である場合には，開口噴出熱気流の質量流量が吹き抜け空間での蓄煙速度を支配する重要な因子になる. 開口噴出熱気流は発生源では水平方向の速度を有すること，片側の空気巻き込みが壁で制約される等の点で自由空間における鉛直プルームとは性状が異なる. さらに吹き出し断面の形状が横長から縦長まで種々ある点も特徴である.

　式(7.5-1)は，縮小模型の実験結果を踏まえて，開口噴流熱気流を点熱源プルームに近似して回帰的に導出されたものである. 実験での開口のアスペクト比 $(H\text{-}Z_n)/B$ は 0.3~1.7 の範囲である [7.5-1].

（6）参考文献

7.5-1)　山口純一，細沢貴史，田中哮義, 若松孝旺:開口噴流プルームの巻き込み性状に関する研究, 日本建築学会計画系論文集, 第 511 号, pp.1-8, 1998 年

7.5.2 開口上端に庇が設置された場合

(1) 計算式の対象
図7.5-2に示す吹抜けに面する火災室の開口上端に庇が設置された場合において，庇上端からの高さzでの噴出熱気流の質量流量を計算する．このとき，火災室の煙層温度，火災室からの噴出流量を既知とする．

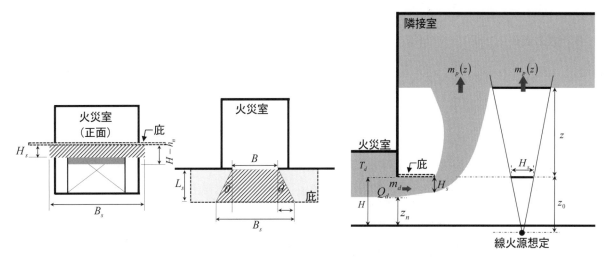

図7.5-2 開口上端に庇が設置された場合の開口噴出熱気流の流量

(2) 計算式
庇上端から任意の高さzでの開口噴出熱気流の流量：$m_p(z)$ [kg/s]

$$m_p(z) = 2.57 B_s \sqrt{H_s} Q_{e,l}^{*1/3} (z + z_0) \tag{7.5-6}$$

庇先端部での噴出熱気流の幅：B_s [m]

$$B_s = B + 2L_s \tan\theta \tag{7.5-7}$$

庇面下での噴出熱気流の拡がり角度：θ [°]

$$\theta = 37.9 \left(\frac{H - z_n}{B} \right)^{1/5} \tag{7.5-8}$$

庇先端部での噴出熱気流の厚さ：H_s [m]

$$H_s = \frac{B}{B_s}(H - z_n) \tag{7.5-9}$$

庇先端寸法を代表径とした場合の線火源適用時の無次元発熱速度：$Q_{e,l}^*$ [-]

$$Q_{e,l}^* = \frac{1}{1116} \frac{Q_d}{B_s H_s^{3/2}} \tag{7.5-10}$$

仮想線火源距離：z_0 [m]

$$z_0 = 1.58 \left(\frac{m_d}{B^{3/5} \sqrt{H - z_n} Q_{d,l}^{*1/3}} \right)^{5/7} \tag{7.5-11}$$

−152−　火災性状予測計算ハンドブック

開口寸法を代表径とした場合の線火源適用時の無次元発熱速度：$Q_{d,l}^*$ [-]

$$Q_{d,l}^* = \frac{1}{1116} \frac{Q_d}{B(H-z_n)^{3/2}} \tag{7.5-12}$$

開口噴出気流の運搬熱量：Q_d [kW]

$$Q_d = c_p m_d (T_d - T_0) \tag{7.5-13}$$

（3）入力値

B	開口幅	[m]
H	開口高さ	[m]
L_s	庇長さ	[m]
m_d	開口噴出熱気流の質量流量	[kg/s]
Q_d	開口噴出熱気流の運搬熱量	[KW]
T_d	火災室の煙層平均温度	[K]
T_0	雰囲気温度	[K]
z	庇上端からの高さ	[m]
z_n	中性帯高さ（煙層高さで代用）	[m]
z_0	仮想線火源距離	[m]

（4）計算例

前節の計算例と同じ条件で，長さ L_s =2m の庇がある場合に z =0.5m における開口噴出熱気流の質量流量を求める．前節の計算例より m_d=1.11kg/s，Q_d=780kW とする．

$$\theta = 37.9\left(\frac{H-z_n}{B}\right)^{\frac{1}{5}} = 37.9\left(\frac{2.0-1.0}{1.0}\right)^{\frac{1}{5}} = 37.9°$$

$$B_s = B + 2L_s\tan\theta = 1.0 + 2\times 2.0\times\tan 37.9 = 4.11\,\mathrm{m}$$

$$H_s = \frac{B}{B_s}(H-z_n) = \frac{1}{4.11}(2.0-1.0) = 0.24\,\mathrm{m}$$

$$Q_{d,l}^* = \frac{1}{1116}\frac{Q_d}{B(H-z_n)^{3/2}} = \frac{1}{1116}\frac{780}{1.0\times(2.0-1.0)^{3/2}} = 0.70$$

$$z_0 = 1.58\left(\frac{m_d}{B^{3/5}\sqrt{H-z_n}Q_{d,l}^{*\,1/3}}\right)^{5/7} = 1.58\left(\frac{1.11}{1.0^{3/5}\sqrt{2.0-1.0}\times 0.70^{1/3}}\right)^{5/7} = 1.85\,\mathrm{m}$$

$$Q_{e,l}^* = \frac{1}{1116}\frac{Q_d}{B_s H_s^{3/2}} = \frac{1}{1116}\frac{780}{4.11\times 0.24^{3/2}} = 1.46$$

よって，

$$m_p(z) = 2.57 B_s\sqrt{H_s}Q_{e,l}^{*\,1/3}(z+z_0)$$

$$= 2.57\times 4.11\times\sqrt{0.24}\times 1.43^{1/3}(0.5+1.85) = 13.7\,\mathrm{kg/s}$$

第7章 開口噴出熱気流 —153—

（5）解説

　吹抜空間の周囲に開放的な通路を設ける場合には，通路下面が庇の役割を果たし，居室からの開口噴流プルームは庇面下を拡散するときに空気を巻き込む．また，庇により噴出熱気流が壁面から離れるため，7.5.1 の状況よりも空気の巻き込み量が増加する．

　式(7.5-6)は縮小模型実験より，開口噴流熱気流を線熱源プルームに近似して回帰的に導出されたものである [7.5.2-1]．線熱源理論を用いたのは，庇があると庇先端の熱気流が薄くなるためとされている．実験は，開口のアスペクト比 B/H が 0.5~2，庇長さは開口寸法の大きい方（=max(B, H)）の 1.5 倍の範囲で行われている [7.5-2]．

（6）参考文献

7.5-2) 大宮喜文，平山貴至，山口純一，申易撤：庇面下の拡散を考慮した開口噴流プルーム流量算定式，日本建築学会計画系論文集，第 721 号，pp.261-270，2016 年

第8章　煙の流動と制御

8．1　煙層の降下時間と温度

8．1．1　水平断面が同一の室の煙層の降下

(1) 計算式の対象

図8.1-1に示すように，水平断面が高さ方向で同一の室において室外への煙の流出がない場合の煙層の降下時間を算出する．

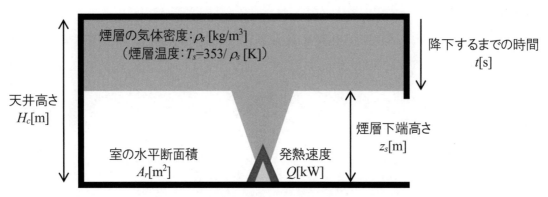

図8.1-1　煙層の降下　（水平断面が一定の室）

(2) 計算式[8.1-1]

定常火源（発熱速度：$Q=Q_0$）の場合
時間 t における煙層下端高さ：$z_s(t)$ [m]

$$z_s(t) = \left\{ \frac{2}{3}\frac{k}{A_r}Q_0^{1/3}t + \frac{1}{H_c^{2/3}} \right\}^{-3/2} \tag{8.1-1}$$

または，煙層下端高さが z_s [m]になる時間：$t(z)$ [s]

$$t(z) = \frac{3}{2}\frac{1/z_s^{2/3} - 1/H_c^{2/3}}{kQ_0^{1/3}}A_r \tag{8.1-2}$$

成長火源（発熱速度：$Q=\alpha t^n$）の場合
時間 t における煙層下端高さ：$z_s(t)$ [m]

$$z_s = \left\{ \frac{k}{A_r}\alpha^{1/3}\left(\frac{2}{n+3}\right)t^{1+\frac{n}{3}} + \frac{1}{H_c^{2/3}} \right\}^{-3/2} \tag{8.1-3}$$

または，煙層下端高さが z_s [m]になる時間：$t(z)$ [s]

$$t = \left\{ \left(\frac{n+3}{2}\right)\frac{1/z_s^{2/3} - 1/H_c^{2/3}}{k\alpha^{1/3}}A_r \right\}^{3/(n+3)} \tag{8.1-4}$$

(3) 入力値

A_r　　　　室の床面積　[m²]
H_c　　　　天井高さ　[m]
k　　　　　係数 $(=0.08/\rho_s)$ [kW$^{-1/3}$·m$^{-4/3}$·s^{-1}]

n	べき乗数　[-]
Q	火源の発熱速度　[kW]
Q_0	定常火源の発熱速度　[kW]
z_s	煙層下端高さ　[m]
α	火災成長率　[kW/s^n]
ρ_s	煙の気体密度　（=1.0 kg/m^3）

（4）計算例

1）床面積 A_r=30×18 m=540m^2，天井高さ H_c=2.7 m の矩形の居室において，定常火源 Q=3,000 kW の火災が発生した．このとき，煙層下端が許容高さ z_s=1.6+0.1H [m]まで降下する時間 t [s]を求める．

許容煙層高さ

$$z_s = 1.6 + 0.1 H_c = 1.6 + 0.1 \times 2.7 = 1.87\,\text{m}$$

煙層下端が高さ z_s [m]まで降下する時間

$$t(z) = \frac{3}{2}\frac{1/z_s^{2/3} - 1/H_c^{2/3}}{kQ_0^{1/3}}A_r$$

$$= \frac{3}{2} \times \frac{1/1.87^{2/3} - 1/2.7^{2/3}}{0.08 \times 3000^{1/3}} \times 540 = 100.5\,\text{s}$$

2）1）と同じ室で，成長火源($Q=at^n$)の場合に煙層が許容高さ z_s=1.6+0.1H [m]まで降下する時間 t [s]を求める．火災成長率α=0.2 kW/s^2，n=2 とする．

煙層下端が高さ z_s [m]まで降下する時間

$$t = \left\{\left(\frac{n+3}{2}\right)\frac{1/z_s^{2/3} - 1/H_c^{2/3}}{k\alpha^{1/3}}A_r\right\}^{3/(n+3)}$$

$$= \left\{\left(\frac{2+3}{2}\right)\frac{1/1.87^{2/3} - 1/2.7^{2/3}}{0.08 \times 0.2^{1/3}} \times 540\right\}^{3/(2+3)} = 147.7\,\text{s}$$

3）2）と同じ室，同じ成長火源で，出火 100 秒後における煙層高さを求める．

$$z_s = \left\{\frac{k}{A_r}\alpha^{1/3}\left(\frac{2}{n+3}\right)t^{1+\frac{n}{3}} + \frac{1}{H_c^{2/3}}\right\}^{-3/2}$$

$$= \left\{\frac{0.08}{540}0.2^{1/3}\left(\frac{2}{2+3}\right)100^{1+\frac{2}{3}} + \frac{1}{2.7^{2/3}}\right\}^{-3/2} = 2.20\,\text{m}$$

4）2）と同じ成長火源(α=0.2 kW/s^2，$Q=at^2$)で火災室がアトリウムのような高天井空間で H=8.0m の場合に煙層下端が許容高さ z_s [m]まで降下する時間 t[s]を求める．比較のため z_s は2）と同じく 1.87m とする．

$$t = \left\{ \left(\frac{n+3}{2}\right) \frac{1/z_s^{2/3} - 1/H_c^{2/3}}{k\alpha^{1/3}} A_r \right\}^{3/(n+3)}$$

$$= \left\{ \left(\frac{2+3}{2}\right) \frac{1/1.87^{2/3} - 1/8.0^{2/3}}{0.08 \times 0.2^{1/3}} \times 540 \right\}^{3/(2+3)} = 277.4\,\text{s}$$

（5）解説

本計算式では，煙層高さを火源からのプルームが空気を巻き込みながら煙層に流入することによる質量増加の時間累積を元に算出している．火災初期の煙層の温度は低いので，ρ_s=1.0kg/m^3 とし，静穏空間では k=0.08 kg/(s·kW$^{1/3}$·m$^{5/3}$) とみなしておくと幾分安全側の想定となる．

図8.1-2 は，床面積 720m^2，天井高さ 26m の室で行われた煙層降下実験を計算式と比較した結果である[8.1-1),2)]．実験は 1.3MW の定常火源（メタノールのプール火源）である．この計算式は煙層の質量保存だけから導いているので，煙層の温度上昇による熱膨張が無視されているが，煙層降下中における実験と予測値の一致はかなり良好である．

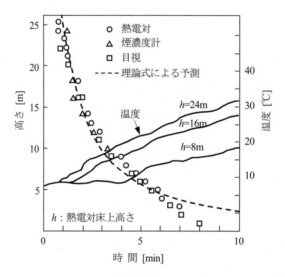

図 8.1-2　煙層降下実験との比較

（6）参考文献

8.1-1)　田中哮義：改訂版 建築火災安全工学入門，日本建築センター，pp.232-235，2002 年 1 月

8.1-2)　Tanaka, T. and Yamana, T. : Smoke Control in Large Scale Spaces; (Part 1 Analytic theories for simple smoke control problems), Fire Science and Technology, Vol. 5, No. 1, pp. 31-40, 1985

8.1.2　高さにより水平断面が異なる室の煙層の降下

（1）計算式の対象

図8.1-3 に示すように，傾斜のある天井の空間など，高さによって水平断面積が異なる室における煙層の降下時間を求める．仮想的に室を m 個に分割して，天井高さが最も高い部分から順に，その天井高さが $H_{c,1}, H_{c,2}, \cdots, H_{c,m}$ で，また水平断面積が $A_{r,1}, A_{r,2}, \cdots, A_{r,m}$ であるとき，煙層下端が z_s ($0<z_s<H_m$) の高さまで降下する時間を，定常火源（発熱速度 Q_0 で一定）と成長火源（発熱速度 $Q=\alpha t^n$）の場合のそれぞれにおいて算出する．

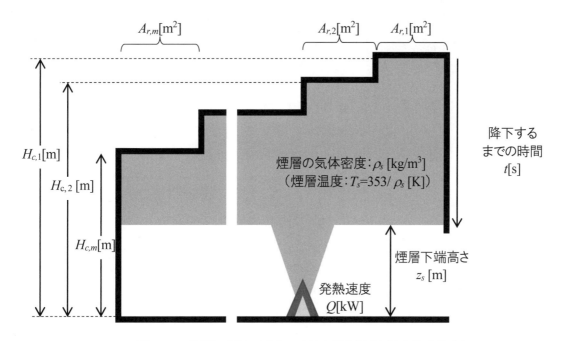

図 8.1-3 煙層の降下（高さにより水平断面積が変化する室）

（2）計算式 8.1-3)

定常火源($Q=Q_0$)の場合

$$t = \frac{3}{2}\frac{1}{kQ_o^{1/3}}\sum_{i=1}^{m}A_{r,i}\left(\frac{1}{z_s^{2/3}}-\frac{1}{H_{c,i}^{2/3}}\right) \tag{8.1-5}$$

成長火源($Q=\alpha t^n$)の場合

$$t = \left\{\frac{n+3}{2}\frac{1}{k\alpha^{1/3}}\sum_{i=1}^{m}A_{r,i}\left(\frac{1}{z_s^{2/3}}-\frac{1}{H_{c,i}^{2/3}}\right)\right\}^{3/(n+3)} \tag{8.1-6}$$

（3）入力値

$A_{r,i}$	空間 i の水平断面積($i=1,2,…,m$)	[m²]
H_i	空間 i の天井高さ($i=1,2,…,m$)	[m]
k	係数 (=0.08/ρ_s)	[kW$^{-1/3}$・m$^{-4/3}$・s^{-1}]
m	空間の分割数	[-]
n	べき乗数	[-]
Q	成長火源の発熱速度(=αt^2)	[kW]
Q_0	定常火源の発熱速度	[kW]
z	煙層下端高さ	[m]
α	火災成長率	[kW/s^n]
ρ_s	煙の気体密度 (=1.0 kg/m³)	

（4）計算例

天井高さが3つに異なる室があり，$H_{c,1}$=6m，$H_{c,2}$=5m，$H_{c,3}$=4m とする．また，A_{r1}=100m²，$A_{r,2}$=$A_{r,3}$=200m² である．定常火源 Q=3,000 kW の火災が発生したとき，煙層下端が許容高さ z_s=1.6+0.1H [m] まで降下する時間 t [s]を求める．

許容煙層高さ

$$z_s = 1.6 + 0.1 \frac{\Sigma H_{c,i} A_{r,i}}{\Sigma A_{r,i}} = 1.6 + 0.1 \times \frac{6.0 \times 100 + 5.0 \times 200 + 4.0 \times 200}{100 + 200 + 200} = 2.08\,\text{m}$$

煙層下端が高さ z_s=2.08m まで降下する時間

$$\begin{aligned}
t &= \frac{3}{2} \frac{1}{kQ_o^{1/3}} \sum_{i=1}^{m} A_{r,i} \left(\frac{1}{z_s^{2/3}} - \frac{1}{H_{c,i}^{2/3}} \right) \\
&= \frac{3}{2} \frac{1}{0.08 \times 3000^{1/3}} \left\{ 100(\frac{1}{2.08^{2/3}} - \frac{1}{6.0^{2/3}}) + 200(\frac{1}{2.08^{2/3}} - \frac{1}{5.0^{2/3}}) + 200(\frac{1}{2.08^{2/3}} - \frac{1}{4.0^{2/3}}) \right\} \\
&= 167.4\,\text{s}
\end{aligned}$$

（5）解説

本計算式は，天井の高い部分から煙が蓄積し，その次に高い天井の部分まで煙が降下してきたのちは，両部分に対して煙が蓄積すると仮定して構成されている．

（6）参考文献

8.1-3) 山口純一，田中哮義：初期火災時における煙層下端高さの簡易予測式，日本建築学会環境系論文集，第581号，pp.1-8，2004年7月

8.1.3 隣接室の煙降下時間

（1）計算式の対象

出火室で発生した煙が隣接室に漏れた場合の隣接室における煙層高さの時間変化を算出する．図 8.1-4 に示すように，出火室には排煙が無く，非出火室のみから排煙する場合を想定する．火源は成長火源（発熱速度：$Q_f = \alpha t^n$）とする．

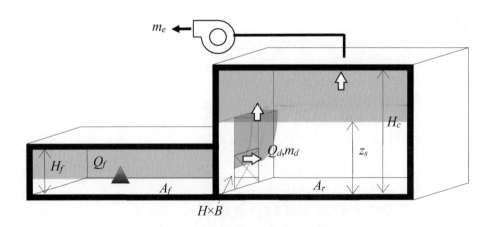

図 8.1-4 隣接室の煙層の降下

（2）計算式 [8.1-4), 5)]

隣接室の煙層高さ

第8章 煙の流動と制御 －159－

$$
z_s = \begin{cases} \left[\dfrac{2}{n+3} \dfrac{k\alpha_D^{1/3}}{A_s} \left(t^{\frac{n}{3}+1} - t_d^{\frac{n}{3}+1} \right) + \dfrac{1}{H_s^{2/3}} \right]^{-\frac{3}{2}} & \left(t_d \leq t < t_{sm} \right) \\[4mm] \left[\dfrac{2}{n+3} \dfrac{k\alpha_D^{1/3}}{A_s} \left\{ \left(t^{\frac{n}{3}+1} - t_d^{\frac{n}{3}+1} \right) - \dfrac{C_{sm}}{C_m} \left(t^{\frac{n}{3}+1} - t_{sm}^{\frac{n}{3}+1} \right) \right\} + \dfrac{1}{H_s^{2/3}} \right]^{-\frac{3}{2}} & \left(t_{sm} \leq t \right) \end{cases}
$$

(8.1-7)

漏煙開始時間：t_d [s]

$$
t_d = \left[\frac{n+3}{2} \cdot \frac{A_f}{k\alpha^{1/3}} \left(\frac{1}{H^{2/3}} - \frac{1}{H_f^{2/3}} \right) \right]^{\frac{3}{n+3}}
$$

(8.1-8)

排煙起動時間：t_{sm} [s]

$$
t_{sm} = t_d + t_{start}
$$

(8.1-9)

開口噴流の運搬熱量の成長率：α_d [kW/s²]

$$
\alpha_d = \frac{\alpha}{1 + h_e A_w / c_p m_d}
$$

(8.1-10)

火災室からの開口噴流の質量流量：m_d [kg/s]

$$
m_d = 0.5 B H^{3/2}
$$

(8.1-11)

排煙係数：C_{sm} [kg/kJ$^{1/3}$m$^{5/3}$s$^{2/3}$]

$$
C_{sm} = \frac{m_e}{Q_d^{1/3} z_s^{5/3}}
$$

(8.1-12)

開口噴流の運搬熱量：Q_d [kW]

$$
Q_d = \alpha_d t^n
$$

(8.1-13)

（3）入力値

A_f	火災室の床面積　[m²]	
A_r	隣接室の床面積　[m²]	
A_w	熱吸収に有効な面積　[m²]	
c_p	空気の比熱（=1.0 kJ/(kg·K)）	
C_m	プルームの巻き込み係数（=0.08 kg/(kJ$^{1/3}$·m$^{5/3}$·s$^{2/3}$)	
h_e	火災室周壁の実効熱伝達率（=0.02kW/(m²·K)）　5.2.4 による	
H	開口上端の高さ　[m]	
H_c	隣接室の天井高さ　[m]	
H_f	火災室の天井高さ　[m]	
k	係数（=0.08/ρ_s）[kW$^{-1/3}$·m$^{-4/3}$·s^{-1}]	
m_e	機械排煙量　[kg/s]	
n	べき乗数　[-]	
t	時間　[s]	
t_{start}	機械排煙の起動に要する時間　[s]	

α	火源の火災成長率　[kW/s^n]	
α_d	開口噴出気流の運搬熱量の成長率　[kW/s^n]	
ρ_s	煙の気体密度　（=1.0 kg/m^3)	

（4）計算例

火災室の床面積 A_f=400m^2，天井高さ H_f=4m とし，隣接室の床面積を A_r=200m^2，天井高さ H_c=8m とする．両室の間に，高さ H=2m×幅 B=2m の開口がある．隣接室の床面高さに，高さ0.5m×幅4m の給気口を設ける．火源は，火災成長率α=0.0125kW/s^2 のαt^2 火源とする．火災室の周壁の実効熱伝達率 h_e=0.02kW/(m^2·K)とし，天井のみを熱吸収に有効な面積として A_w=400m^2 とする．隣接室に煙が侵入した 60s 後に機械排煙が起動し，200m^3/min の排煙を行う．このとき，400秒における煙層下端高さを求める．

出火室からの漏煙開始時間

$$t_d = \left[\frac{n+3}{2} \frac{A_f}{k\alpha^{1/3}} \left(\frac{1}{H^{2/3}} - \frac{1}{H_f^{2/3}} \right) \right]^{\frac{3}{2+3}} = \left[\frac{2+3}{2} \frac{1.0 \times 400}{0.08 \times 0.0125^{1/3}} \left(\frac{1}{2^{2/3}} - \frac{1}{4^{2/3}} \right) \right]^{\frac{3}{2+3}} = 288\,\mathrm{s}$$

開口噴流の質量流量

$$m_d = 0.5BH^{3/2} = 0.5 \times 2 \times 2^{3/2} = 2.83\,\mathrm{kg/s}$$

開口噴流の熱流量の火災成長率

$$\alpha_d = \frac{\alpha}{1 + \dfrac{h_e A_w}{c_p m_D}} = \frac{0.0125}{1 + \dfrac{0.02 \times 400}{1.0 \times 2.83}} = 0.00327\ \mathrm{kW/s^2}$$

排煙起動時間

$$t_{sm} = t_d + t_{start} = 288 + 60 = 348\,\mathrm{s}$$

排煙係数

発熱速度 Q_d が大きいほど，また煙層高さが高いほど排煙係数は小さくなる．従って，安全側の計算として，排煙起動時の排煙係数を各時間共通の値として用いる．

$$C_{sm} = \frac{m_e}{Q_d^{1/3} z_s^{5/3}} = \frac{200/60}{\left(0.00327 \times 348^2 \right)^{1/3} \times 8^{5/3}} = 0.014\,\mathrm{kg/(kJ^{1/3} \cdot m^{5/3} \cdot s^{2/3})}$$

非出火室の煙層高さ

t_{sm}<400 なので，式(8.1-7)の第2式を用いる．

$$z_s = \left[\frac{2}{2+3} \times \frac{0.00327^{1/3}}{1.0 \times 200} \left\{ 0.08 \left(400^{\frac{2}{3}+1} - 288^{\frac{2}{3}+1} \right) - 0.014 \left(400^{\frac{2}{3}+1} - 348^{\frac{2}{3}+1} \right) \right\} + \frac{1}{8^{2/3}} \right]^{\frac{3}{2}}$$
$$= 3.33\,\mathrm{m}$$

（5）解説

本項の計算式は，火災室からの開口噴流が非火災室で上昇プルームとなり，その質量流量が通常の火災プルームと同様の式で計算できるものとして導かれたものである．ただし，本計算では簡単のた

め，仮想点源を開口部の下端に設定している．開口噴流の運搬熱量は，火源の発熱速度に比例するものと見做して t^n で近似した．

排煙係数 C_{sm} とは，排煙に伴い煙層への正味の煙流入量が減少することを，プルームの巻き込み係数 C_m が減少することに置き換えたものである[8.1-5]．

（6）参考文献

8.1-4）　仁井大策ほか：新しい避難安全検証手法の開発　その 4 非火災室の煙流動性状計算法，日本建築学会学術講演梗概集，防火, pp.299-302, 2010 年 7 月

8.1-5）　間瀬亮平ほか：煙層下端高さに基づく避難安全検証法に関する研究，日本建築学会環境系論文集, 第 652 号, pp.481-490, 2010 年 6 月

8.2 煙層降下の制御

8.2.1 機械排煙による煙層降下の制御

(1) 計算式の対象

室の排煙方式として機械排煙方式を採用する場合，火災室の煙層下端を許容高さ z_s [m]に保つために必要な排煙風量 V_e[m³/s]を算定する．図8.2-1にその状況を示す．

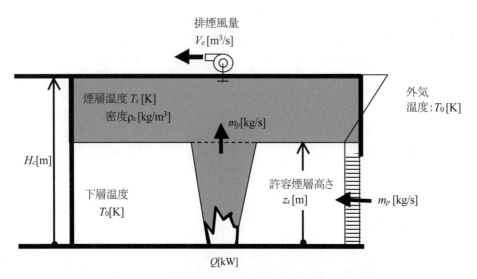

図8.2-1 機械排煙による煙層下端高さの維持

(2) 計算式 [8.2-1]

必要機械排煙量：V_e [m³/s]

$$V_e = m_p / \rho_s \tag{8.2-1}$$

許容煙層高さにおける火災プルーム流量：m_p [kg/s]

$$m_p = 0.08 Q^{1/3} z_s^{5/3} \tag{8.2-2}$$

煙層の気体密度：ρ_s [kg/s]

$$\rho_s = 353 / T_s \tag{8.2-3}$$

煙層温度：T_s [kg/s]

$$T_s = T_0 + \frac{Q}{c_p m_p + h_e A_w} \tag{8.2-4}$$

煙層に接する周壁の面積：A_w [kg/s]

$$A_w = A_c + L(H_c - z_s) \tag{8.2-5}$$

(3) 入力値

- A_c　　天井の面積　[m²]
- c_p　　空気の定圧比熱　(=1.0kJ/(kg・K))

第8章 煙の流動と制御 －163－

h_e	火災室周壁の実効熱伝達率　（=0.02kW/(m²·K)）（5.2.4 による）
H_c	天井高さ　[m]
L	室の周囲長　[m]
m_p	火災プルームの質量流量　[kg/s]
Q	発熱速度　[kW]
T_s	煙層温度　[K]
T_0	外気温度　[K]
z_s	許容煙層高さ　[m]

（4）計算例

1）通常の天井高さの空間

　　幅 W_r=30m，奥行 D_r=18m，天井高さ H_c=3.0m の矩形の室において，発熱速度 Q=3,000kW の火災が発生した場合に，煙層を許容高さ z_s=1.6+0.1H_c=1.9m に保つために必要な排煙風量 V_e[m³/s]を求める．なお，外気温度 T_0=300K，実効熱伝達率 h_e=0.02 kW/(m²·K)とする．

　　プルーム流量

$$m = 0.08Q^{1/3}z_s^{5/3} = 0.08 \times 3000^{1/3} \times 1.9^{5/3} = 3.36\,\text{kg/s}$$

　　煙層に接する周壁の面積

$$A_w = A_c + L(H_c - z_s) = 30 \times 18 + 2 \times (30+18) \times (3.0-1.9) = 645.6\,\text{m}^2$$

　　煙層温度

$$T_s = T_0 + \frac{Q}{c_p m_p + h_e A_w} = 300 + \frac{3000}{1.0 \times 3.36 + 0.02 \times 645.6} = 484\,\text{K}$$

　　煙層の気体密度

$$\rho_s = 353/T_s = 353/484 = 0.73\,\text{kg/m}^3$$

　　必要な排煙量

$$V_e = m/\rho_s = 3.36/0.73 = 4.61\,\text{m}^3/\text{s}\,(=16{,}611\text{CMH})$$

2）高天井空間

　　計算例1）と同じ条件で，天井高さ H_c=12.0m として，煙層高さを天井高さの中央（z_s=6.0m）に維持するために必要な排煙風量 V_e[m³/s]を求める．

　　プルーム流量

$$m_p = 0.08Q^{1/3}z_s^{5/3} = 0.08 \times 3000^{1/3} \times 6.0^{5/3} = 22.86\,\text{kg/s}$$

　　煙層に接する周壁の面積

$$A_w = A_c + L(H_c - Z_s) = 30 \times 18 + 2 \times (30+18) \times (12.0-6.0) = 1116\,\text{m}^2$$

　　煙層温度

$$T_s = T_0 + \frac{Q}{c_p m_p + h_e A_w} = 300 + \frac{3000}{1.0 \times 22.86 + 0.02 \times 1116} = 366\,\text{K}$$

煙層の気体密度

$$\rho_s = 353 / T_s = 353 / 366 = 0.96\,\text{kg/m}^3$$

必要な排煙量

$$V_e = m_e / \rho = 22.86 / 0.96 = 23.81\,\text{m}^3/\text{s}\,(=85{,}725\,\text{CMH})$$

煙層を高く維持するためには，かなりの風量の機械排煙が必要となるのは留意すべきことである．

（5）解説

煙層高さを維持するためには，煙層に貫入するプルーム流量と等しい質量の煙を排煙すれば良い．機械排煙風量は通常は体積流量で表示されるので，煙層の熱収支を用いて質量流量を体積流量に換算している．周壁への熱伝達に関しては，長時間の排煙を想定するものとして式は実効熱伝達率を利用している．正確には 5.2.4 によるが，本項の計算例では安全側の値として 0.02kW/(m^2·K)を用いた．ただし，火災初期を考える場合には，実効熱伝達率ではなく 5.2.3 の総合熱伝達率 h_T を用いることが推奨される．

（6）参考文献

8.2-1) 田中哮義：改訂版 建築火災安全工学入門，日本建築センター，pp.240-242, 2002 年 1 月

8.2.2 自然排煙による煙層降下の制御

（1）計算式の対象

自然排煙による煙制御として，図 8.2-2 に示すように，天井高さの排煙口と，床面高さの給気口により，火災室の煙層を許容高さ z_s [m]に保つことを考える．この場合に必要な排煙口面積 A_e [m^2]および給気口面積 A_d [m^2]を算定する．

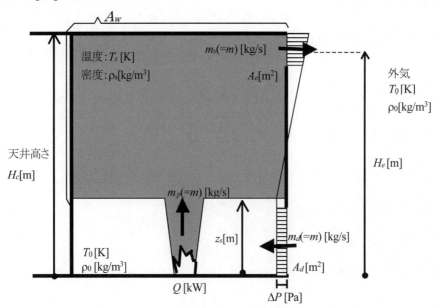

図 8.2-2　自然排煙による煙層降下の制御

（２）計算式 [8.2-2)]

必要排煙口面積：A_e [m²]

$$A_e = \frac{m}{\alpha\sqrt{2\rho_s\{\Delta p + (\rho_o - \rho_s)g(H_e - z_s)\}}} \tag{8.2-6}$$

下部給気口高さでの圧力差：Δp [Pa]

$$\Delta p = -\frac{m^2}{2\rho_0(\alpha A_d)^2} \tag{8.2-7}$$

煙層の気体密度：ρ_s [kg/m³]

$$\rho_s = \frac{353}{T_s} \tag{8.2-8}$$

煙層温度：ρ_s [K]

$$T_s = \frac{Q}{c_p m + h_e A_w} + T_0 \tag{8.2-9}$$

煙層に曝される周壁の面積：A_w [m²]

$$A_w = A_c + L(H_c - z_s) \tag{8.2-10}$$

許容煙層高さにおける火災プルーム流量：m [kg/s]

$$m = 0.08Q^{1/3}z_s^{5/3} \tag{8.2-11}$$

（３）入力値

A_d	給気口の面積	[m²]
c_p	空気の定圧比熱	[kJ/(kg·K)]
g	重力加速度（=9.8m/s²）	
h_e	火災室周壁の実効熱伝達率（=0.02 kW/(m²·K)）（5.2.4 による）	
H_c	天井高さ	[m]
H_e	排煙口の高さ	[m]
L	室の周囲長さ	[m]
Q	火源の発熱速度	[kW]
T_0	外気温	[K]
z_s	煙層高さ	[m]
α	開口の流量係数	[-]
ρ_0	外気の気体密度	[kg/m³]

（４）計算例

１）通常の天井高さの空間

　前項の計算例１）と同じ条件で，機械排煙の代わりに，下部給気口と上部排煙口で煙層高さを制御することを考える．下部給気口の面積 A_d=3m² とし，高さ H_e=2.5m に排煙口を設ける場合，煙層下端高さを許容高さ z_s=1.6+0.1H_c=1.9m に保つために必要な上部排煙口の面積 A_e[m²]を求める．外気温度 T_0=300K，実効熱伝達率 h_e=0.02 kW/(m²·K)とする．

-166-　火災性状予測計算ハンドブック

　　前項の計算例１）より，外気の気体密度ρ_0=1.18 kg/m³，許容煙層高さ z_s=1.9m，プルーム流量 m=3.36 kg/s，煙層に接する周壁の面積 A_w = 645.6 m²，煙層温度 T_s=484K，煙層の気体密度ρ_s=0.73 kg/m³ となる．

　　　下部給気口高さでの圧力差

$$\Delta p = -\frac{m^2}{2\rho_0\left(\alpha A_d\right)^2} = -\frac{3.36^2}{2\times1.18\times\left(0.7\times3.0\right)^2} = -1.08 \text{ Pa}$$

　　必要排煙口面積

$$A_e = \frac{m}{\alpha\sqrt{2\rho_s\left\{\Delta p+\left(\rho_o-\rho_s\right)g\left(H_e-z_s\right)\right\}}}$$
$$= \frac{3.36}{0.7\times\sqrt{2\times0.73\times\left\{-1.08+\left(1.18-0.73\right)\times9.8\times\left(2.5-1.9\right)\right\}}} = 3.17 m^2$$

２）高天井空間

　　前項の計算例２）と同じ条件で，機械排煙の代わりに，下部に面積 A_d =9m² の給気口を，高さ H_e=11.5m に排煙口を設ける．煙層下端高さを z_s=6m に保つために必要な上部排煙口の面積 A_e [m²] を求める．外気温度 T_0=300K，実効熱伝達率 h_e=0.02 kW/(m²·K)とする．

　　前項の計算例２）より，外気の気体密度ρ_0=1.18 kg/m³，許容煙層高さ z_s=6.0m，プルーム流量 m=22.86 kg/s，煙層に接する周壁の面積 A_w = 1116 m²，煙層温度 T_s=366K，煙層の気体密度ρ_s=0.96 kg/m³ となる．

　　　下部給気口高さでの圧力差

$$\Delta p = -\frac{m^2}{2\rho_0\left(\alpha A_d\right)^2} = -\frac{22.86^2}{2\times1.18\times\left(0.7\times9.0\right)^2} = -5.58 \text{ Pa}$$

　　必要排煙口面積

$$A_e = \frac{m}{\alpha\sqrt{2\rho_s\left\{\Delta p+\left(\rho_0-\rho_s\right)g\left(H_e-z_s\right)\right\}}}$$
$$= \frac{22.86}{0.7\times\sqrt{2\times0.96\times\left\{-5.58+\left(1.18-0.96\right)\times9.8\times\left(11.5-6.0\right)\right\}}} = 8.79 \text{ m}^2$$

　　この計算例より，天井が高い場合で煙層を高く維持する場合でも，比較的小さな面積の排煙口および給気口にて煙層高さを制御できることがわかる．

（５）解説

　機械排煙に代えて自然排煙とする場合には，下部の給気口から流入した空気がプルームに巻き込まれて煙層に流入し，その浮力により上部の排煙口から排出される．給気口部分には，プルーム流量にと等しい質量が流れ，その結果として$\Delta P=-m^2/2\rho_0\left(\alpha A_d\right)^2$の圧力差が生じる．条件によっては避難出口の開放障害が生じる可能性があるので，注意が必要である．

　機械排煙と同様に，煙層高さを維持するためには，煙層に貫入するプルーム流量と等しい質量の煙を排煙口から排出すれば良い．周壁への熱伝達に関しては，長時間の排煙を想定するものとして式は実効熱伝達率を利用している．正確には 5.2.4 によるが，本項の計算例では安全側の値として 0.02kW/(m²·K)を用いた．ただし，火災初期を考える上では，実効熱伝達率ではなく 5.2.3 の総合熱伝

達率 h_T を用いることが推奨される．

（6）参考文献
8.2-2) 田中哮義：改訂版 建築火災安全工学入門，日本建築センター，pp.236-237, 2002 年 1 月

8．2．3　側面開口による煙層降下の制御

（1）計算式の対象
8.2.2 では天井付近の排煙口と，床面付近の給気口による自然排煙を考えたが，ここでは図 8.2-3 に示すように，火災室の側面で床面からほぼ全体が開放したような大きな開口による煙制御を考える．この場合に煙層を許容高さ z_s [m]に保つために必要な側面開口の幅 B [m]を算定する．

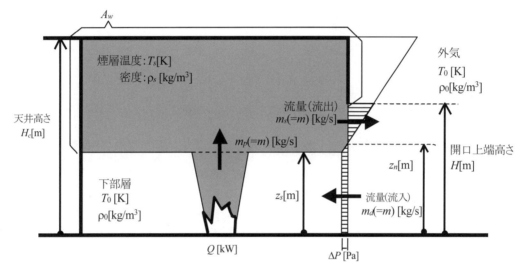

図 8.2-3　側面開口による煙層の制御

（2）計算式 [8.2-3)]
下記の計算式を順次計算する．ここでは反復計算を避けるために，中性帯高さ z_n [m]と煙層下端高さ z_s [m]が等しいと近似する．

必要な開口幅：B [m]

$$B = \frac{3}{2} \frac{m}{\alpha \sqrt{2g\rho_s (\rho_0 - \rho_s)} (H - z_s)^{3/2}} \tag{8.2-12}$$

煙層の気体密度：ρ_s [kg/m³]

$$\rho_s = \frac{353}{T_s} \tag{8.2-13}$$

煙層温度：T_s [K]

$$T_s = \frac{Q}{c_p m + h_e A_w} + T_0 \tag{8.2-14}$$

許容煙層高さにおける火災プルーム流量：m [kg/s]

$$m = 0.08Q^{1/3}z_s^{5/3} \tag{8.2-15}$$

煙層に接する周壁の面積：A_w [m^2]

$$A_w = A_c + L(H_c - z_s) \tag{8.2-16}$$

（3）入力値

A_c	天井面積　[m^2]	
c_p	比熱　[kJ/kg/K]	
g	重力加速度（=9.8m/s^2）	
h_e	火災室周壁の実効熱伝達率（=0.02kW/(m^2·K)）　5.2.4による	
H_c	天井高さ　[m]	
H	開口高さ　[m]	
L	室の周囲長さ　[m]	
Q	火源の発熱速度　[kW]	
T_0	下部層および外気の温度　[K]	
z_n	中性帯高さ　[m]	
z_s	煙層下端高さ　[m]	
α	開口の流量係数　[-]	
ρ_0	下部層および外気の気体密度　[kg/m^3]	

（4）計算例

　前項の計算例1）と同じ条件で，高さ H=2.2m の側面開口を設ける．煙層下端高さを許容高さ z_s=1.6+0.1H_c=1.9m に保つために必要な開口幅 B[m^2]を求める．外気温度 T_0=300K，実効熱伝達率 h_e=0.02 kW/(m^2·K)とする．

　前項の計算例1）より，外気の気体密度ρ_0=1.18 kg/m^3，許容煙層高さ z_s=1.9 m，プルーム流量 m=3.36 kg/s，煙層に接する周壁の面積 A_w= 645.6 m^2，煙層温度 T_s=484K，煙層の気体密度ρ_s=0.73 kg/m^3 となる．

　　必要な開口幅：B [m]

$$\begin{aligned}
B &= \frac{3}{2}\frac{m}{\alpha\sqrt{2g\rho_s(\rho_0-\rho_s)}(H-z_s)^{3/2}} \\
&- \frac{3}{2}\frac{3.36}{0.7\times\sqrt{2\times9.8\times0.73\times(1.18-0.73)}\times(2.2-1.9)^{3/2}} = 17.3 \text{m}
\end{aligned}$$

ちなみに，中性帯高さと煙層下端高さの差$(z_n\text{-}z_s)$を煙層の流出厚さ$(H\text{-}z_s)$との比率を採ると

$$\frac{z_n-z_s}{H-z_s} = \frac{4}{9}(\frac{\rho_s}{\rho_0})(\frac{H-z_s}{z_s})^2 = \frac{4}{9}(\frac{0.78}{1.18})(\frac{2.2-1.9}{1.9})^2 = 0.007$$

であり十分に小さい．

（5）解説

　側面開口の場合には，開口の下部から空気が流入し，上部から煙が排出される．m_p= m_d= m_s(= m) であると仮定し，上部から排出される煙の質量流量が火災プルーム流量と等しくなるように開口幅を計

算している．計算においては，開口下部から流入する気流により生じる圧力差を無視し，煙層下端高さと中性帯高さが等しいと仮定している．この仮定が成り立つのは，$(z_n-z_s)/(H-z_s)$が小さいことが目安である．

また，実効熱伝達率については，ここでは長時間の排煙を想定するものとして，$0.02 kW/(m^2 \cdot K)$とするか5.2.4に従うこととしている．火災初期を考える場合には，実効熱伝達率ではなく5.2.3の総合熱伝達率h_Tを用いることが推奨される．

（6）参考文献

8.2-3) 田中哮義：建築火災安全工学入門，日本建築センター，pp.178-179,1993年

8.2.4 自然排煙と下方部加圧給気による煙層降下の制御

（1）計算式の対象

煙制御の手段として自然排煙と下方からの加圧給気の併用方式を採用する場合に，火災室の煙層を許容高さz_s[m]に保つために必要な加圧給気量m_0[kg/s]を算定する．図8.2-4にその状況を示す．

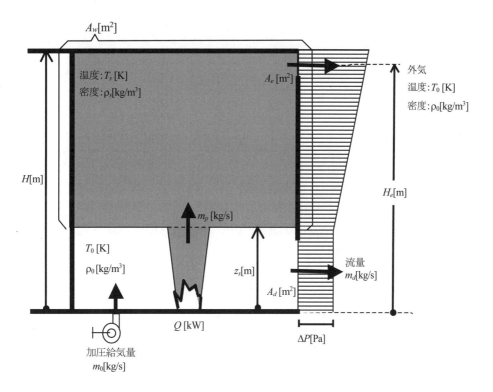

図8.2-4　自然排煙＋下方からの加圧給気による煙層の制御

（2）計算式 [8.2-4)]

必要な加圧給気量：m_0 [kg/s]

$$m_0 = m_p + m_d \tag{8.2-17}$$

下部給気口における空気流量：m_d [kg/s]

－170－　火災性状予測計算ハンドブック

$$m_d = \begin{cases} \alpha A_d \sqrt{2\rho_0 |\Delta P|} & (\Delta p > 0) \\ -\alpha A_d \sqrt{2\rho_0 |\Delta P|} & (\Delta p < 0) \end{cases}$$ (8.2-18)

下部給気口における圧力差：ΔP [Pa]

$$\Delta P = \frac{m_p^2}{2\rho_s (\alpha A_e)^2} - (\rho_0 - \rho_s) g (H_e - z_s)$$ (8.2-19)

煙層の気体密度：ρ_s [m]

$$\rho_s = 353 / T_s$$ (8.2-20)

煙層温度：T_s [m]

$$T_s = \frac{Q}{c_p m + h_e A_w} + T_0$$ (8.2-21)

煙層に曝される周壁の面積：A_w [m²]

$$A_w = A_c + L(H_c - z_s)$$ (8.2-22)

許容煙層高さにおける火災プルーム流量：m_p [kg/s]

$$m_p = 0.08 Q^{1/3} z_s^{5/3}$$ (8.2-23)

（3）入力値

A_d	下部開口面積　[m²]
A_e	上部排煙口面積　[m²]
c_p	空気の比熱　（＝1.0 kJ/kg・K）
g	重力加速度　（=9.8m/s²）
h_e	火災室周壁の実効熱伝達率（=0.02kW/(m²・K)）　5.2.4 による
H_c	天井高さ　[m]
H_e	排煙口の中心高さ　[m]
L	室の周囲長さ　[m]
T_0	下部層および外気の温度　[K]
z_s	許容煙層高さ　[m]
α	開口の流量係数　[-]
ρ_0	下部層および外気の気体密度　[kg/m³]

（4）計算例

　幅 W_r＝30m，奥行き D_r＝18 m，天井高さ H_c＝12 m の室がある．排煙口は，面積 A_e＝1.0 m²，排煙口中心の高さ H_e＝11 m とする．下部開口面積は A_d＝2.0 m² とする．発熱速度 Q＝3000 kW のとき，煙層高さを限界高さ z_s＝1.6+0.1H_c＝2.8 m に保つために必要な下方加圧給気量 m_o [kg/s]を求める．ただし，外気温度 T_0＝300 K (=27℃)，外気の空気密度ρ_0=1.18 kg/m³，実効熱伝達率 h=0.02 kW/(m²・K)とする．

　　許容煙層高さにおける火災プルーム流量

$$m_p = 0.08 Q^{1/3} z_s^{5/3} = 0.08 \times 3000^{1/3} \times 2.8^{5/3} = 6.42 \, \text{kg/s}$$

第8章 煙の流動と制御 −171−

煙層に接する周壁の面積

$$A_w = A_c + L(H_c - z_s) = 30 \times 18 + 2 \times (18 + 30) \times (12 - 2.8) = 1423\,\mathrm{m}^2$$

煙層温度

$$T_s = \frac{Q}{c_p m + h_e A_w} + T_0 = \frac{3000}{1.0 \times 6.42 + 0.02 \times 1423} + 300 = 386\,\mathrm{K}\,(=113^\circ\mathrm{C})$$

煙層の気体密度

$$\rho_s = 353 / T_s = 353 / 386 = 0.914\,\mathrm{kg/m}^3$$

下部給気口における圧力差

$$\Delta P = \frac{m_p^2}{2\rho_s (\alpha A_e)^2} - (\rho_0 - \rho_s) g (H_e - z_s)$$

$$= \frac{6.42^2}{2 \times 0.914 \times (0.7 \times 1.0)^2} - (1.18 - 0.914) \times 9.8 \times (11 - 2.8) = 24.64\,\mathrm{Pa}$$

下部給気口における空気流量（$\Delta P > 0$）

$$m_d = \alpha A_d \sqrt{2\rho_0 |\Delta P|} = 0.7 \times 2.0 \times \sqrt{2 \times 1.18 \times 24.64} = 10.68\,\mathrm{kg/s}$$

必要な加圧給気量：m_0 [kg/s]

$$m_0 = m_p + m_d = 6.42 + 10.63 = 17.10\,\mathrm{kg/s}$$

（5）解説

　本項の計算式では，煙層許容高さにおける火災プルームの質量流量と下部から漏れる空気の質量流量の和が，必要な加圧給気量に等しいとしている．$\Delta p > 0$ の時は，下部の開口からも空気を流出させる加圧排煙となる．$\Delta p < 0$ の時は，下部の開口から外気が流入する状態となり，加圧給気は自然排煙の補助的役割を果たす．

　加圧給気を行う場合には，加圧給気が火源の拡大を促進しないこと，および煙層を乱さないことが求められる．設計上は，給気が火源に直接当たらないようにする必要がある．

（6）参考文献

8.2-4)　田中哮義：改訂版 建築火災安全工学入門，日本建築センター，pp.242-244, 2002 年 1 月

8.3 煙突効果

階段室やエレベーターシャフト等の竪穴空間の温度が，暖房の影響，あるいは火災時の煙の侵入によって外気温より高くなると，煙突効果と呼ばれる現象が生じる．煙突効果を生じている竪穴空間の上方では内部の圧力が外気より高くなり，竪穴空間から外気へ空気が流出する．逆に下方では低くなって外気から竪穴空間に空気が流入する．煙突効果は，高層の建築物の火災時における煙流動性状に大きな影響を持つ．

8.3.1 シャフト内の温度が既知の場合

8.3.1.1 開口が高さ方向に一様分布する場合

（1）計算対象

図8.3-1に示すように，竪シャフトの開口が高さ方向に一様に分布している場合，シャフトへの流入量m_{in}[kg/s]とシャフトからの流出量m_{out}[kg/s]及び中性帯高さz_n[m]を求める．

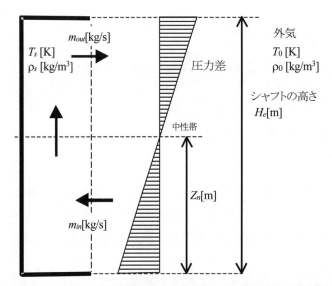

図 8.3-1 煙突効果（開口が高さ方向に一様分布する場合）

（2）計算式 8.3-1)

中性帯高さ：z_n [m]

$$z_n = \frac{H_e}{1+(\rho_0/\rho_s)^{1/3}} = \frac{H_e}{1+(T_s/T_0)^{1/3}} \tag{8.3-1}$$

流入・流出する空気の質量流量：m_{in}, m_{out} [kg/s]

$$m_{in} = m_{out} = \frac{2}{3}\alpha B\sqrt{2\rho_0(\rho_0-\rho_s)g}\,z_n^{3/2}$$

$$= \frac{2}{3}\alpha B\sqrt{2\left(\frac{353^2}{T_\infty}\left|\frac{1}{T_0}-\frac{1}{T_s}\right|\right)g}\,z_n^{3/2} \tag{8.3-2}$$

（3）入力値

B	開口幅	[m]
g	重力加速度（＝9.8 m/s²）	
H_e	竪シャフトの高さ	[m]
T_s	竪シャフト内の温度	[K]
T_0	外気温度	[K]
α	開口の流量係数	[-]
ρ$_s$	竪シャフト内の温度における空気の気体密度	[kg/m³]
ρ$_0$	外気温における空気の気体密度	[kg/m³]

（4）計算例

　竪シャフト内温度 T_s ＝ 300K，外気温度 T_0＝280K，シャフト高さ H_c＝30.0m，開口幅 B＝0.10m，開口の流量係数α＝0.7 の時，流出入量 m [kg/s]と中性帯高さ z_n [m]を求める．

$$z_n = \frac{H_e}{1+\left(T_s/T_\infty\right)^{1/3}} = \frac{30.0}{1+\left(300/280\right)^{1/3}} = 14.8\,\mathrm{m}$$

$$m_{in} = m_{out} = \frac{2}{3}\alpha B\sqrt{2(353^2/T_0\left|(1/T_0)-(1/T_s)\right|)g}\,z_n^{3/2}$$

$$= \frac{2}{3}\times 0.7\times 0.10\times\sqrt{2\times\frac{353^2}{280}\times\left|\frac{1}{280}-\frac{1}{300}\right|\times 9.8}\times 14.8^{3/2} = 3.84\,\mathrm{kg/s}$$

（5）解説

　竪シャフト内の温度 T_s が外気温 T_0 よりも高い時，竪シャフトの中性帯より下部では外気から空気が流入し，上部ではシャフトから流出する．中性帯高さが z_n [m]のとき，流入量と流出量は次式で与えられる．

$$m_{in} = \int_0^{z_n}\alpha B\sqrt{2\rho_0(\rho_0-\rho_s)g(z_n-z)}dz = \frac{2}{3}\alpha B\sqrt{2\rho_0(\rho_0-\rho_s)g}\,z_n^{3/2} \qquad (8.3\text{-}3)$$

$$m_{out} = \int_{z_n}^{H_c}\alpha B\sqrt{2\rho_s(\rho_0-\rho_s)g(z-z_n)}dz = \frac{2}{3}\alpha B\sqrt{2\rho_s(\rho_0-\rho_s)g}\,(H_e-z_n)^{3/2} \qquad (8.3\text{-}4)$$

　中性帯は流入と流出が釣り合う高さに位置する．

$$m_{in} = m_{out} \qquad (8.3\text{-}5)$$

（6）参考文献

8.3-1)　田中哮義：改訂版 建築火災安全工学入門，日本建築センター，pp. 245-247, 2002 年 1 月

８.３.１.２　頂部と底部に開口を有する場合

（1）計算対象

　図 8.3-2 に示すように，竪シャフトの頂部と底部に開口がある場合の空気の流出入量 m [kg/s]及び中性帯高さ z_n [m]を求める．

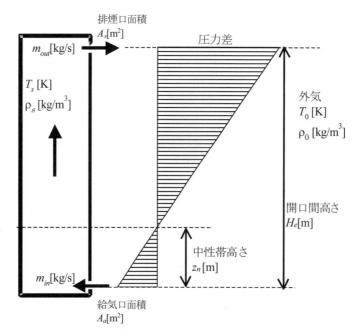

図 8.3-2 煙突効果（頂部と底部に開口を有する場合）

（2）計算式 8.3-2)

中性帯高さ：z_n [m]

$$z_n = \frac{H_e}{1+\left(\frac{\rho_0}{\rho_s}\right)\left(\frac{A_a}{A_s}\right)^2} = \frac{H_e}{1+\left(\frac{T_s}{T_0}\right)\left(\frac{A_a}{A_s}\right)^2} \tag{8.3-6}$$

空気の流出入量：m [kg/s]

$$m = m_{in} = m_{out}$$

$$= \alpha A_a \sqrt{2\rho_0(\rho_0 - \rho_s)gz_n} = \alpha A_a \sqrt{2\left(\frac{353^2}{T_\infty} \times \left|\left(\frac{1}{T_0} - \frac{1}{T_s}\right)\right|\right)gz_n} \tag{8.3-7}$$

（3）入力値

A_a	給気口面積	[m²]
A_s	排煙口面積	[m²]
g	重力加速度	（＝9.8m/s²）
H_e	開口中心間の高さ	[m]
T_s	竪シャフト内の温度	[K]
T_0	外気温度	[K]
α	開口の流量係数	[-]
ρ_s	竪シャフト内の温度における空気の気体密度	[kg/m³]
ρ_0	外気温における空気の気体密度	[kg/m³]

（4）計算例

シャフト内温度 T_s =300K，外気温度 T_0=280K，開口間高さ H_e=30.0m，給気口面積 A_a=1.0m²，排煙口面積 A_s=1.5m²，開口流量係数α=0.7 の時，空気の流出入量 m [kg/s]と中性帯高さ z_n [m]を求める．

$$z_n = \frac{H_e}{1+\left(\dfrac{T_s}{T_\infty}\right)\left(\dfrac{A_a}{A_s}\right)^2} = \frac{30.0}{1+\dfrac{300}{280}\times\left(\dfrac{1.0}{1.5}\right)^2} = 8.8\text{m}$$

$$m = \alpha A_a \sqrt{2\left(\frac{353^2}{T_0}\left|\frac{1}{T_0}-\frac{1}{T_s}\right|\right)gz_n}$$

$$= 0.7\times1.0\times\sqrt{2\times\frac{353^2}{280}\times\left|\frac{1}{280}-\frac{1}{300}\right|\times9.8\times8.8} = 4.49\text{kg/s}$$

（5）解説

正味の流入空気量と流出空気量は，各開口位置における圧力差を用いて次式で計算できる．

$$m_{out} = \alpha A_s\sqrt{2\rho_s(\rho_0-\rho_s)g(H_e-z_n)} \tag{8.3-8}$$

$$m_{in} = \alpha A_a\sqrt{2\rho_0(\rho_0-\rho_s)gz_n} \tag{8.3-9}$$

中性帯は流入と流出が釣り合う高さに位置する．

$$m_{in} = m_{out} \tag{8.3-10}$$

（6）参考文献

8.3-2) 田中哮義：改訂版建築火災安全工学入門，日本建築センター，pp. 247-248, 2002 年 1 月

8.3.2 内部発熱が既知の場合

8.3.2.1 開口が高さ方向に一様分布する場合

（1）計算対象

図 8.3-3 に示すように，幅 B[m]の開口が高さ方向に一様に分布している高さ H_e[m]の竪シャフトに，太陽からの日射熱や人体や機器の発熱など，何らかの形で熱の供給がある場合，竪シャフト内の温度 T_s[K]及び空気の流出入量 m[kg/s]を求める．

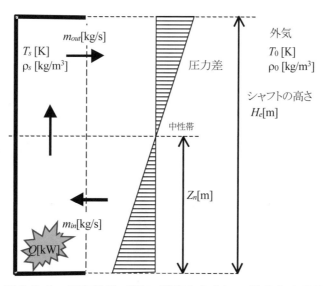

図 8.3-3 煙突効果（開口が高さ方向に一様分布する場合）

－176－ 火災性状予測計算ハンドブック

（２）**計算式** [8.3-3)]

竪シャフト内の温度：T_s [K]

$$T_s = 0.025 T_0 \left(\frac{Q^{2/3}}{B^{2/3} H_e} \right) + T_0 \tag{8.3-11}$$

空気の流出入量：m[kg/s]

$$m = 0.14 Q^{1/3} B^{2/3} H_e \tag{8.3-12}$$

（３）**入力値**

B	開口幅	[m]
H_e	竪シャフトの高さ	[m]
Q	竪シャフトへの熱供給速度	[kW]
T_0	外気温度	[K]
α	開口の流量係数	[-]

（４）**計算例**

竪シャフトへの熱供給速度 $Q = 300$kW，外気温度 $T_0=280$K，竪シャフト高さ $H_e=30.0$m，開口幅 $B=0.10$m，開口の流量係数 $\alpha=0.7$ の時，竪シャフト内の温度 T_s[K] 及び空気の流出入量 m[kg/s] を求める．

$$T_s \approx 0.025 T_0 (\frac{Q^{2/3}}{B^{2/3} H}) + T_0 = 0.025 \times 280 \times (\frac{300^{2/3}}{0.1^{2/3} \times 30.0}) + 280 = 328.5 \, \text{K} (=55.5°\text{C})$$

$$m = 0.14 \dot{Q}^{1/3} B^{2/3} H = 0.14 \times 300^{1/3} \times 0.1^{2/3} \times 30.0 = 6.06 \, \text{kg/s}$$

（５）**解説**

竪シャフトへの熱供給速度が既知の場合，竪シャフト内の温度と空気の流出入量は次式で関連づけられるので，中性帯高さを算出せずに空気の流出入量を求めることができる．

$$Q = c_p m T_0 (\frac{T_s - T_0}{T_0}) \approx \frac{1}{3} \alpha c_p \rho_0 T_0 \sqrt{g} B H_e^{3/2} (\frac{T_s - T_0}{T_0})^{3/2} \tag{8.3-13}$$

より，

$$\frac{T_s - T_0}{T_0} \approx 2.64 (\frac{Q}{c_p \rho_0 T_0 \sqrt{g} B H_e^{3/2}})^{2/3} \tag{8.3-14}$$

$$\frac{m}{\rho_0 \sqrt{g} B H_e^{3/2}} \approx 0.38 (\frac{Q}{c_p \rho_0 T_0 \sqrt{g} B H_e^{3/2}})^{1/3} \tag{8.3-15}$$

ただし，流量係数 $\alpha=0.7$，外気温度 $T_0=300$K，空気の比熱 $c_p=1.0$kJ/(kg・K)，$g=9.8$m/s^2 を用いた．

（６）**参考文献**

8.3-3) 田中哮義：改訂版 建築火災安全工学入門，日本建築センター，pp. 249-251,2002 年 1 月

8.3.2.2 頂部と底部に開口を有する場合

（1）計算対象

図8.3-4に示すように，頂部と底部に開口を有する竪シャフトに，太陽の日射熱や人体や機器の発熱など，何らかの形で熱の供給がある場合，シャフト内の温度 T_s [K]及び，空気の流出入量 m[kg/s]を求める[8.3.2-2)]。

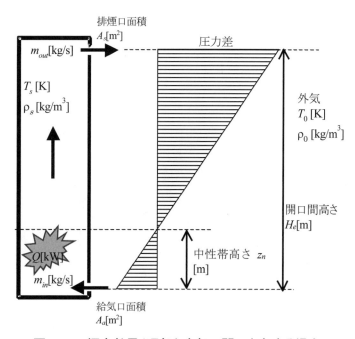

図 8.3-4 煙突効果（頂部と底部に開口を有する場合）

（2）計算式[8.3-4)]

竪シャフト内の温度：T_s [K]

$$T_s = 0.0093T_0 \frac{Q^{2/3}}{A_a^{2/3}H_e^{1/3}}\left\{1+(\frac{A_a}{A_s})^2\right\}^{1/3} + T_0 \qquad (8.3\text{-}16)$$

空気の流出入量：m[kg/s]

$$m = 0.36Q^{1/3}A_a^{2/3}H_e^{1/3}\left\{1+(\frac{A_a}{A_s})^2\right\}^{-1/3} \qquad (8.3\text{-}17)$$

（3）入力値

- A_a 給気口面積 [m²]
- A_s 排煙口面積 [m²]
- H_e 開口中心間の高さ [m]
- T_0 外気温度 [K]

（4）計算例

竪シャフトへの熱供給速度 Q=300kW，外気温度 T_0=280K，開口間高さ H_e=30.0m，給気口面積

A_a=1.5m², 排煙口面積 A_s=0.5m², 開口の流量係数 α=0.7 の時, 竪シャフト内の温度 T_s [K]及び空気の流出入量 m[kg/s]を求める.

$$T_s = 0.0093 T_0 \left(\frac{\dot{Q}^{2/3}}{A_a^{2/3} H_e^{1/3}} \right) \left\{ 1 + \left(\frac{A_a}{A_s} \right)^2 \right\}^{1/3} + T_0$$

$$= 0.0093 \times 280 \times \left(\frac{300^{2/3}}{1.5^{2/3} \times 30^{1/3}} \right) \left\{ 1 + \left(\frac{1.5}{0.5} \right)^2 \right\}^{1/3} + 280 = 341.7 \mathrm{K} \left(= 68.7{}^\circ\mathrm{C} \right)$$

$$m = 0.36 Q^{1/3} A_a^{2/3} H_e^{1/3} \left\{ 1 + (\frac{A_a}{A_s})^2 \right\}^{-1/3}$$

$$= 0.36 \times 300^{1/3} \times 1.5^{2/3} \times 30^{1/3} \times \left\{ 1 + (\frac{1.5}{0.5})^2 \right\}^{-1/3} = 4.55 \ \mathrm{kg/s}$$

（5）解説

竪シャフトへの熱供給速度が既知の場合, 竪シャフト内の温度と空気の流出入量は次式で関連づけられるので, 中性帯高さを算出せずに空気の流出入量を求めることができる.

$$Q = c_p m T_0 \left(\frac{\Delta T}{T_0} \right) = \left(\alpha \sqrt{2} \right) c_p \rho_0 T_0 \sqrt{g} A_a H_e^{1/2} \left(\frac{\Delta T}{T_0} \right)^{3/2} \left\{ \frac{1}{1 + \left(A_a / A_s \right)^2} \right\}^{1/2}$$

より,

$$\frac{T_s - T_0}{T_0} \approx \left\{ \frac{Q}{c_p \rho_0 T_0 \sqrt{g} A_a H_e^{1/2}} \right\}^{2/3} \left\{ 1 + \left(\frac{A_a}{A_s} \right)^2 \right\}^{1/3}$$

$$\frac{m}{\rho_0 \sqrt{g} A_a H^{1/2}} \approx \left\{ \frac{Q}{c_p \rho_0 T_0 \sqrt{g} A_a H^{1/2}} \right\}^{1/3} \left\{ 1 + \left(\frac{A_a}{A_s} \right)^2 \right\}^{-1/3}$$

ただし, 前節と同様に, 流量係数α=0.7, 外気温度T_0=300K, 空気の比熱c_p=1.0kJ/(kg·K), g=9.8m/s² を用いた.

（6）参考文献

8.3-4) 田中哮義：改訂版建築火災安全工学入門, 日本建築センター, pp. 251-253, 2002 年 1 月

8.4 外部風

(1) 計算式の対象

図 8.4-1 のように建物に風が吹き付ける状況において，建物風上側，風下側に生じる風圧力を算出する．

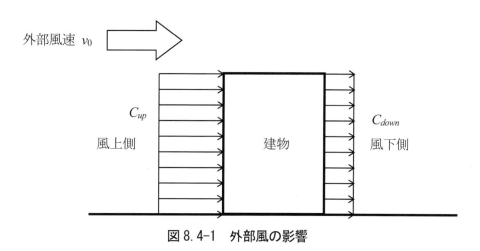

図 8.4-1　外部風の影響

(2) 計算式

壁面に作用する風圧力：P_w [Pa]

$$P_w = C \frac{\rho_0}{2} v_o^2 \tag{8.4-1}$$

(3) 入力値

C	風圧係数	[-]
ρ_0	空気の気体密度	[kg/m³]
v_0	外部風速	[m/s]

(4) 計算例

外部風速 v_0=5.0m/s，風上側風圧係数 C_{up}=0.7，風下側風圧係数 C_{down}=-0.4 とした場合，建物風上側，風下側に生じる風圧力を算出する．外気の気体密度 ρ_0=1.2 kg/m³ とする．また，この風圧力が，4.1.4 直列開口における流量(4)計算例 の廊下，居室に対して，風上側（扉開口面積2.0m²），風下側（扉開口面積1.5m²）として作用した場合において，開口を流れる質量流量 m [kg/s]を求める．

風上側の風圧力

$$P_{w,up} = C_{up} \frac{\rho_0}{2} v_0^2 = 0.7 \times \frac{1.2}{2} \times 5.0^2 = 10.5 \, \text{Pa}$$

風下側の風圧力

$$P_{w,down} = C_{down} \frac{\rho_0}{2} v_0^2 = -0.4 \times \frac{1.2}{2} \times 5.0^2 = -6.0 \, \text{Pa}$$

廊下－居室－外部間の開口の合成有効開口面積(4.1.4 による)

$$\alpha A_e = \frac{1}{\sqrt{\frac{1}{(0.7 \times 2.0)^2} + \frac{1}{(0.7 \times 1.5)^2}}} = 0.7 \times 1.2 = 0.84 \, \text{m}^2$$

開口を通過する質量流量

$$m = \alpha A_e \sqrt{2\rho(P_{up} - P_{down})} = 0.7 \times 1.2 \times \sqrt{2 \times 1.2 \times \{10.5 - (-6.0)\}} = 5.29\,\text{kg/s}$$

（5）解説

　建物に風が当たると，通常，風上側には正圧が，風下側および側面には負圧が作用する．これらの風圧力の分布は建物形状によって異なり，その分布は，建物等の影響を受けない一般風の速度における速度圧に対する風圧係数により表される．その他，緩勾配の屋根では軒先に強い負圧が作用し，屋根勾配が大きくなると風上面での風圧係数が正側に変化する[8.4-1]．

　なお，本書では最も単純な例を示したが，詳しくは風工学などの専門書を参照されたい．

（6）参考文献

8.4-1)　田中俊六, 武田仁, 足立哲夫, 土屋喬雄：最新 建築環境工学, 井上書院, pp.151, 1999年9月

8.5 遮煙条件

8.5.1 遮煙に必要な圧力差

(1) 計算式の対象
図8.5-1に示すように，煙に汚染された室と煙から保護すべき室（以下，保護空間とする．）との間で遮煙をする．出火室（または，出火室から煙が拡散した空間．以下，単に出火室と記載する．）が盛期火災時のように1)一様混合の場合と，初期火災時のように2)二層に成層化の場合の2通りを考える．これらの場合の遮煙に必要な床面レベルの差圧$\Delta P_c(0)$を算出する．

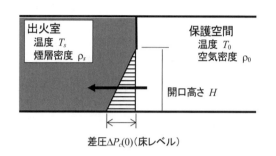
1) 一様混合の場合

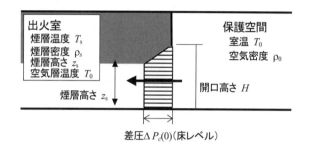
2) 二層に成層化の場合

図8.5-1　遮煙条件

(2) 計算式 [8.5-1)]
遮煙に必要な床面レベルの差圧：$\Delta P_c(0)$　[Pa]

1) 出火室が盛期火災時のように一様混合の場合

$$\Delta P_c(0) \geq (\rho_0 - \rho_s)gH \tag{8.5-1}$$

2) 出火室が初期火災時のように二層に成層化の場合

$$\Delta P_c(0) \geq (\rho_0 - \rho_s)g(H - z_s) \tag{8.5-2}$$

(3) 入力値

g	重力加速度	（=9.8m/s²）
H	開口高さ	[m/s]
T_s	出火室の煙の温度	[K]
T_0	保護空間の温度	[K]
z_s	出火室の煙層下端高さ	[m]
ρ_s	出火室の煙の気体密度(=353/T_s)	[kg/m³]
ρ_0	保護空間の空気の気体密度(=353/T_0)	[kg/m³]

(4) 計算例
1) 出火室が一様混合の場合（盛期火災時の検討など）

出火室の温度 T_s=572 K(=300℃)，保護空間温度 T_0=293K(=20.0℃)のとき，出火室と保護空間の間の扉面での遮煙が成立するための差圧$\Delta p_c(0)$[Pa]を求める．開口部高さ H=2.0m，開口の流量係数 α=0.7 とする．

―182― 火災性状予測計算ハンドブック

$$\Delta P_c(0) \geq (\rho_0 - \rho_s)gH = \left(\frac{353}{293} - \frac{353}{572}\right) \times 9.8 \times 2.0 = 11.5 \, \text{Pa}$$

２）出火室が二層に成層化の場合（初期化火災時の検討など）

火災室の煙層温度 T=373 K(=100℃), 煙層高さ z_s=1.5 m, 出火室の温度が T_∞= 303 K (=30℃)のとき, 火災室と保護空間の間の扉面での遮煙に必要な床レベルでの圧力差 Δp_c(0)[Pa]を求める. 開口高さ H=2.0 m, 開口の流量係数α=0.7 とする.

$$\Delta P_c(0) \geq (\rho_0 - \rho_s)g(H - z_s) = \left(\frac{353}{303} - \frac{353}{373}\right) \times 9.8 \times (2.0 - 1.5) = 1.07 \, \text{Pa}$$

（５）解説

一様混合の場合は, 開口部高さの全体において, 出火室と保護空間の間に差圧勾配が存在する. 一方, 二層に成層した場合は, 開口部高さのうち, 煙層高さの部分においては差圧勾配が存在するが, 出火室の空気層の温度が保護空間の温度と等しいと仮定すると, 空気層の高さ部分においては差圧勾配がなくなる.

（６）参考文献

8.5-1)　建築物の煙制御計画指針, 日本建築学会, pp.48-50, 2014 年

８.５.２　遮煙に必要な開口流量

（１）計算式の対象

8.5.1 のように保護空間に対して給気を行い圧力を高めることによって開口部間で圧力差を確保し, 遮煙を成立させるのに必要な開口流量を算出する.

（２）計算式 [8.5-2)]

１）一様混合のとき

遮煙に必要な開口流量 : m [kg/s]

$$m \geq \frac{2}{3}\alpha B\sqrt{2\rho_0 g(\rho_0 - \rho_s)}H^{3/2} \tag{8.5-3}$$

２）二層に成層化のとき

遮煙に必要な開口流量 : m [kg/s]

$$m \geq \alpha B\sqrt{2\rho_0 g(\rho_0 - \rho_s)}\left\{\frac{2}{3}(H - z_s)^{3/2} + z_s(H - z_s)^{1/2}\right\} \tag{8.5-4}$$

（３）入力値

B	開口幅　[m]
g	重力加速度　(=9.8m/s²)
H	開口高さ　[m/s]
z_s	出火室の煙層下端高さ　[m]
α	開口の流量係数
ρ_s	出火室の煙の気体密度(=353/T_s)　[kg/m³]
ρ_0	保護すべき空間の空気の気体密度(=353/T_0)　[kg/m³]

第8章 煙の流動と制御 —183—

（4）計算例

1）出火室が一様混合の場合（盛期火災時の検討など）

8.5.1(4)の計算例1）において開口幅 B=1.0 m とした場合に遮煙に必要な流量を求める．

$$m \geq \frac{2}{3}\alpha B\sqrt{2\rho_0 g\left(\rho_0 - \rho_s\right)}H^{3/2}$$

$$= \frac{2}{3}\times 0.7 \times 1.0 \times \sqrt{2\times\frac{353}{293}\times 9.8\times\left(\frac{353}{293}-\frac{353}{573}\right)}\times 2^{3/2} = 4.92 \text{ kg/s}$$

2）出火室が二層に成層化の場合（初期化火災時の検討など）

8.5.1(4)の計算例2）において開口幅 B=1.0 m とした場合に遮煙に必要な流量を求める．

$$m \geq \alpha B\sqrt{2\rho_0 g\left(\rho_0 - \rho_s\right)}\left\{\frac{2}{3}\left(H-z_s\right)^{3/2} + z_s\left(H-z_s\right)^{1/2}\right\}$$

$$= 0.7 \times 1.0 \times \sqrt{2\times\frac{353}{303}\times 9.8\times\left(\frac{353}{303}-\frac{353}{373}\right)}\times\left\{\frac{2}{3}\times\left(2.0-1.5\right)^{3/2} + 1.5\times\left(2.0-1.5\right)^{1/2}\right\}$$

$$= 2.03 \text{ kg/s}$$

（5）解説

8.5.1で求めた圧力差を生じさせるために必要な給気量を算出している．この給気風量を与えると，8.5.1で求めた圧力差が再現できる．したがって遮煙条件としては8.5.1と等価である．

（6）参考文献

8.5-2)　建築物の煙制御計画指針，日本建築学会，pp.48-50, 2014 年

８．５．３　開口での平均圧力差による遮煙条件

（1）計算式の対象

8.5.1のように，開口部での差圧は高さ方向に勾配のある分布となるが，これを等温の場合と同様に，高さ方向に勾配がない，2室間の平均圧力の差のように簡易に行うことを考える．このような開口部における平均圧力差を用いて，遮煙条件を表す．

（2）計算式 8.5.-3)

1）一様混合のとき

遮煙に必要な平均圧力差：$\overline{\Delta P}$ [Pa]

$$\overline{\Delta P} \geq \frac{4}{9}\left(\rho_\infty - \rho\right)gH \tag{8.5-5}$$

遮煙に必要な質量流量：m [kg/s]

$$m \geq \alpha A\sqrt{2\rho\overline{\Delta P_c}} \tag{8.5-6}$$

2）二層に成層化のとき

遮煙に必要な平均圧力差：$\overline{\Delta p}$ [Pa]

$$\overline{\Delta P_c} = \frac{4}{9}(\rho_0 - \rho_s)g(H - z_s)\left(1 + \frac{z_s}{2H}\right)^2 \tag{8.5-7}$$

遮煙に必要な質量流量：m [kg/s]

$$m \geq \alpha A\sqrt{2\rho\overline{\Delta P_c}} \tag{8.5-8}$$

（3）入力値

A	開口面積	[m²]
g	重力加速度	（＝9.8m/s²）
H	開口高さ	[m/s]
z_s	出火室の煙層下端高さ	[m]
α	開口の流量係数	
ρ_s	出火室の煙の気体密度(=353/T_s)	[kg/m³]
ρ_0	保護すべき空間の空気の気体密度(=353/T_0)	[kg/m³]

（4）計算例

1）出火室が一様混合の場合（盛期火災時の検討など）

8.5.1 の計算例1）の条件で遮煙が成立するために必要な平均圧力差を求める．

$$\overline{\Delta P} = \frac{4}{9}\times\left(\frac{353}{293} - \frac{353}{573}\right)\times 9.8 \times 2 = 5.13\,\mathrm{Pa}$$

2） 出火室が二層に成層化の場合（初期化火災時の検討など）

8.5.1 の計算例2）の条件で遮煙が成立するために必要な平均圧力差を求める．

$$\overline{\Delta P} = \frac{4}{9}\times\left(\frac{353}{303} - \frac{353}{373}\right)\times 9.8 \times (2.0 - 1.5)\times\left(1 + \left(\frac{1.5}{2\times 2.0}\right)\right)^2 = 0.90\,\mathrm{Pa}$$

（5）解説

　出火室と保護空間の間の差圧は，図 8.5-1 のように高さ方向に勾配があるような分布である．この分布のある差圧をもとに開口質量流量が決まる．しかし，2つの空間の間の遮煙条件を簡易に考えるにあたっては，高さ方向の勾配がない圧力差で考えられると便利である．そこで，差圧勾配を考慮した場合の開口質量流量と同量の流量を与えるような差圧を，平均圧力差として算出している．なお，8.5.1, 8.5.2, および 8.5.3 の遮煙条件はすべて等価である．

（6）参考文献

8.5-3) 建築物の煙制御計画指針，日本建築学会，pp.48-50, 2014 年

8.6 閉鎖的空間における長時間排煙

(1) 計算式の対象

図8.6-1に示すように，外気に面する開口部が少ない空間において，火災室への空気の流入量で燃焼が制限されることにより，火災室温度が上昇しにくいことを考慮して，火災室温度T_sをある一定温度以下に留めるための，火災室からの排煙量の上限値m_e[kg/s]を求める．このとき，出火室からの煙流出量m_s[kg/s]とし，火災室への流入空気量をm_a[kg/s]とする．

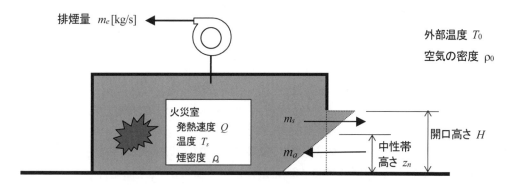

図 8.6-1 閉鎖的空間における長時間排煙

(2) 計算式

許容排煙量：m_e[kg/s]

$$m_e = m_a - m_s \tag{8.6-1}$$

開口からの空気流入許容量：m_a[kg/s]

$$m_a = \frac{h_e A_T}{\dfrac{\Delta H_{air}}{T_s - T_0} - c_p} \tag{8.6-2}$$

開口からの煙流出量：m_s[kg/s]

$$m_s = \begin{cases} 0 & (z_n > H) \\ \dfrac{2}{3}\alpha B\sqrt{2\rho(\rho-\rho)g}(H-z_n)^{3/2} & (z_n \le H) \end{cases} \tag{8.6-3}$$

中性帯高さ：z_n[m]

$$z_n = \left\{\frac{9}{4}\frac{m_a^2}{2\rho_0(\rho_0-\rho_s)g(\alpha B)^2}\right\}^{1/3} \tag{8.6-4}$$

(3) 入力値

A_T	火災室の内表面積	[m²]
B	開口幅	[m]
c_p	空気の定圧比熱	(=1.0kJ/(kg・K))
g	重力加速度	(=9.8m/s²)
h_e	周壁の実効熱伝達率	[kW/(m²・K)] 5.2.4による

－186－　火災性状予測計算ハンドブック

H	開口高さ	[m/s]
m_a	開口からの空気流入許容量	[kg/s]
m_s	開口からの煙流出量	[kg/s]
Q	火災室内での発熱速度	[kW]
T_s	火災室の上限温度	[K]
T_0	外部空間の温度	[K]
α	開口の流量係数	[-]
ρ_s	火災室温度での煙の気体密度　（=353/T_s)	[kg/m³]
ρ_0	外部空間の空気の気体密度	[kg/m³]
ΔH_{air}	単位空気量当たりの発熱量　（=3000 kJ/kg-air)	

（4）計算例

　火災空間が盛期火災状態であるとして，設定時間 t=1800s の間，火災室温度が設計温度 T_s=500 ℃ (773.0 K)以下に抑制される機械排煙量 m_e[kg/s]を求める．対象空間の開口部は，開口幅 B=1.8 m，開口高さ H=2.1 m，流量係数α=0.7 とする．外部空間の温度 T_0=20.0℃(293.0 K)とする．周壁は普通コンクリートとして，熱慣性を $k\rho c$ = 0.0015×2400×0.95=3.42 kW²·s/(m⁴·K²)とする．

火災室の空気密度

$$\rho_s = 353/T_s = 353/773 = 0.46 \text{ kg/m}^3$$

外部空間の空気密度

$$\rho_0 = 353/T_0 = 353/293 = 1.20 \text{ kg/m}^3$$

設定時間における周壁の実効熱伝達率

$$h_e = \sqrt{\frac{k\rho c}{\pi t}} = \sqrt{\frac{3.42}{3.14 \times 1800}} = 0.025 \text{ kW/(m}^2 \cdot \text{K)}$$

火災室の上限温度に対応する開口からの空気流入許容量

$$m_a = \frac{h_e A_T}{\dfrac{\Delta H_{air}}{T_s - T_0} - c_p} = \frac{0.025 \times 1160}{\dfrac{3000}{773 - 293} - 1.0} = 5.52 \text{ kg/s}$$

中性帯高さ

$$z_n = \left\{ \frac{9}{4} \frac{m_a^2}{2\rho_0 (\rho_0 - \rho_s) g (\alpha B)^2} \right\}^{1/3}$$

$$= \left\{ \frac{9}{4} \frac{5.52^2}{2 \times 1.20 \times (1.20 - 0.46) \times 9.8 \times (0.7 \times 1.8)^2} \right\}^{1/3} = 1.35 \text{ m}$$

開口からの煙流出量（中性高さが扉上端と床との間にある場合 $(0 \leq z_n \leq H)$)

$$m_s = \frac{2}{3}\alpha B\sqrt{2\rho(\rho_0 - \rho_s)g}(H - h_n)^{3/2}$$
$$= \frac{2}{3} \times 0.7 \times 1.8 \times \sqrt{2 \times 0.46 \times (1.20 - 0.46) \times 9.8} \times (2.1 - 1.35)^{3/2}$$
$$= 1.41 \text{kg/s}$$

許容排煙量

$$m_e = m_a - m_s = 5.52 - 1.41 = 4.11 \text{kg/s} (= 32,165\text{CMH})$$

（5）解説

地下空間や大規模物販店舗など，開口部が小さい空間においては，火災室への空気の流入が少なく火災室温度が上昇しにくいので，排煙機の運転を長時間継続させて，消防活動を支援できる可能性がある．排煙量を多くするほど消防隊の寄り付き経路への煙流出量を抑制できるが，一方で，火災室への流入空気量が増大し，火災室の温度を上昇させる可能性がある．したがって，このような煙制御を行うためには，排煙が継続できる上限の排煙量で運転することになる[8.6-1]．

（6）参考文献

8.6-1) 角谷三夫，定本孝，中屋成人，藤岡誠一，田中哮義，原田和典，吉田正友：開口部の少ない建物の新しい排煙方式とその検討手法，GBRC，Vol.26, No.1, pp.2-11，（財）日本建築総合試験所，2001年1月

第9章 避難

9．1 室からの避難

9．1．1 細長い室の端部の出口からの避難行動時間と滞留人数

（1）計算式の対象

細長い室の出口からの避難行動時間 t_e [s]と最大滞留人数 $C_{\max}$ [人]を算定する．図9.1-1のように細長い室を仮想し，室内に一様に分布して存在する在館者 P [人]が一斉に避難を開始し，端部にある出口に向かって移動するものとする．

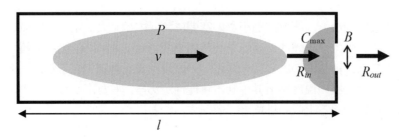

図9.1-1　細長い室における出口への集結と流出

（2）計算式 [9.1-1)]

避難行動時間：t_e [s]

$$t_e = \max\left(\frac{l}{v}, \frac{P}{NB}\right) \tag{9.1-1}$$

出口での最大滞留人数：C_{max} [人]

$$C_{\max} = \begin{cases} 0 & \left(\dfrac{l}{v} \geq \dfrac{P}{NB}\right) \\ P - NB\left(\dfrac{l}{v}\right) & \left(\dfrac{l}{v} < \dfrac{P}{NB}\right) \end{cases} \tag{9.1-2}$$

（3）入力値

B	出口幅	[m]
l	室の長さ	[m]
N	流動係数	[人/(m·s)]
P	避難者数	[人]
v	歩行速度	[m/s]

（4）計算例

室内に一様に分布している在館者の避難行動時間 t_e [s]と出口での最大滞留人数 $C_{\max}$[人] を求める．避難者数 P=100人，出口幅 B=2.0 m，室の長さ l=20 m，歩行速度 v=1.0m/s，流動係数 N=1.5人/(m·s)とする．

避難行動時間

$$t_e = \max(\frac{l}{v}, \frac{P}{NB}) = \max(\frac{20.0}{1.0}, \frac{100}{1.5 \times 2.0}) = 33.3\,\text{s}$$

出口での滞留人数

$$l/v = 20.0/1.0 = 20, P/NB = 100/(1.5 \times 2.0) = 33.3 \text{ より } l/v < P/NB$$

$$C_{max} = P - NB\left(\frac{l}{v}\right) = 100 - 1.5 \times 2.0 \times \frac{20.0}{1.0} = 40 \text{人}$$

（5）解説

室が細長いなどで，出口までの距離が長い場合には，当該室からの避難時間は，最も遠い位置にいる人の出口までの歩行時間と，全避難者がネックである出口を通過完了に要する時間のうち，大きい時間として概算できる．前者の時間で決まる場合には，出口前に滞留は生じない．後者の時間で決まる場合，出口への避難者の集結と出口通過の人数の差が出口前の滞留人数となる．

（6）参考文献

9.1-1)　建設省住宅局建築指導課　監修：新・建築防災計画指針，1995年7月

9．1．2　室の辺上にある出口からの避難時間と滞留人数

（1）計算式の対象

図9.1-2の居室内の避難者が一斉に避難開始した時に，全員が居室からの避難を完了するまでの避難行動時間 t_e [s]と最大滞留人数 C_{max} [人]を算定する．

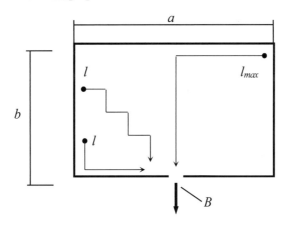

図9.1-2　出口への歩行経路と最大歩行距離

（2）計算式 9.1-2)

避難行動時間： t_e [s]

$$t_e = \max\left(\frac{l_{max}}{v}, \frac{P}{NB}\right) \tag{9.1-3}$$

避難出口での最大滞留人数： C_{max} [人]

$$C_{max} = P - NB\frac{l_{max}}{v} \tag{9.1-4}$$

（3）入力値

B	出口幅	[m]
l_{max}	出口への最大歩行距離	[m]
N	流動係数	[人/(m·s)]
P	避難者数	[人]
v	歩行速度	[m/s]

（4）計算例

　物販店舗の矩形平面の短辺の中央に出口がある場合を想定する．平面内に在館者が一様に分布して存在している場合における避難行動時間 t_e [s]と出口での滞留人数 C_{max} [人]を求める．避難者密度 p=0.5 人/m²，室の長辺 a=20 m，室の短辺 b=10 m，出口幅 B=0.9 m，流動係数 N=1.5 人/(m·s)とする．

避難者数

$$P = pab = 0.5 \times 20 \times 10 = 100 \text{人}$$

最大歩行距離

$$l_{max} = b + \frac{a}{2} = 10 + \frac{20}{2} = 20 \text{m}$$

避難行動時間

$$t_e = \max(\frac{l_{max}}{v}, \frac{P}{NB}) = \max(\frac{20.0}{1.0}, \frac{100}{1.5 \times 0.9}) = 74.1 \text{s}$$

出口での滞留人数

$$C_{max} = P - NB\frac{l_{max}}{v} = 100 - 1.5 \times 0.9 \times \frac{20.0}{1.0} = 73 \text{人}$$

（5）解説

　矩形平面の室において，出口が部屋の隅でなく辺上にある場合，出口の左右から集結した避難者が滞留する．これを考慮して，出口から最遠の地点からの歩行時間あるいは出口での滞留時間のうち，大きい方とみなす簡易な方法である．

（6）参考文献

9.1-2)　　建設省住宅局建築指導課 監修：新・建築防災計画指針, 1995 年 7 月

9.2 出口が連続した場合の通過時間と滞留人数

9.2.1 連続した複数の出口を通過する場合の通過時間と滞留人数

（1）計算式の対象

図9.2-1に示すように，避難経路上に複数の室が出口を介して直列に存在し，出口がネックの連続のようになる場合を考える．長さ l の室において，出口1，出口2，・・・出口 n の合計 n 個の出口が直列に存在する場合において，各々の出口幅を $B_1, B_2, \cdots B_k$ とする．合計 P 人の避難者が出口1から室に流入し，歩行速度 v で室を出口 n まで通過する場合において，先頭の避難者が出口1を出てから，全ての避難者が出口 n を通過完了するまでの時間 t_e [s]を算定する．また出口 k において生じる最大滞留人数 $C_{max}(k)$ を算出する．なお，ここでは簡単のため，出口への集結時間より出口での滞留時間が長い状況を想定する．

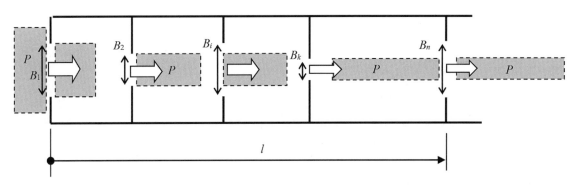

図 9.2-1　連続した複数の出口を通過する避難経路

（2）計算式 [9.2-1]

避難行動時間　t_e [s]

$$t_e = \frac{l}{v} + \max\left(\frac{P}{NB_i} : i = 1,2,..,n\right) \tag{9.2-1}$$

出口 k において生じる最大滞留人数　$C_{max}(k)$ [人]

$$C_{max,k} = \begin{cases} (1 - \dfrac{B_k}{B_{min,k-1}})P & (B_k < B_{min,k-1}) \\ 0 & (B_{min,k-1} \leq B_k) \end{cases} \tag{9.2-2}$$

（3）入力値

B_k	出口 k の幅　[m]	
$B_{min,k-1}$	出口 k-1 までの避難経路上の最小出口幅　[m]	$B_{min,k-1} = \min(B_i; i=1,2,\ldots,k-1)$
l	歩行距離　[m]	
n	出口数　[個]	
N	流動係数　[人/(m・s)]	
P	避難者数　[人]	
v	歩行速度　[m/s]	

（4）計算例

図 9.2-2 に示す室に流入した避難者の避難行動時間 t_e[s]と出口 2,3 での滞留人数 C_{max2} および

C_{max3}[人]を計算する．避難者数 P=100 人，出口幅は B_1=2.0m，B_2=0.9m，B_3=1.8m，室長さは l_1=16m，l_2=14m である．また，歩行速度 v=1.0m/s，流動係数 N=1.5 人/(m·s)とする．

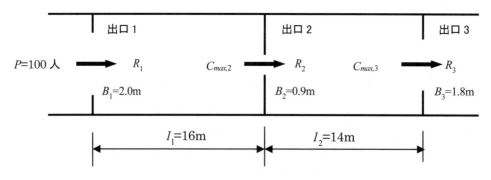

図9.2-2　連続した複数の出口を通過する避難経路の計算例

避難行動時間（最初の避難者が出口1を出てから最後の避難者が出口3を出るまでの時間）

$$t_e = \frac{l}{v} + \max(\frac{P}{NB_1}, \frac{P}{NB_2}, \frac{P}{NB_3})$$

$$= \frac{16.0+14.0}{1.0} + \max(\frac{100}{1.5 \times 2.0}, \frac{100}{1.5 \times 0.9}, \frac{100}{1.5 \times 1.8}) = 104.1s$$

出口2での滞留人数

　$B_{min,1}$=B_1=2.0＞B_2=0.9 より，出口2の前で滞留が生じる．

$$C_{max,2} = (1-\frac{B_2}{B_{min,1}})P = (1-\frac{0.9}{2.0}) \times 100 = 55 人$$

出口3での滞留人数

　$B_{min,2}$=min(B_1, B_2)=0.9＜B_3=1.8 より，出口3の前では滞留が生じない．

　$C_{max,3} = 0 人$

（5）解説

　連続した出口を通過する場合には，そのうちの最小の幅の出口の前で滞留が起こる．避難行動時間は，歩行時間と最小の幅の出口の前での滞留時間である．

（6）参考文献

9.2-1)　　建設省住宅局建築指導課　監修：新・建築防災計画指針, 1995年7月

9.2.2　廊下等の滞留面積が不足している居室の出口通過時間

（1）計算式の対象

　図9.2-3のように居室出口の先に滞留面積が十分確保されていない廊下が接続している室において，居室在館者が居室出口を通過する時間 t_{queue} [s]を算定する．ただし，廊下出口の先の空間では滞留が発生しないことを前提とする．

第9章 避難 −193−

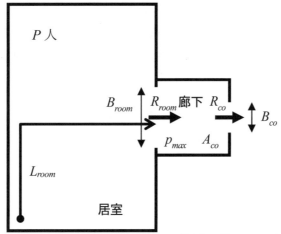

図 9.2-3　避難経路の滞留面積が不足している居室

(2) 計算式 9.2-2)

滞留面積の判定：(次式を満たす場合に滞留面積が不足する)

$$p_{\max} A_{co} < (1 - \frac{B_{co}}{B_{room}})P \tag{9.2-3}$$

居室からの出口の通過時間 t_{queue}[s]

$$t_{queue} = \frac{p_{\max} A_{co}}{R_{room(\max)}} + \frac{P - p_{\max} A_{co}}{NB_{co}} \tag{9.2-4}$$

居室出口からの最大流出速度 $R_{room(\max)}$[人/s]

$$R_{room(\max)} = \min\left\{ P\left(\frac{v}{L_{room}}\right), NB_{room} \right\} \tag{9.2-5}$$

居室出口からの流出速度：R_{room}[人/s]

$$R_{room} = \begin{cases} R_{room(\max)} & (t \leq t_c) \\ NB_{co} & (t > t_c) \end{cases} \tag{9.2-6}$$

廊下が最大滞留人数に達する時間：t_c[s]

$$t_c = \frac{p_{\max} A_{co}}{R_{room(\max)}} \tag{9.2-7}$$

(3) 入力値

A_{co}	廊下の有効滞留面積	[m²]
B_{co}	廊下からの出口幅	[m]
B_{room}	居室からの出口幅	[m]
L_{room}	居室からの出口に至るまでの歩行距離	[m]
N	流動係数	[人/(m・s)]
P	居室からの避難者数	[人]
t_c	廊下が最大滞留人数に達する時間	[人]
v	居室内での歩行速度	[m/s]
$p_{\max}$	廊下での最大滞留密度（単位面積当たりの収容可能人数）	[人/m²]

（4）計算例

居室からの避難者数 $P=60$ 人，居室からの出口幅 $B_{room}=2.0$ m，居室出口に至るまでの歩行距離 $L_{room}=20$m，居室内の歩行速度 $v=1.0$ m/s とする．また，廊下からの出口幅 $B_{co}=1.0$ m，廊下の有効滞留面積 $A_{co}=15$ m^2，廊下の最大滞留密度 $\rho_{max}=3.0$ 人/m^2 とする．流動係数は $N=1.5$ 人/(m·s) とする．この時，居室からの出口の通過時間 t_{queue} [s]を求める．

居室出口の最大流出速度 $R_{room(max)}$ [人/s]

$$R_{room(max)} = \min(P\frac{v}{L_{room}}, NB_{room}) = \min(60 \times \frac{1.0}{20.0}, 1.5 \times 2.0) = 3.0 \text{人/s} \tag{9.2-8}$$

居室の出口通過時間 t_{queue} [s]

$$\begin{aligned} t_{queue} &= \frac{\rho_{max}A_{co}}{R_{room(max)}} + \frac{P - \rho_{max}A_{co}}{NB_{co}} \\ &= \frac{3.0 \times 15}{3.0} + \frac{60 - 3.0 \times 15}{1.5 \times 1.0} = 15.0 + 10.0 = 25.0 \text{s} \end{aligned} \tag{9.2-9}$$

（5）解説

図9.2-3に示す室において，居室内に避難者が均一に分布した状態から避難を開始し，避難経路である廊下を通り，廊下出口を通過して階段または屋外に移動するものとする．このとき，居室出口幅 B_{room}[m]が廊下出口幅 B_{co}[m]より大きく，居室在館者数 P[人]が廊下の収容可能人数 $\rho_{max}A_{co}$[人]より大きいことを前提としている．居室出口の流出速度 R_{room}[人/s]は，式(9.2-6)に示す通り，居室出口の通過人数が廊下の収容可能人数 $\rho_{max}A_{co}$ 以下であれば廊下の滞留の影響を受けず居室出口の最大流出速度で制限され（$R_{room}=R_{room(max)}$），それ以降は廊下出口の流出速度で制限される（$R_{room}=NB_{co}$）．この様子を図9.2-4に示す．居室の出口通過時間 t_{queue} は，居室出口の流出人数の合計が居室の在館者数 P となる時間であり，式(9.2-4)で与えられる．

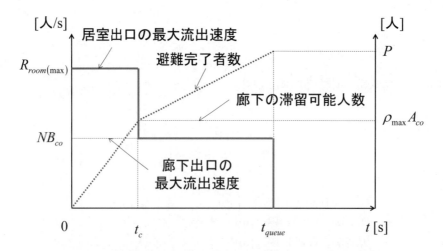

図9.2-4　居室出口の流出速度と避難完了者数の関係

（6）参考文献

9.2-2) 山口純一，池畠由華，竹市尚広，佐野友紀，萩原一郎：避難安全検証における滞留解消時間に関する検討 その5 滞留解消時間予測式の提案，日本火災学会研究発表会概要集，pp.148-149, 2011年5月

9.2.3 火災階における付室の必要滞留面積

(1) 計算式の対象
図 9.2-5に示すように避難階段に付室（または前室）が設置されている場合に付室で避難者が滞留するために必要な面積A_{co}[m²]を算定する．このとき，火災階の避難者が避難を開始してから，一定時間経過後に非火災階の在館者が避難を開始するシナリオを想定する．火災階からの避難者が全て階段内へ避難する前に他の階の避難が始まってしまうと，火災階に残された避難者は付室で待機することになる．その時に火災階からの避難者が付室に滞留するための必要面積A_{co}を算定する．

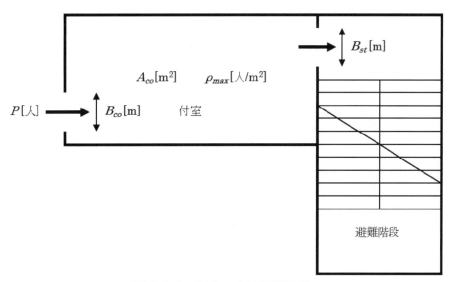

図9.2-5　付室の必要滞留面積

(2) 計算式 9.2-3)
付室の必要滞留面積：A_{co}[m²]

$$A_{co} = \frac{P - N \cdot \min(B_{co}, B_{st}) \cdot \Delta t_{start}}{\rho_{max}} \quad (9.2\text{-}10)$$

(3) 入力値
- B_{co} 　付室への入口幅　[m]
- B_{st} 　階段への入口幅　[m]
- N 　流動係数　[人/(m·s)]
- ρ_{max} 　付室の最大滞留密度　[人/m²]
- P 　火災階の避難者数　[人]
- Δt_{start} 　非火災階の避難開始時間（全館避難時間）と火災階の避難開始時間（階避難開始時間）との差　[s]

(4) 計算例
避難者数P=200 人，付室への入口幅B_{co}=1.0 m，付室から階段への入口幅B_{st}=1.0 m，流動係数N=1.5 人/(m·s)の時，付室の必要滞留面積A_{co}[m²]を求める．ただし，階避難を開始してから全館避難が開始されるまでの時間Δt_{start}=120 s，付室の最大滞留密度ρ_{max}=5.0 人/m² とする．

$$A_{co} = \frac{P - N\min(B_{co}, B_{st})\Delta t_{start}}{p_{max}} = \frac{200 - 1.5 \times \min(1.0, 1.0) \times 120}{5.0} = 4.0\mathrm{m}^2$$

（5）解説

物販店舗における階段入口幅の基準（店舗面積 100 m² 当たり 27cm）に従い計画した場合，階段入口の滞留解消時間は概ね 120s である．火災階在館者は，その間火災階以外の在館者の影響を受けずに避難できるよう階段入口幅が規定されていると考えれば，Δt_{start}=120s とすれば現行の建築基準法と同等の階段幅や付室床面積の水準となる．Δt_{start} は階避難を開始してから全館避難が開始されるまでの時間の差（＝全館避難開始時間－階避難開始時間）である．

（6）参考文献

9.2-3) 山口純一：建築火災時の避難安全に係わる評価技術の開発，大林組技術研究所報 No.79, 2015 年1月

9.2.4 屋外に通じる出口の通過時間

（1）計算式の対象

図 9.2-6 に示す避難階段から廊下を経由して屋外に避難する場合の屋外出口の通過時間 t_{queue} [s] を算定する．

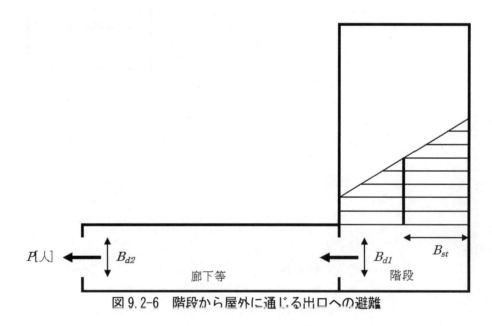

図 9.2-6　階段から屋外に通じる出口への避難

（2）計算式 [9.2-4]

ここでは，先頭の避難者が屋外出口を通過してから最後の避難者が通過するまでの通過時間を算出する．

屋外出口の通過時間：t_{queue}[s]

$$t_{queue} = \frac{P}{\min(R_{st(down)}, R_d)} \tag{9.2-11}$$

階段内（下り）の単位時間当たりの通過人数の最大値：$R_{st(down)}$ [人/s]

$$R_{st(down)} = N_{st(down)} B_{st} \tag{9.2-12}$$

階段内（下り）の流動係数：$N_{st(down)}$ [人/(m·s)]

$$N_{st(down)} = \frac{v_{st(down)}}{v_{path}} N_{path} \tag{9.2-13}$$

通路部（水平）の単位時間当たりの通過人数の最大値：R_d[人/s]

$$R_d = N_{path} \times \min(B_{d1}, B_{d2}) \tag{9.2-14}$$

（3）入力値

B_{d1}	階段出口幅	[m]
B_{d2}	屋外出口幅	[m]
B_{st}	階段幅	[m]
N_{path}	通路部（水平）の流動係数	[人/(m·s)]
P	屋外出口を利用する避難者数	[人]
v_{path}	通路部（水平）の歩行速度	[m/s]
$v_{st(down)}$	階段内（下り）の歩行速度	[m/s]

（4）計算例

屋外出口を利用する避難者数P=2700人, 階段出口幅B_{d1}=1.0 m, 屋外出口幅B_{d2}=2.0m, 階段幅B_{st}=1.5mとする. 通路部（水平）における流動係数と歩行速度をN_{path}=1.5 人/(m·s), v_{path}=1.0m/s, 階段内（下り）の歩行速度を$v_{st(down)}$ =0.6m/s とする. この時, 屋外出口の通過時間 t_{queue} [s]を求める.

階段内（下り）の流動係数

$$N_{st(down)} = \frac{v_{st(down)}}{v_{path}} N_{path} = \frac{0.6}{1.0} \times 1.5 = 0.9 人/(m·s)$$

階段内（下り）の流動量の最大値 $R_{st(down)}$ [人/s]

$$R_{st(down)} = N_{st(down)} B_{st} = 0.9 \times 1.5 = 1.35 人/s$$

通路部（水平）の流動量の最大値 R_d[人/s]

$$R_d = N_{path} \times \min(B_{d1}, B_{d2}) = 1.5 \times \min(1.0, 2.0) = 1.5 人/s$$

屋外出口の通過時間 t_{queue} [s]

$$t_{queue} = \frac{P}{\min(R_{st(down)}, R_d)} = \frac{2700}{\min(1.35, 1.5)} = 2000s (=33.3min.)$$

（5）解説

本節の計算式においては, 階段内（下り）と通路部（水平）の流動係数の比（$N_{st(down)}/N_{path}$）は, それらの歩行密度が等しい状況（$\rho_{st(down)}=\rho_{path}$）を想定して, 歩行速度の比（$v_{st(down)}/v_{path}$）と等しくなると仮定している.

（6）参考文献

9.2-4)　山口純一：建築火災時の避難安全に係わる評価技術の開発, 大林組技術研究所報 No.79, 2015年1月

火災性状予測計算ハンドブック

2018 年 3 月 5 日　第 1 版第 1 刷

編　　集
著作人　一般社団法人 日本建築学会

印刷所　株式会社 愛甲社

発行所　一般社団法人 日本建築学会
108-8414　東京都港区芝 5-26-20
電　話・(03) 3456 - 2051
F A X・(03) 3456 - 2058
http://www.aij.or.jp/

発売所　丸善出版株式会社
101-0051 東京都千代田区神田神保町 2-17
神田神保町ビル
電　話・(03) 3512 - 3256

ⓒ 日本建築学会 2018

ISBN978-4-8189-2715-5　C3052